本书受2020年度高校思想政治理论课教师研究专项"制度自信教育融入高校思政课教学研究"（项目编号：20JDSZK056）资助。

思政文库

# 制度自信教育融入高校思政课教学研究

汪 旭 著

九州出版社
JIUZHOUPRESS

**图书在版编目（CIP）数据**

制度自信教育融入高校思政课教学研究／汪旭著．
北京：九州出版社，2025.1. -- ISBN 978-7-5225
-3562-3

Ⅰ. G641

中国国家版本馆 CIP 数据核字第 2025DH8204 号

制度自信教育融入高校思政课教学研究

| | | |
|---|---|---|
| 作　　者 | 汪　旭　著 | |
| 责任编辑 | 李创娇 | |
| 出版发行 | 九州出版社 | |
| 地　　址 | 北京市西城区阜外大街甲 35 号（100037） | |
| 发行电话 | （010）68992190/3/5/6 | |
| 网　　址 | www.jiuzhoupress.com | |
| 印　　刷 | 唐山才智印刷有限公司 | |
| 开　　本 | 710 毫米×1000 毫米　16 开 | |
| 印　　张 | 15.5 | |
| 字　　数 | 206 千字 | |
| 版　　次 | 2025 年 3 月第 1 版 | |
| 印　　次 | 2025 年 3 月第 1 次印刷 | |
| 书　　号 | ISBN 978-7-5225-3562-3 | |
| 定　　价 | 95.00 元 | |

# 序　言

随着中国对外开放领域的不断拓展，我国对外开放的大门越开越大，西方社会的各种思潮纷纷涌入，西方不良社会思潮会不可避免地侵蚀和扰乱民心。西方资本主义国家也一直未放松利用一切可利用的机会对中国制度进行恶意抹黑和对中国的发展竭力打压。我国已全面建成小康社会，正在向现代化强国迈进，但国内地区间的经济发展不平衡、贫富差距较大、养老医疗保障水平总体较低等社会问题还存在。同时，全面深化改革不断向广度和深度推进，也不可避免地触动了一些人的既得利益，激发了一些矛盾。大学生是未来中国社会发展的生力军，是担当中华民族伟大复兴大任的时代新人。他们在面对当前错综复杂的国内外局势时，有没有判断是非曲直的能力和坚定的政治立场，能否做到自觉拥护中国共产党的领导，认同中国特色社会主义制度，是否具有坚定的制度自信。这些都关乎国家的前途命运和民族的未来前景。所以，对当代大学生开展制度自信教育实属必要，这是实现中华民族伟大复兴的应有之义，具有鲜明的时代性。

思政课作为落实立德树人根本任务的关键课程，也是大学生系统学习中国特色社会主义制度相关知识的主要途径。我国在高校思政课中加强制度自信教育，能使大学生对中国特色社会主义制度体系进行全面了解、优势的深刻把握和情感的有效增进，使大学生坚定走中国特色社会主义道路的决心，从而自觉拥护我国现行制度，抵御不良舆论和思潮对自己的影响。目前，高校思政课对制度自信教育还存在不系统、教学方法滞后、教师重视不够、学生学习主动性不足等问题。这需要以制度自信教育融入思政课教学存在的问题为切入点，揭示存在的问题，提出融入高校思政课教学的具体理路，力图为新时代高校思政课开展大学生制度自信教育提供有效的理论参考与实践指导。

本书除绪论外共分为八章，每一部分的基本内容如下。

绪论介绍本书的选题背景并在此基础上提出研究的问题，评述国内外有关制度自信及制度自信教育研究的文献，阐述研究的理论和现实意义，分析研究的具体思路，指出在研究中需要使用文献梳理、比较分析、实地调研、系统研究等方法。

第一章主要界定相关概念与阐释相关理论基础。本章界定大学生中国特色社会主义制度自信教育和高校思政课的内涵，阐释马克思主义制度理论、社会主义制度优越性理论、制度自信理论、习近平关于制度自信重要论述等相关的理论基础。

第二章主要介绍大学生制度自信教育的历史、现状与基本理论。本章分析大学生制度自信形成机制，为实施大学生制度自信教育明确方向；分析大学生制度自信教育历程，总结大学生制度自信教育历史经验，为当前制度自信教育提供经验借鉴；提出大学生制度自信教育的现实机遇和面临的挑战并存；分析大学生制度自信教育的开展逻辑和内在依据，掌握其内在机理；分析大学生制度自信教育特征、目标、具体内容，来明确大学生制度自信教育的具体走向。

第三章主要分析制度自信教育融入高校思政课教学中的核心要义、内在依据与价值追求。本章具体分析融入的基本内涵、具体要求、主要内容和具体方式等，认为制度自信教育与高校思政课教学在价值导向、理论基础、达成目标上具有一致性，在功能上存在互馈性。从必要性上看，制度自信教育融入高校思政课教学中可以使大学生更好理解与接受中国特色社会主义制度，避免西方国家对其意识形态渗透，回击对中国制度的抹黑。制度自信教育融入高校思政课教学中对巩固马克思主义在高校意识形态领域指导地位、培养担负实现民族复兴重任的时代新人、推进高校思政课教学改革创新、落实高校思政课立德树人根本任务等方面具有重要价值。

第四章概括总结了制度自信教育融入高校思政课教学中的现实境遇。基于实证调研，我们可知当前高校思政课开展制度自信教育受党中央、各级教育行政部门和高校的重视，思政课教师进行制度自信教育意识明显增强，高校思政课教材中有体现制度自信的内容，大学生对中国制度的认知度与关注度逐渐提高。制度自信缺乏学理性分析，制度自信融入思政课的程度不高，教学内容分散与整体性不强、教学方法使用中协同性不足，教学手段单一，考核评价方式有待完善，部分教师对制度自信教育重视度不够，学术素质有限，语言亲和力有待提升，部分大学生还存在被动学习比较突出与主动学习动力不足等问题，并对其存在的原因进行分析。

第五章主要明确制度自信教育融入高校思政课教学中应遵循的原则与导向。本章认为制度自信教育融入高校思政课教学中应坚持以马克思主义为指导、紧跟社会热点、贴近学生实际、全覆盖全融入、理论和实践相结合、显性教育与隐性教育双效并举等原则，应遵循教学内容侧重性和整体性、教学方法互补性、教学进程梯度性、教学载体协调性、教学工作协同性、教学目的明确性等导向。

第六章探讨制度自信教育融入在高校思政课教学中的实现理路。本章认为厘清制度自信的生成机理是前提，整合与构建制度自信教学体系是关键，创新制度自信教学方法和手段是核心，改进制度自信教学考核方式和内容是导向，提升思政课教师自身素质，发挥其主导作用是保障，调动大学生学习的主观能动性，凸显学生的主体地位是基本要求。

第七章重点分析如何构建制度自信教育融入高校思政课教学中的保障机制。本章认为要构建组织领导、方案设计和实施的多部门协同联动机制，制度自信教育资金有效保障机制，高校思政课教师队伍优化机制，制度自信教育环境优化机制，制度自信教育检查督导机制。

第八章探讨制度自信教育融入高校思政课课程具体教学。本章分别介绍制度自信教育融入思想道德与法治、中国近现代史纲要、马克思主义基本原理、毛泽东思想和中国特色社会主义理论体系概论、习近平新时代中国特色社会主义思想概论、形势与政策等高校思政课课程的具体取向、要点和路径。

从理论意义上看，一方面，本书研究能加深制度自信教育理论研究的深度和广度。本书对中国制度进行理论化、系统化的深入探讨，明晰制度自信生成机理，为制度自信教育奠定理论基础，使其有所依托，并从大学思政课堂教学研究视角切入，以课程教学论为指导，基于教学活动基本要素探讨制度自信教育实施与优化的具体路径，将制度自信理论研究视野拓宽至课堂教学中，这些都有助于进一步提升制度自信教育理论研究的深度。同时，本书在探索制度自信教育实施时，将研究对象锁定在大学生群体上，这改变了之前多数学者将制度自信教育聚焦于中小学生的不足，进一步丰富了研究对象样本，拓宽了制度自信教育理论研究的视野。本书从教育者与受教育者、理论与实践教学等多维度进行制度自信教育的内容研究，使制度自信教育有的放矢，有效扩展了对大学生制度自信教育的研究内容，进而能大大拓宽制度自信教育理论研究的广度。另一方面，本书研究可以促进思想政治教育学科体系的丰富和发展。制度自信教育本质上是一种具有特定教育内容和目标的德育活动，属于思想政治教育的重要组成部分。通过开展制度自信教育能够深化人们对制度自信教育的内涵、目标、内容、本质等基本理论的认识，丰富思想政治教育相关基础理论，促进思想政治教育学科理论体系的发展。制度自信教育内容实现了制度自信教育与思想政治教育的有机结合，丰富了思想政治教育学科内容体系。从实践意义上看，一方面，本书的研究有助于进一步维护我国意识形态安全。当今世界，多元化价值观念和社会思潮间的交流和交锋频繁，西方不断向中国输出他们的价值观念，借助各种手段对社会主义社会进行抹黑，对中国特色社会主义制度的非议不断，这些会在一定程度上消解当代大学生对中国特色社会主义制度的自信，影响我国意识形态安全。我国通过加强大学生制度自信教育，让其感受到制度的力量和显著优势，使其增强对我国制度的认同感和信任感，使其有效抵制错误价值观念和思潮的影响，进而有助于巩固马克思主义意识形态的主导地位，筑牢我国意识形态安全基石。另一方面，本书研究能为高校思政课开展大学生制度自信教育提供有效参考。制度自信教育属于理想信念教育的范畴。大学生制度自信教育最重要的载体是高校思政课。本书基于调研分析，系统概括高校思政课中制度自信教育存在的问题，分析其影响因素，提出优化制度自信教育融入思政课教学的具体路径，可有效提升大学生制度自信教育的效果，使制度自信"入耳入脑入心入行"，让他们对制度自信形成理论、心理和情感认同，真正实现在润物细无声中育人的目的，坚定他们的社会主义理想信念，增强其对中国特色社会主义事业的信心。因而，本书可以有效提高思政课教学中制度自信教育的实效性，为相关高校开展大学生制度自信教育提供有益的参考。

本书由于受作者自身研究水平能力和客观条件的限制，存在诸多不足和遗憾，有一些问题还需要进一步研究和思考。

# 目　录
## CONTENTS

绪　论 ……………………………………………………… 1

一、研究背景与问题缘起 …………………………………… 1

二、研究述评 ………………………………………………… 4

三、研究意义 ……………………………………………… 18

四、研究思路与技术路线 ………………………………… 20

五、研究方法 ……………………………………………… 22

六、研究创新与不足之处 ………………………………… 23


第一章　相关概念与理论基础 ………………………… 25

一、相关核心概念 ………………………………………… 25

二、相关理论基础 ………………………………………… 36


第二章　大学生制度自信教育的历史、现状与基本理论 … 48

一、大学生制度自信形成机制 …………………………… 48

二、大学生制度自信教育的实施历程 …………………… 54

三、大学生制度自信教育的历史经验 …………………… 58

四、大学生制度自信教育的现实机遇 …………………… 60

五、大学生制度自信教育面临的挑战 …………………… 63

六、大学生制度自信教育的开展逻辑 …………………… 68

七、大学生制度自信教育的内在依据 …………………… 70

八、大学生制度自信教育的特征 ………………………… 81

九、大学生制度自信教育的目标 ………………………… 83

十、大学生制度自信教育的具体内容 …………………… 87

第三章 制度自信教育融入高校思政课教学中的核心要义、内在依据

与价值追寻 …………………………………………… 92

一、制度自信教育融入高校思政课教学中的核心要义 …… 92

二、制度自信教育融入高校思政课教学中的内在依据 …… 96

三、制度自信教育融入高校思政课教学中的必要性 ……… 99

四、制度自信教育融入高校思政课教学中的价值追寻 …… 100

第四章 制度自信教育融入高校思政课教学中的现实境遇 ……… 106

一、实证调查的相关说明 ………………………………… 106

二、制度自信教育融入高校思政课教学中取得的成就 …… 114

三、制度自信教育融入高校思政课教学中存在的问题 …… 118

四、制度自信教育融入高校思政课教学中的影响因素 …… 125

第五章 制度自信教育融入高校思政课教学中应遵循的原则与

导向 …………………………………………………… 128

一、制度自信教育融入高校思政课教学中应遵循的原则 …… 128

二、制度自信教育融入高校思政课教学中应遵循的导向 …… 131

第六章 制度自信教育融入高校思政课教学中的实现理路 ……… 134

一、厘清制度自信的生成机理是切入点 ………………… 134

二、整合与构建制度自信教学体系是关键 ……………… 136

三、创新制度自信教学方法和手段是核心 ……………… 143

四、改进制度自信教学考核方式和内容是导向 ………… 156

五、提升思政课教师自身素质，发挥其主导作用是保障 ……… 158

六、调动大学生学习的主观能动性，凸显学生的主体地位

是基本要求 ……………………………………………… 165

第七章 构建制度自信教育融入高校思政课教学中的保障机制 ……… 169

一、构建组织领导、方案设计和实施的多部门协同联动机制 ……… 169

二、建立制度自信教育资金有效保障机制 ……………… 170

三、建立高校思政课教师队伍优化机制 ………………… 172

四、建立健全制度自信教育环境优化机制 ……………… 174

五、建立制度自信教育检查督导机制 …………………… 177

第八章 制度自信教育融入高校思政课课程中的具体教学 ………… 179

一、制度自信教育融入思想道德与法治课教学中 ……… 179

二、制度自信教育融入中国近现代史纲要课教学中 …… 184

三、制度自信教育融入马克思主义基本原理课教学中 … 189

四、制度自信教育融入毛泽东思想和中国特色社会主义

理论体系概论课教学中 ………………………………… 192

五、制度自信教育融入习近平新时代中国特色社会主义

思想概论课教学中 ……………………………………… 195

六、制度自信教育融入形势与政策课教学中 …………… 201

结 语 ………………………………………………………… 203

参考文献 ……………………………………………………… 205

**附 录** ·············································································· 219

  附录 1 制度自信教育融入高校思政课教学中的现状问卷
         （面向教师）·························································· 219

  附录 2 制度自信教育融入高校思政课教学中的现状问卷
         （面向大学生）······················································ 224

  附录 3 制度自信教育融入高校思政课教学中的现状访谈提纲
         （面向教师）·························································· 229

  附录 4 制度自信教育融入高校思政课教学中的现状访谈提纲
         （面向大学生）······················································ 230

**后 记** ·············································································· 231

# 绪 论

## 一、研究背景与问题缘起

### （一）研究背景

中华人民共和国的成立让中国人民站起来了，彻底结束了中国被动挨打的局面，1956年社会主义改造完成标志着中国正式进入社会主义社会。在随后20多年的社会主义建设道路的探索中，我国虽经历不少失误和挫折，走过弯路，但取得的成绩是有目共睹的。1978年，党的十一届三中全会以来，我国开始了中国特色社会主义道路的探索，中国特色社会主义制度首次提出并最终确立，中国特色社会主义各项事业取得巨大进展，特别是党的十八大以来，在以习近平同志为核心的党中央的领导下，党和国家推进全面深化改革，在各项事业中取得了令人瞩目的成就，综合国力有了大幅提升，国际地位和国际话语权有了大幅提升。中国特色社会主义的成功，使冷战结束后世界社会主义山重水复的局面变得柳暗花明，使社会主义优越性得到进一步彰显，中国特色社会主义已成为振兴世界社会主义的中流砥柱。同时，我国也面临一系列挑战。国际上，和平与发展是总态势，但世界还不安宁，地区间冲突一直不断。苏联东欧剧变使世界社会主义运动处于低潮，社会主义制度一直被资本主义国家诟病；西方不良社会思潮到处蔓延，不断侵蚀和扰乱民心；西方资本主义国家一直未放松对中国制度进行恶意抹黑和对中国发展进行竭力打压；在国内深化改革不断推向深入阶段，由于我国底子薄、人口多，我国地区经济发展不平衡、贫富差距较大、养老医疗保障水平总体较低等社会问题还存在。在面对这些国内外挑战时，我们需要对我们的制度有充分的自信，进而才能迈出更坚定的步伐，取得更辉煌的成就。新时代开展社会主义现代化建设，奋力实现中华民族伟大复兴梦，这离不开全体中国人民对中国特色社会主义的认同和自信。进入新时代以来，党中央充分认识到坚定制度自信的重要性，及时开展制度自信教育。2012 年 11 月，党的十八大首次明确提出，全党要坚定制度自信，要为实现共同理想而不懈奋斗。① 2016 年 7 月，习近平总书记在庆祝中国共产党成立 95 周年大会上进一步提出"四个自信"，即中国特色社会主义道路、理论、制度和文化自信。② 2017 年 2 月，中共中央、国务院强调，要强化思想理论教育和价值引领，引导大学生"坚定制度自信"。③ 同年 10 月，党的十九大报告中再次提出，全党要更加自觉地坚定"四个自信"。④ 习近平在 2018 年全国宣传思想工作会议上指出："做好新形势下宣传思想工作，必须以新时代中国特色社会主义思想和党的十九大精神为指导，增强'四个意识'、坚定'四个自信'，……促进全体人民在理想信念、价值理念、道德观念上紧紧团结在一起。"⑤ 2019 年 3 月，在学

① 胡锦涛. 坚定不移沿着中国特色社会主义道路前进　为全面建成小康社会而奋斗——在中国共产党第十八次全国代表大会上的报告［EB/OL］.（2012-11-17）［2024-10-17］. http://www. npc. gov. cn/npc/ c2/c30834/202410/t20241017_440084. html.
② 习近平. 在庆祝中国共产党成立 95 周年大会上的讲话［EB/OL］.（2016-07-02）［2018-12-16］. http://www. ccps. gov. cn/xxsxk/zyls/201812/t20181216_ 125665_ 2. shtml.
③ 中共中央、国务院印发《关于加强和改进新形势下高校思想政治工作的意见》［N］. 人民日报，2017-02-28（001）.
④ 决胜全面建成小康社会夺取新时代中国特色社会主义伟大胜利——在中国共产党第十九次全国代表大会上的报告［M］. 北京：人民出版社，2017：17.
⑤ 习近平. 习近平著作选读：第二卷［M］. 北京：人民出版社，2023：193.

校思政课教师座谈会上，他又强调办中国特色社会主义教育要开好思政课，引导学生增强制度自信。① 不仅如此，他还对开展制度自信教育提出了明确要求，从教育的具体内容来看，主要是要"讲好中国制度故事"②，从教育具体路径来看，"加强制度理论研究和宣传教育"③，"把制度自信教育贯穿国民教育全过程，把制度自信的种子播撒进青少年心灵"④。这些论述既充分彰显了制度自信的重要性，也为有效开展制度自信教育指明了方向、明确了要求。

当代大学生是未来中国特色社会主义建设的中坚力量，是担当民族复兴大任的时代新人。大学生要有宽广的视野，认同当前制度和坚定制度自信，关乎社会主义事业的成败、国家的未来发展和民族的复兴。学校引导大学生进行中西方横向和古今纵向比较，让其感知我国现行制度的显著优势，树立制度自信已经成为时代赋予我们不可推卸的任务。然而，制度自信不是自发的，而是教育习得的结果。学校加强制度自信教育可以帮助大学生加深对制度的情感，深化政治认同，增强为国家和民族奋斗的动力。面对党和国家对大学生坚定制度自信的要求和大学生制度自信现状，学校要开展制度自信教育，增强大学生制度自信是当前和今后高校思想政治工作的一项重大任务。

（二）问题缘起

中国制度根植于中国大地上，呈现了强大的生命力，具有勃勃生机，其中必然存在着巨大的制度优势，但客观存在着的制度优势并不一定带来

---

① 习近平. 用新时代中国特色社会主义思想铸魂育人 贯彻党的教育方针落实立德树人根本任务［N］. 人民日报，2019-03-19（002）.

② 习近平. 在中央政治局第十七次集体学习时强调——继续沿着党和人民开辟的正确道路前进不断推进国家治理体系和治理能力现代化［N］. 人民日报，2019-09-25（002）.

③ 中共中央关于坚持和完善中国特色社会主义制度 推进国家治理体系和治理能力现代化若干重大问题的决定［N］. 人民日报，2019-11-06（006）.

④ 习近平. 习近平谈治国理政：第三卷［M］. 北京：外文出版社，2020：129.

国民的制度自信。对国民来说，制度优势要经过制度认知、情感和认同等一系列心理过程，才能最终形成制度自信。当代大学生是承担民族复兴大任的中坚力量，是未来国家建设的主力军和民族的希望。大学生拥有制度自信，对社会主义事业的发展和壮大有着极其重要的影响。当前由于受网络舆论、外来思潮及和平演变等影响，部分大学生对中国特色社会主义制度认识不清，学校需要对其进行有效指引，思政课作为落实立德树人根本任务的关键课程，也是大学生接受制度知识的主要途径和重要载体。学校在大学思政课堂中加强制度自信教育，能深化大学生对我国现行制度本质的掌握、制度优势的感知和情感的认同，抵御不良舆论和思潮对大学生的影响，使大学生坚定走好中国特色社会主义道路的决心，从而自觉拥护我国现行制度，担负起民族复兴的重任。目前，高校思政课开展制度自信教育还存在不系统、教学方法滞后、教师重视不够、学生学习被动等问题。本书以制度自信教育融入思政课教学存在的问题为切入点，揭示存在的问题，提出融入高校思政课教学的具体理路，力图为新时代高校思政课开展制度自信教育提供可靠的理论参考与有效的实践指导。

**二、研究述评**

（一）国内研究现状与评述

从党的十八大报告"三个自信"到习近平在庆祝中国共产党成立 95 周年大会上的讲话中"四个自信"的提出，制度自信越来越受关注。截至 2023 年 12 月，我们在中国知网上以"制度自信"为篇名，可搜到 1067 篇成果，数量大，但分别以"大学生制度自信""制度自信教育""大学生制度自信教育"为篇名，仅分别搜索到 73 篇、82 篇、25 篇，而将"思政课"与"制度自信教育"一起来搜索，只有 7 篇。

1. 对制度自信的研究

我国关于制度自信的研究成果较多，主要涉及制度自信内涵、基础、来源、影响因素以及增强制度自信意义和提升制度自信路径等内容。

关于制度自信的内涵，学者们主要从主体心理评价、制度优势认同等角度进行阐释。肖贵清认为，制度自信是党和人民对中国制度的坚定信念和信心。① 张泽强认为，党对我国制度设计优越性的肯定及其优越性能发挥的信心。② 张艳娥认为，是对中国特色社会主义制度的高度认同的基础上所产生的自信心和自豪感。③ 张建和聂启元认为，是对中国特色社会主义的政治制度、经济制度、法律体系等的自信。④ 张贤明认为，是制度体系的认同度、设计科学性、执行力和内生性演化的总和。⑤ 陈金龙和杨亮认为，是主体对国家制度的高度认同及对其充满信心的过程。⑥

关于制度自信的基础和来源，学者们认为，制度自信的基础在于中国特色社会主义制度自身的优势。肖贵清指出，它符合历史发展的逻辑，始终遵循科学社会主义价值原则和目标，符合中国国情。⑦ 林尚立指出，它有自身的建构逻辑、核心力量和原则。⑧ 陈建兵和乔悦认为，制度形成的历史进程、在发展中展现出的制度优势和绩效、制度的独特民主优势和鲜明民主特色分别是我国政治制度自信的历史基础、现实基础和理论基础。⑨学者们认为，制度自信主要源于得到人民的认同、制度的成功实践、横向

---

① 肖贵清．制度自信：中国特色社会主义制度自信研究［M］．北京：高等教育出版社，2017：334．

② 张泽强．道路自信、理论自信、制度自信的基本内涵浅析［J］．中共贵州省委党校学报，2013（02）：18．

③ 张艳娥．论制度自信内涵的三层维度［J］．中共石家庄市委党校学报，2013（08）：19．

④ 张建，聂启元．论中国特色社会主义制度自信的科学内涵［J］．中共郑州市委党校学报，2014（02）：19．

⑤ 张贤明．中国制度何以自信：中国制度不断自我完善和发展［J］．理论导报，2015（05）：20-21．

⑥ 陈金龙，杨亮．论制度自信与国家治理现代化的互动关系［J］．思想理论教育，2020（01）：4-9．

⑦ 肖贵清．中国特色社会主义制度自信的基础［J］．新视野，2013（05）：9．

⑧ 林尚立．中国制度何以自信：中国制度是自主建构并合发展规律的［J］．理论导报，2015（05）：17-18．

⑨ 陈建兵，乔悦．论中国特色社会主义政治制度自信的客观基础［J］．长江论坛，2022（05）：53．

国际比较与纵向历史选择。张克难认为，它是对整个中国特色社会主义制度体系的自信。① 顾钰民认为，源于对中国化马克思主义理论的自信。② 王文强和郑兴刚认为，源于中国制度的科学性、人民性、实践性和创新性。③ 张铃枣认为，源于中国制度具有的制度理性、自洽、正义等特性。④ 肖贵清指出，源于中国制度是人民从实践中探索出来的、与我国国情相适应的制度。⑤ 程竹汝认为，源于"中国之治"的事实和制度的比较优势等。⑥ 贾玉梅指出，源于实践中取得的巨大成就和长期的优势积淀。⑦

关于制度自信的影响因素，张明军和易承志认为，制度绩效是制度自信的前提和基础，有利于制度自信的生成。⑧ 姚望从更广泛的角度看，他认为政治信任、官方媒介信任以及人际信任等对制度自信形成有积极影响。⑨

关于增强制度自信的意义，黄洁认为，制度自信是对中国特色社会主义建设伟大事业根本保障的自信。⑩ 陈露提出，制度自信可加强制度认同，促进社会整合，便于达成共识，促进社会变革，矫正崇洋心理，提高国际地位。⑪

---

① 张克难. 坚定对中国特色社会主义制度的自信 [J]. 毛泽东邓小平理论研究，2013 (03)：6-11.
② 顾钰民. 论坚定中国特色社会主义制度自信 [J]. 思想理论教育，2013 (23)：21.
③ 王文强，郑兴刚. 中国特色社会主义制度自信缘何而来——学习党的十八大报告 [J]. 长白学刊，2013 (4)：33.
④ 张铃枣. 中国特色社会主义制度自信内蕴的制度特性分析 [J]. 福建江夏学院学报，2014 (06)：30-34.
⑤ 肖贵清. 坚定中国特色社会主义制度自信 [N]. 北京日报，2018-10-22 (013).
⑥ 程竹汝. 论坚定中国特色社会主义制度自信的若干依据 [J]. 中共中央党校（国家行政学院）学报，2020 (01)：18-25.
⑦ 贾玉梅. 传承制度优势坚定制度自信 [J]. 党建，2020 (03)：16-17.
⑧ 张明军，易承志. 制度绩效：提升中国特色社会主义制度自信的核心要素 [J]. 当代世界与社会主义，2013 (06)：79.
⑨ 姚望. 增强抑或削弱：社会信任对中国特色社会主义制度自信的影响研究 [J]. 宁夏党校学报，2019 (02)：107.
⑩ 黄洁. 道路自信、理论自信、制度自信三重审视：依据、内涵和意义 [J]. 实事求是，2013 (02)：28.
⑪ 陈露. 浅谈对制度自信的理解 [J]. 法制与社会，2015 (07 上)：157.

关于坚定制度自信的路径，秦宣指出，应坚持将改革与制度建构相结合，且贯穿社会各领域，使制度不断适应经济基础的要求。① 张雷声指出，需要从本国国情出发，不断进行制度完善。② 柏维春认为，要通过推进国家治理现代化来提升制度自信。③ 陈建兵和梅长青认为，通过凸显中国政治制度的价值和优势、生命力和优势、世界价值和优势，来提升政治制度自信。④ 方世南认为，需要不断深化改革开放，不遗余力地推动制度改革，革除制度运行中的弊端，使制度充满活力。⑤

我们通过对制度自信内涵、基础、来源、影响因素和增强制度自信意义与路径的研究，明确了制度自信是什么、从何而来、为何自信、如何增强自信等一系列问题，增强了对制度自信整体性认知，这为进一步研究和开展制度自信教育奠定了良好的基础。

2. 对大学生制度自信的研究

关于大学生制度自信存在的问题，杨学龙和艾丽芳认为，部分大学生对制度理解不深、对制度实施中的民生问题的解决不满意和对党存在一定程度腐败的深恶痛绝等，进而表现出对制度缺乏自信。⑥ 肖迎春认为，部分大学生对我国民主政治的优越性、必然性等问题理解不深、存有疑虑，推崇西式民主，视"三权分立""多党制"等为民主的标签。⑦ 黄家慧等

① 秦宣. 制度自觉、制度自信和制度创新——学习习近平总书记关于完善和发展中国特色社会主义制度的重要论述 [J]. 中国特色社会主义研究, 2014 (03): 15-20.
② 张雷声. 增强中国特色社会主义的制度自信 [J]. 新视野, 2014 (01): 13-16.
③ 柏维春. 制度自信与推进国家治理体系和治理能力现代化 [J]. 政治学研究, 2014 (02): 21-25.
④ 陈建兵, 梅长青. 论中国特色社会主义政治制度自信的提升路径 [J]. 北京联合大学学报 (人文社会科学版), 2018 (04): 110.
⑤ 方世南. 坚定中国特色社会主义制度自信的唯物史观意蕴 [J]. 思想理论教育, 2020 (12): 11.
⑥ 杨学龙, 艾丽芳. 增强大学生对中国特色社会主义制度自信的路径探析 [J]. 宜春学院学报, 2015 (08): 29.
⑦ 肖迎春. "概论"课贯彻坚定"制度自信"要求的教学设计——以"中国特色社会主义的民主政治"为例 [J]. 思想理论教育导刊, 2014 (02): 90.

认为,部分大学生对国家制度内涵的认知不够深入,对社会主义制度优势的认识不够全面,缺乏自觉运用制度的意识和能力。①

关于影响大学生制度自信的因素,李铁英等认为,主要有传统文化教育观念带来的思想行为的差异,高校思政课教学针对性不强,政治观念较为淡薄等因素。② 黄家慧等认为,受社会生态、教育生态、媒介生态等因素的影响。③

学者对大学生制度自信存在的问题及其影响因素的研究有助于人们全面了解大学生制度自信的现状,并为进一步开展大学生制度自信教育提供方向,有利于学校提出有针对性的教育措施。

3. 对制度自信教育的研究

我国目前对制度自信教育的研究涉猎较广泛,已从浅层的内涵研究深入到具体价值、存在问题、话语建设、路径探究等深层次研究中。

对制度自信教育内涵,学者们从不同角度界定制度自信教育内涵。关于制度自信内涵的分析,黄亮强调,它需要从理论、历史和实践等维度,探讨教育内容。④ 从制度自信教育目的入手,宋学勤认为,它基于育人目的,依托有效的教育机制,增强国民对制度的自觉认同,将制度自信融入国民性格的过程中。⑤ 从教育心理学角度切入,王宏舟认为,学校制度自信教育要以"知、情、意、行"四个心理要素为基点考查制度自信教育的

---

① 黄家慧,魏文刚,唐榕. 新时代大学生坚定制度自信的现实审视与培育路径 [J]. 沈阳干部学刊,2023 (02):49.
② 李铁英,叶尔克西·叶尔肯别克. 少数民族大学生坚定"制度自信"研究——以新疆少数民族大学生为例 [J]. 白城师范学院学报,2017 (09):10-11.
③ 黄家慧,魏文刚,唐榕. 新时代大学生坚定制度自信的现实审视与培育路径 [J]. 沈阳干部学刊,2023 (02):49-50.
④ 黄亮. 论新时代青年制度自信教育的三个维度 [J]. 中国青年社会科学,2020 (05):62.
⑤ 宋学勤. 制度自信教育的战略意义与实践路径 [N]. 中国社会科学报,2020-08-19 (008).

内容和方向。①

    制度自信教育价值主要涉及国家合法性建构、社会发展、个人成长、话语传播等价值。关于国家合法性建构价值，亢莹提出，它是巩固社会主义意识形态和增强政治自信的必然需要。② 储亚慧认为，通过教育，可让大学生了解、认可和拥护我国制度，助推我国社会主义事业建设。③ 董振华认为，它引导人们坚定制度自信，使中国发展不偏离社会主义方向，助推社会主义事业更加辉煌。④ 王宏舟认为，有利于实现政党认同、制度认同，为实现中国梦凝心聚力。⑤ 关于社会发展价值，刘杏指出，它是培养社会主义建设者和接班人的必然要求。⑥ 阚道远和郭蓬元认为，它有利于牢固树立"四个自信"，推进国家治理体系和治理能力现代化。⑦ 关于个人成长价值，亢莹提出，它是提升大学生思想素质的客观需求。⑧ 肖贵清认为，能够激发个人建设中国特色社会主义的主动精神和担当意识。⑨ 郝晓凤认为，有助于青少年树立自信、自强、自立意识。⑩ 关于话语传播价值，

---

① 王宏舟. 制度自信教育的逻辑、内涵与理论创新 [J]. 中国高等教育，2021（09）：26-27.

② 亢莹. 推进"三个自信"教育融入高校思想政治理论课教学 [J]. 辽宁行政学院学报，2014（05）：145.

③ 储亚慧. 当代大学生中国特色社会主义制度认同现状与对策研究 [D]. 合肥：合肥工业大学，2016：78-79.

④ 董振华. 树立"四个自信"的重大意义 [J]. 中国党政干部论坛，2017（09）：11.

⑤ 王宏舟. 中国特色社会主义制度自信教育：出场情势、话语建构及意义创生 [J]. 思想理论教育，2020（12）：23-29.

⑥ 刘杏. 新时代大学生中国特色社会主义制度自信教育的三维审视 [J]. 高校辅导员，2023（04）：55.

⑦ 阚道远，郭蓬元. 当前青少年制度自信教育：意义·挑战·路径 [J]. 知与行，2021（02）：73.

⑧ 亢莹. 推进"三个自信"教育融入高校思想政治理论课教学 [J]. 辽宁行政学院学报，2014（05）：145-146.

⑨ 肖贵清. 制度自信：中国特色社会主义制度研究 [M]. 北京：高等教育出版社，2017：338.

⑩ 郝晓凤. 新时代对青少年的"四个自信"教育 [J]. 中学政治教学参考，2018（03）：26-28.

郑士鹏认为，有助于增强国民制度自信，以便更好地向世界传播"中国声音"，讲好"中国故事"。① 任平认为，有助于将中国智慧贡献给世界其他发展中国家，为其摆脱西方霸权提供有效的可借鉴的方案。②

关于制度自信教育存在的问题，学界目前多关注制度自信教育主体、客体、内容、方式、过程等方面存在的问题。郭璐认为，存在教学理念较滞后、教学目标把握不准、教学内容更新不够及时、教学方法使用不够灵活等问题。③ 谢珍萍等认为，教育内容偏向于"歌德派"、教育过程中理论和实践脱节、培育方式不适应大学生成长特征。④ 此外，学界还有对"四个自信"教育存在问题的论述。潘学良认为，"四个自信"教学内容融入思政课有待加强，教学方法有待改进，教师自身素质有待提升。⑤ 勾英认为，高校思政课难以有效结合"四个自信"，教学方法重理论轻实践。⑥

关于制度自信教育实施措施，学者从不同角度谈学校实施制度自信教育具体措施。从目标指向角度看，乌兰和曲展认为，让制度自信教育"进教材、进课堂、进头脑"。⑦ 任鹏认为，以宏观微观相结合为手段，增强制度自信教育融入的亲和力。⑧ 从探索创新角度看，张宏伟和董树理则认为，

① 郑士鹏. 用理想信念筑牢时代新人精神之基 [J]. 中国高等教育，2019（12）：47-48.
② 任平. 论现代性的中国道路及其世界意义——习近平新时代中国特色社会主义现代性思想解读 [J]. 马克思主义与现实，2018（01）：1-8.
③ 郭璐. 高中《政治生活》教学中制度自信教育研究 [D]. 济南：山东师范大学，2019：14-17.
④ 谢珍萍，邵雅利. 思政课实践教学培育大学生制度自信探究 [J]. 学校党建与思想教育，2021（08）：50-52.
⑤ 潘学良. 关于把"四个自信"教育贯穿高校思想政治 理论课教学全过程的思考 [J]. 思想理论教育导刊，2016（10）：105-106.
⑥ 勾英. 将"四个自信"融入高校思想政治课堂教学的有效途径研究 [J]. 开封教育学院学报，2017（05）：153.
⑦ 乌兰，曲展. 制度自信教育融入思想政治理论课教学的三个维度 [N]. 鄂尔多斯日报，2020-04-13（003）.
⑧ 任鹏. 把制度自信教育融入高校思政课教学全过程 [N]. 辽宁日报，2020-08-04（007）.

要推动思想政治教育理论和实践的不断创新，增强社会成员对制度的自信。① 从构建其话语体系角度看，王宏舟认为，要讲清楚当前制度为什么"好"，建构具有中国特色的制度自信教育话语体系。② 从丰富其载体形式角度看，卢旭和黄永昌认为，要依托理论课主渠道和借助实践育人载体，来开展制度自信教育。③ 从整体推进角度看，辛向阳等强调，加强制度自信教育要做到正视问题、解疑释惑，破立并举、比较鉴别，多方联动、多维呈现。④ 黎海波和田安雯提出，"三学""三进""五课"等路径。⑤

上述是对制度自信教育内涵、作用、存在问题、实施措施等方面的研究，有助于对制度自信教育的全面了解，为开展大学生制度自信教育提供有益参考。

4. 对大学生制度自信教育的研究

关于实施大学生制度自信教育的意义，马佳音认为，可以引导大学生形成对中外不同政治体制优势与不足的正确认识，教育他们客观面对社会现实问题，全面认识我国制度体系，最终增强制度自信。⑥ 陈岩和徐日月认为，可以帮助学生对在中国特色社会主义制度下开展的集中力量办大事的有效实践形成全面认识，从而使学生保持正确的政治立场，学生形成对自身社会主义合格建设者和可靠接班人身份的深刻认同。⑦

---

① 张宏伟，董树理. 基于社会主义制度自信的思想政治教育创新探析 [J]. 佳木斯大学社会科学学报，2017（01）：75-77.

② 王宏舟. 中国特色社会主义制度自信教育：出场情势、话语建构及意义创生 [J]. 思想理论教育，2020（12）：26.

③ 卢旭，黄永昌. 制度自信融入思想政治教育路径研析 [J]. 中学政治教学参考，2023（12）：112.

④ 辛向阳，朱大鹏. 坚定"四个自信"，青年不能"缺位" [J]. 人民论坛，2017（14）：120.

⑤ 黎海波，田安雯. 将制度自信教育贯穿高校思政课教学全过程 [N]. 中国民族报，2020-09-22（005）.

⑥ 马佳音. 疫情防控背景下增强大学生制度自信的路径探析 [J]. 现代交际，2021（04）：122-124.

⑦ 陈岩，徐日月. 疫情防控背景下大学生制度自信培育路径探析 [J]. 高校辅导员学刊，2021（01）：28-32.

关于大学生制度自信教育过程中存在的问题，白月娇认为，存在高校教育机制不健全、教育实施主体存在不足、教育对象自身不足等问题。①马海燕认为，部分学生对社会主义制度的认识有待深入，院校各部门的教育合力有待加强，制度自信的理论教育和实践教育需进一步密切结合。②

关于增强大学生制度自信的具体策略，耿品认为，通过丰富大学生社会实践经验，让他们亲身体验我国现行制度的优越性。③陈建兵认为，可通过引导大学生将社会主义政治制度与其他政体做直接全面的对比，使其进一步明确当前制度的优越性，从而坚定其制度自信。④康宗基认为，要引导大学生深入学习中国特色社会主义理论体系，明确现行制度存在的显著优势，增强其对制度的信心。⑤

国内学者对大学生制度自信教育意义、存在问题、优化策略等做了较全面的论述，研究的内容广、程度深、方法得当，为大学生制度自信教育融入高校思政课研究提供了有益的借鉴。

（二）国外研究现状与评述

国外学者主要涉及中国特色社会主义制度优势、制度自信和制度自信教育等层面的研究。

1. 对中国特色社会主义制度优势的研究

在国外学者研究中，我们基本找不到"中国特色社会主义制度"一词，多使用的是"中国模式"或"中国制度"或"中国经验"等词。

国外部分学者比较能公正地看待中国特色社会主义制度。莫里斯·迈

① 白月娇. 论高校思想政治教育中的"三个自信"教育 [J]. 山西师大学报（社会科学版），2013（S3）：169.
② 马海燕. 新时代高职学生制度自信教育的现状及对策研究 [J]. 北京政法职业学院学报，2021（03）：110-111.
③ 耿品. 增强大学生"制度自信"路径研究 [D]. 福州：福建师范大学，2016：47-48.
④ 陈建兵. 中国特色社会主义政治制度自信及其提升研究 [M]. 西安：西安交通大学出版社，2017：6.
⑤ 康宗基. 把制度自信的种子播撒进大学生心灵 [J]. 思想理论教育导刊，2020（12）：147-151.

斯纳（Maurice Meisner）认为，中国制度是"一种新版的中国马克思主义制度"。① 乔舒亚·库珀·雷默（Joshua Cooper Ramo）认为，中国已逐步探索并形成了不同于他国的独特的"中国制度模式"。巴瑞·诺顿（Barry Naughton）提出，中国制度模式有高度的灵活性与适应性。② 阿什瓦尼·塞思（Ashwani Saith）认为，中国特色制度模式具有强大的制度弹性，适应中国国情。③ 托尼·安德烈阿尼（Tony Andreani）认为，中国特色制度具有较强的抵抗风险能力，而这一能力是助推中国创造奇迹的重要助手。④ 印度谭中认为，中国制度具有的高效性是其他国家制度所无法比拟的。贾米尔·凯哈德（Jamil Khader）认为，当前中国制度优势为国家治理现代化提供了制度保障。⑤

还有一些国外学者从比较角度提出"中国模式"的优越性。乔舒亚·库珀·雷默将中西方国家进行对比，认为"中国模式"是推动中国社会进步发展的主要力量。⑥ 大木一训认为，中国特色社会主义与西方资本主义相比，有本质区别，它具有独特的魅力。⑦ 罗德里克·麦克法夸尔（Roderick MacFarquhar）采用了形象的"华盛顿共识"和"北京共识"表述来对比中美两国制度，通过比较手法指出中国取得的巨大成就，要求理性看待二

---

① ［美］莫里斯·迈斯纳. 毛泽东与马克思主义、乌托邦主义 ［J］. 北京：中央文献出版社，1991：224.
② ［美］巴瑞·诺顿. 中国发展实践的不同特点和可借鉴的特征 ［J］. 国外理论动态，2010（04）：35-37.
③ ［荷］阿什瓦尼·塞思，谷晓静，别曼. 中国和印度：不同绩效的制度根源 ［J］. 经济社会体制比较，2010（01）：98-106.
④ ［法］托尼·安德烈阿尼，赵越. 中国融入世界市场是否意味着"中国模式"的必然终结? ［J］. 国外理论动态，2008（05）：67-75.
⑤ XIAOHUA SHI, TINGTING LI. On the "Society individual" Mutual Construction of Socialist Deliberative Democracy in the Context of the New Era ［J］. Advances in Social Sciences，2020（08）：1246-1249.
⑥ ［美］乔舒亚·库珀·雷默，张达文. 从华盛顿共识到北京共识 ［J］. 国外社会科学文摘，2004（07）：7-8.
⑦ ［日］大木一训，张利军. 日本学者眼中的中国当前经济 ［J］. 山西师大学报（社会科学版），2005（03）：48.

者关系①。罗伯特·劳伦斯·库恩（Robert Lawrence Kuhn）认为，中国现行制度是中国发展道路的最佳选择。② 美国工人世界党成员萨拉·弗朗德（Sara Flounders）通过比较中美抗击新冠疫情采取的措施和取得的成效，赞赏中国现行制度的显著优越性。③

　　有一部分国外学者针对中国制度的现状，指出了中国制度模式目前存在的不足。弗朗西斯·福山（Francis Fukuyama）指出："真正的问题是这种模式在未来是否可以持续？"④ 托马斯·海贝勒（Thomas Heberer）认为，目前中国政治改革与发展存在现代化、稳定性、合法性与执政等困境。⑤ 还有不少学者对中国特色社会主义制度的优势存在误解和误判。乔纳森·安德森（Jonathan Anderson）提出，苏联模式曾经被当成一种新的经济发展模式，但最终还是失败了，中国模式与苏联模式类似，它不可避免面临同样倒下的命运。⑥ 美国戴维·哈维（David Harvey）认为，邓小平领导的改革只是带领中国走向了新自由主义道路。⑦ 美国斯蒂芬·安格尔（Stephen C. Angle）认为，中国特色的社会主义实质是新自由主义。⑧ 菲利普·鲍林（Philip Bowring）认为，中国即将面临所谓的中等收入陷阱的问

---

① 路克利，［美］罗德里克·麦克法夸尔. 海外学者视野中的中国模式与中国研究——对话罗德里克·麦克法夸尔［J］. 国外理论动态，2016（02）：1-5.

② 中国推进国家治理体系和治理能力现代化将为世界提供新镜鉴——海外人士热议中共十九届四中全会公报［N］. 人民日报，2019-11-02（003）.

③ ［美］萨拉·弗朗德. 社会主义基础如何帮助中国抗击冠状病毒？［J］. 世界社会主义研究，2020（03）：88.

④ ［日］弗朗西斯·福山. 中国模式的特征与问题［J］. 社会观察，2011（01）：9-10.

⑤ ［德］托马斯·海贝勒. 中国政治改革的困境［A］//吕增奎. 民主的长征：海外学者论中国政治发展. 北京：中央编译出版社，2011：58.

⑥ ［美］乔纳森·安德森. 走出神话：中国不会改变世界的七个理由［M］. 余江，等译. 北京：中信出版社，2006：165.

⑦ ［美］戴维·哈维. 新自由主义和阶级力量的复辟/重建［J］. 经济管理文摘，2007（04）：41-42.

⑧ ［美］史蒂芬·C. 安格尔. 合宜的民主集中制［C］//吕增奎. 民主的长征：海外学者论中国政治发展. 北京：中央编译出版社，2011：34.

题，多年来，中国实现了经济飞速发展，但这种发展达到了上限。①

从以上内容可以看出，国外学者对中国特色社会主义制度本质、模式、优势等研究有一定程度的涉及，对中国制度有越来越多的认同。在开展制度自信教育研究时，我们可将国外学者研究视角作为当前我国开展对此问题研究的研究视角补充，在一定程度上丰富了该主题的研究视野。同时，总体上看，西方学者的成果还缺少系统性，且不少成果的客观性和公正性不足，否定中国制度存在的优势。我们对否定中国制度优势的成果要坚决给予批判。

2. 对制度自信的研究

"制度自信"是中国共产党提出的一个创造性概念，外国学者并未对此名词进行专门性的研究。国外虽没有制度自信说法，但西方国家有对"三权分立"和"多党制"的美化，将其定义为科学的制度取向，把"民主"和"人权"说成是普世价值。福山提出"历史终结论"，认为自由民主制度是"人类意识形态发展的终点"②。布热津斯基认为美国是世界的超级大国，强烈推崇美国所建立的资本主义制度。③ 这些都反映了西方对资本主义制度的自信。

3. 对制度自信教育的研究

制度自信教育是中国所特有的教育细化科目，在国外没有直接的制度自信教育概念，但在公民教育、价值观和宗教等方面的教育实际上渗透了对资本主义制度自信的教育。美国公民教育多注重开展爱国主义教育，充分利用各种社会资源和取得的历史成就对现行社会制度和意识形态进行美化和宣传，目的是教育引导公民充分认识美国现有制度和其生活方式的优越性，进而拥护美国制度和生活方式。此外，在美国学校开展公民教育时，美国还注重通过中外比较方式，让学生明白美国作为发达国家的制度

① 中国或陷中等收入困局 [N]. 参考消息，2011-05-09（005）.

② FUKUYAMA F. The End of History? [J]. The National Interest, 1989（16）: 3-18.

③ [美] 布热津斯基. 大棋局 [M]. 中国国际问题研究所，译. 上海：上海人民出版社，2010: 1-20.

优越性，坚定对本国制度的自信。富兰克·布朗指出，美国公民教育要引导学生通过中外对比，充分了解美国社会和政治发展的光明前景和制度的优势，让其认识发达国家和发展中国家开展竞争的必要性①。德国教育家凯兴斯泰纳（Georg Kerschensteiner）指出，一切教育的目的是教育出有用的国家公民②，教育最终的目的是服务统治阶级的。英国的政治教育初期重点在于全面普及对议会、政党等制度的认识，强调开展爱国教育，培育青年认同感并使青年主动维护本国制度。此外，法国公民道德教育主要是从小学、中学到大学全学段系统地为学生传授有关国家制度及其合理性的相关知识。Chia，Yeow Tong 认为，新加坡公民教育主要目的是培养受教育者的国家意识，促进国家社会团结与和谐③。从以上观点可以看出，西方国家的国民教育都无一例外地包含了面向本国国民的关于本国制度知识的教育，都在一定程度上实施了制度自信教育，但直接聚焦大学生制度自信教育的研究，极少涉及。

西方国家从维护本国制度出发，以自己的价值观，树立起资本主义制度自信，并提出"中国威胁论"等论调，贬低社会主义制度。这凸显了我国加强制度自信教育的必要性。通过制度自信教育，我国让国民进一步坚定社会主义理想信念，坚定走中国特色社会主义道路，回击西方不当言论。

（三）研究的不足与研究趋势

1. 目前存在的不足之处

国内外虽然对制度自信和制度自信教育的研究取得了一定的成绩，很大程度上满足了实践的需要，但还存在不足。

一是对制度自信教育理论的系统性和学理性研究还不够。学界目前对

---

① ［美］富兰克·布朗. 美国的公民教育［M］. 台北：东大图书公司，1988：45.

② 马立志. 凯兴斯泰纳公民教育思想浅析［J］. 科学大众（科学教育），2012（05）：145.

③ CHIA Y T. Education For Citizenship in Singapore, 1955 to 2004［J］. 54th Annual Conference of the Comparative and International Education Society, 2010（02）：8.

制度自信教育概念内涵的界定较多，但深入探讨制度自信教育内涵和外延的成果相对较少。关注制度自信的学理支撑、生成机理的研究较多，但对制度自信教育的内在依据、开展逻辑、具体内容、特征等方面探讨还较少。学界还没有建立起完整的制度自信教育理论体系，理论的系统性和学理性有待进一步提升。

二是对制度自信教育多应然研究，少实然研究。学界目前对制度自信教育的研究多以理论阐释为主，对制度自信教育提出目标，进行前景展望，多注重的是应然研究，而对制度自信教育现实样态调研与分析不足，对制度自信教育实然研究较少。制度自信教育开展需要加强制度自信教育现状调研，我们将理论研究与实践探索相结合，探讨提升制度自信教育的具体措施。

三是缺少对大学生社会主义制度自信教育实证研究，特别是对高校制度自信教育的现状和影响因素的实证研究比较缺乏。

四是关于制度自信教育与大学生理想信念教育有机结合的研究较少，没有凸显前者对后者的作用。

五是缺少对制度自信教育与高校思政课教学有效融合的研究。仅有的几篇相关成果对思政课中制度自信教育存在的问题的论述不够全面，且主要关注中学思政课中制度自信教育。大学时期是人的"三观"形成的关键时期，学校需要对其进行制度自信教育，使学生能够发自内心地坚定制度自信，而高校思政课又是大学生理想信念教育的主渠道，制度自信教育融入高校思政课教学中是必然趋势。本书拟对制度自信教育融入高校思政课的价值意蕴、具体路径、机制保障等进行全方位探讨。

2. 未来研究的趋势

我们通过对国内外研究现状的梳理，结合制度自信及其制度自信教育、高校思政课教学的现状，未来在此方面的研究至少需要从以下几方面着手。

第一，未来制度自信教育研究将从制度自信教育的理论研究逐步向制度自信教育实践转移。为了提高制度自信教育研究精准度，其研究可以细化为对不同教育对象开展研究，如中小学生制度自信教育、大学生制度自信教育、公民制度自信教育等。

第二，制度自信教育实践开展离不开科学理论的指导，我们未来还需要对制度自信教育的理论渊源、科学内涵、具体目标、内在依据、开展逻辑等基本理论进行深入探究，构建完善的制度自信教育理论体系，为制度自信教育的有效开展提供学理支撑。

第三，进一步开展制度自信教育的现状调研，积极丰富制度自信教育现状研究的数据，为分析当前制度自信教育存在的问题与原因提供依据。

第四，大学生是未来社会主义的建设者，其是否具有制度自信关乎其能否参与社会主义现代化建设。我们对大学生制度自信教育现状进行全方位调研，分析与总结存在的问题，提出优化措施，这都具有重要性和紧迫性。

第五，高校思政课是开展大学生制度自信教育的主渠道。我们要注重考量制度自信教育融入高校思政课的现状，探索融入路径，对提升制度自信教育教学效果具有重要价值。

## 三、研究意义

制度自信教育融入高校思政课教学研究中，从外在层面来看是一个实践课题，要想深入开展好此问题研究，必须要建立此研究的理论支撑，也要深化此理论的研究。因而，此问题研究具有重要的理论意义和实践意义。

### （一）理论意义

开展制度自信教育融入高校思政课教学中的研究，对制度自信教育理论和思想政治教育学科理论的发展与深化均具有重要意义。

第一，有助于加深制度自信教育理论研究的深度。加强制度理论研究是深化对中国制度的本质特征和显著优势认识的重要路径。本书通过对中国现行制度体系进行理论化、系统化的探讨，可以搞清楚制度自信的内涵、本质和生成机理等，通过对制度自信教育开展逻辑、内在依据、目标和内容等研究，可以为制度自信教育提供可靠的依托，进而有助于加深制度自信教育理论研究的深度。同时，以课程教学论为指导，我们从大学思政课堂教学研究视角切入，探讨制度自信教育融入高校思政课教学中的具体实施路径，将制度自信理论研究与课程教学论深度结合，这也有助于进一步加深制度自信教育理论研究的深度。

第二，有助于拓宽制度自信教育理论研究的广度。本书从教学要素角度探索制度自信教育相关理论，一方面，从教育主客体（教师和大学生）、教学方式（理论教学与实践教学）、教育重难点等多维度系统，全面地梳理制度自信教育内容，这有效拓宽了制度自信教育理论研究的广度；另一方面，将研究对象着眼于大学生，丰富了制度自信教育研究的样本，有效增加了制度自信教育的研究对象，也进一步拓宽了制度自信教育理论研究的广度。

第三，有助于促进思想政治教育学科体系的丰富和发展。制度自信教育本质上是一种具有特定教育内容和目标的新时代思想政治教育活动。一方面，通过开展制度自信教育研究，使制度自信教育目标、内容、本质等基本理论更加系统、全面，进一步筑牢思想政治教育的基础理论，促进思想政治教育学科理论体系的发展。另一方面，制度自信教育内容将中国特色社会主义制度自信与思想政治教育有效结合起来，可为当前思想政治教育增添鲜活内容，进一步优化思想政治教育学科内容体系。

（二）实践意义

我们开展制度自信教育融入高校思政课教学中的研究，更多是落脚于对现实的指导意义。

第一，有助于进一步维护我国意识形态安全。在信息时代，全球信息传播与共享已变得轻而易举，尽管我国已实施了有效的信息监管，但国外各种错误社会思潮和言论不可避免地涌入中国，特别是西方国家对中国特色社会主义道路和制度心存敌意，恶意曲解和诋毁中国制度的言论也随之传入中国,这在很大程度上消解了新时代大学生对中国特色社会主义制度的自信。为此,学校要及时对大学生开展制度自信教育,这样能够有效化解他们对当前一些社会问题的误解,增强对我国制度的认同感,有效巩固马克思主义意识形态的主导地位,维护国家意识形态安全。

第二,能为高校思政课开展大学生制度自信教育工作提供参考。制度自信教育是面向全体公民的必修课。从本质上看,制度自信教育是一种理想信念教育。大学生作为未来国家的建设者,对其进行制度自信教育尤为重要。大学生制度自信教育最重要的载体是高校思政课。本书基于调研分析,系统概括高校思政课中制度自信教育存在的问题,分析其影响因素,提出优化制度自信教育融入思政课教学的具体路径,可有效提升大学生的中国特色社会主义制度自信教育的效果,使制度自信"入耳入脑入心入行",让大学生对制度自信形成理论认同、心理认同和情感认同,真正实现在润物细无声中育人的目的,坚定大学生的社会主义理想信念,增强大学生对中国特色社会主义事业的信心。本书可以有效提高思政课教学中制度自信教育的实效性,为相关高校开展大学生制度自信教育提供参考。

## 四、研究思路与技术路线

### (一) 研究思路

本书遵循"概念厘定—提出问题—分析问题—解决问题"的思路展开。首先,对中国特色社会主义、制度自信、中国特色社会主义制度自信教育等概念进行界定,为后续研究奠定基础。其次,制度自信教育融入高校思政课教学中有何依据、必要性、价值。再次,基于高校的调研,在肯定制度自信教育融入高校思政课教学中取得的成绩基础上,分析制度自信教育融入高校思政课教学中存在的问题及其影响因素。最后,在明确制度自信教育融入高校思政课教学中应遵循的原则与导向的基础上,依据理论研究和实证分析,提出优化制度自信教育融入高校思政课教学中的具体路径和保障机制。

（二）技术路线

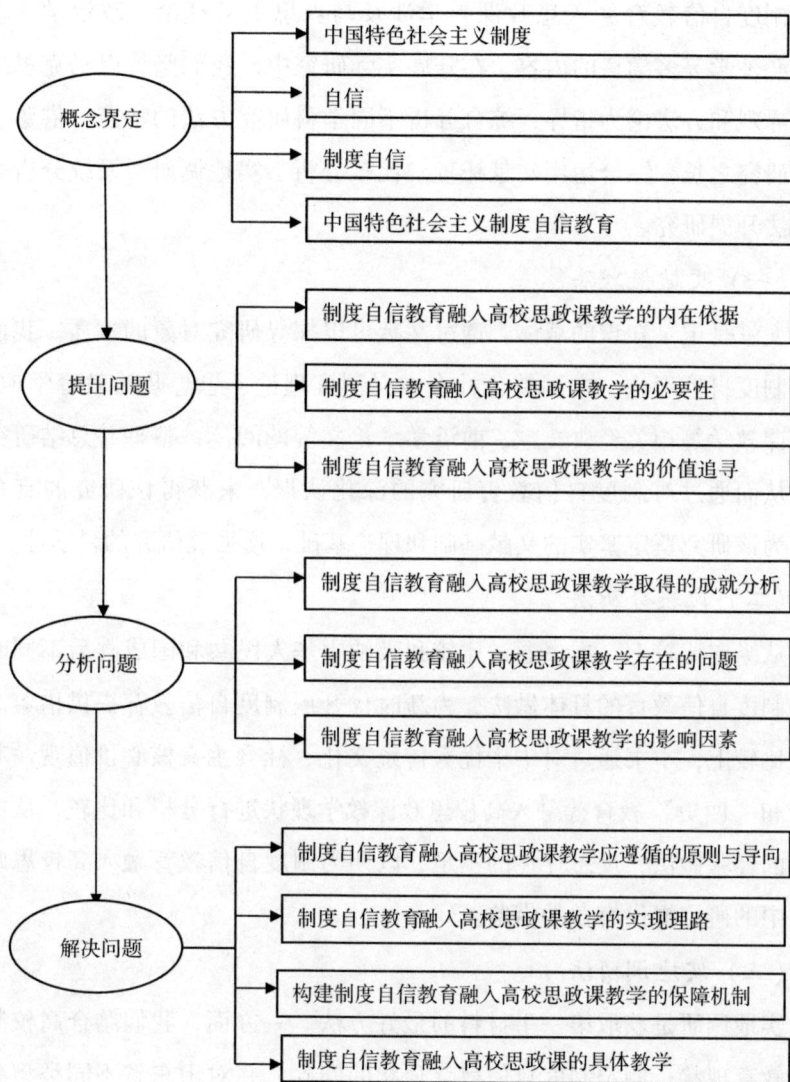

概念界定
- 中国特色社会主义制度
- 自信
- 制度自信
- 中国特色社会主义制度自信教育

提出问题
- 制度自信教育融入高校思政课教学的内在依据
- 制度自信教育融入高校思政课教学的必要性
- 制度自信教育融入高校思政课教学的价值追寻

分析问题
- 制度自信教育融入高校思政课教学取得的成就分析
- 制度自信教育融入高校思政课教学存在的问题
- 制度自信教育融入高校思政课教学的影响因素

解决问题
- 制度自信教育融入高校思政课教学应遵循的原则与导向
- 制度自信教育融入高校思政课教学的实现理路
- 构建制度自信教育融入高校思政课教学的保障机制
- 制度自信教育融入高校思政课的具体教学

**图 0-1 技术路线图**

## 五、研究方法

制度自信教育融入思政课教学涉及马克思主义理论、政治学、教育学、心理学等多学科的内容。在开展实际研究中，我们坚持以马克思主义的世界观和方法论为指导，综合分析不同学科研究方法的特点，借鉴不同学科研究之长，综合运用文献梳理、比较分析、实地调研、系统分析等研究方法开展研究。

### （一）文献梳理法

文献是记录知识的载体，透过文献可以探寻研究对象的本质。我们通过对制度自信理论、中国特色社会主义制度理论、思想政治教育学原理、思政课教学等相关经典文献、前沿学术论文等的阅读，整理并总结研究现状，从而通过对制度自信教育研究的深化认识，来获得该研究的有益启示，为该研究奠定坚实的文献基础和理论基础，增强该研究的科学性。

### （二）比较分析法

从纵向比较上，本书通过比较和吸纳中华人民共和国成立后不同时期开展制度自信教育的具体做法，为新时代开展制度自信教育提供借鉴。从横向比较上，本书通过对中华优秀传统文化、社会主义核心价值观、革命精神和"四史"教育等融入高校思政课教学现状进行分析和比较，从中汲取好的经验做法，反思存在的不足，以期为制度自信教育融入高校思政课教学中的研究提供有益的借鉴。

### （三）实地调研法

实地调研是获取第一手材料的最好方法。一方面，我们结合高校制度自信教育现状，制定制度自信教育现状的问卷，并对山东省不同类型高校的思政课教师、学工人员和学生等进行制度自信教育现状的问卷调查，利用 SPSS 软件对相关数据进行分析。另一方面，我们充分利用访谈法的优势，通过与部分高校思政教师和在校大学生进行访谈交流，全面掌握被调查学校开展制度自信教育的具体情况以及受访教师和学生对高校制度自信教育相关问题的具体看法，为探讨制度自信教育融入高校思政课获取第一手资料。

（四）系统分析法

系统研究方法强调把研究对象作为一个整体来对待，要求从各组成部分间的相互关系中把握整体性，来得到最优的处理问题方案的科学研究方法。制度自信教育涉及教育主体、客体、对象和外部环境等因素。制度自信教育效果的提升需要多主体配合。因而，我们对制度自信教育研究应坚持系统分析法，把其作为一项系统工程加以研究，才能有效提升制度自信教育效果。

## 六、研究创新与不足之处

（一）创新之处

不能轻易言创新，但学术研究又重在创新，创新是学术研究的最终追求。本书力图实现以下几个方面的创新。

1. 研究内容方面

第一，深化中国特色社会主义制度体系的研究。在开展中国特色社会主义制度自信研究中，对中国特色社会主义制度体系形成发展、内在逻辑、创新之处等做全方位探讨，这有助于深化中国特色社会主义制度体系的研究。第二，丰富大学生社会主义教育内容。每个社会阶段的教育内容都是服务于这个时代发展所需的，并随之而变化。在社会主义国家，必然要开展以宣传社会主义优势、维护社会主义发展、坚定社会主义信心为核心内容的社会主义教育，社会主义制度自信教育是大学生接受社会主义教育的重要内容之一。我们开展大学生制度自信教育研究能及时回应大学生的思想困惑，提出培育其制度自信的具体措施，丰富了大学生社会主义教育的内容。第三，增强高校思政课教学的针对性。大学阶段是青少年价值观念、理想信念形成的关键阶段，高校实施制度自信教育尤为重要。制度自信教育融入高校思政课教学中的研究较少，本书研究为制度自信教育路径提供指引，也增强了高校思政课教学的针对性。第四，对制度自信教育融入高校思政课教学中的核心要义、价值追寻、存在问题、优化理路等进行系统性阐述，拓展了制度自信教育的途径。

2. 研究视角方面

学术界当前关于制度自信教育主要从宏观角度加以论述，而本书从学科教学理论角度，选取高校本科思政课马克思主义理论研究和建设工程教材作为研究文本，以制度自信教育融入高校思政课教学中为切入点，全面考察相关高校开展制度自信教育现状，提出优化高校制度自信教育的具体路径与体制保障措施，研究视角较独特。

3. 研究方法方面

本书的研究综合运用文献梳理、案例分析、实地调研（问卷调查、深度访谈）、比较分析、系统分析等研究方法，有效实现定性研究与定量研究相结合，确保研究的深入、客观、公正，特别注重实证调查。本书研究拟通过问卷调查、个别访谈来获得第一手数据和资料，并对其进行统计分析和综合评价，力求得出科学的结论，弥补现有相关成果重逻辑思辨而轻实证研究、质性有余而量性不足、说服力不足的缺陷，实现研究方法的创新。

（二）不足之处

作者虽对制度自信教育融入高校思政课教学注入大量的精力，但由于主客观因素的限制，使对该问题的研究还存在诸多不足。

第一，受调研人力、经费、时间等条件的限制，制度自信教育融入高校思政课教学中的现状调研还有待深入，这在一定程度上影响了存在问题的全面总结。第二，研究者受学术认知和研究能力有限、知识储备量不足等因素的限制，导致对相关问题的探讨还不够深入，提出的优化策略虽较全面，但还有待进一步增强其针对性和可操作性。这些不足之处也是作者在未来继续关注这一主题并对其进行更深入和更系统研究的持续动力。

# 第一章

# 相关概念与理论基础

## 一、相关核心概念

概念是对事物发展的本质特点的抽象、概括与表达，也是构成理论体系的前提和基础。我们开展制度自信教育融入高校思政课教学中的研究，首先应明确"制度""自信""制度自信""制度自信教育"等与高校制度自信教育相关的核心概念。这些核心概念是后续顺利开展研究的基础。

### （一）制度和中国特色社会主义制度

#### 1. 制度

"制度"一词的内涵随着社会发展和变化而不断得以丰富。《周易》中提及："节以制度，不伤财，不害民。"[①] 其中"制度"一词主要是指大家共同认可并遵守的规范人们行为的礼数、法度等规矩。这本书是我国最早提及该词的历史典籍。《中庸》记载："其道，即议礼、制度、考文之事也。"[②] 这里的"制"是动词，意思是制定、拟定，而"度"是名词，指的是法度、规则。

当代中外学者从不同角度理解"制度"一词。在西方，塞缪尔·亨廷

---

① 来知德. 周易集注［M］. 上海：上海古籍出版社，2015：275.
② 转引自朱熹. 四书章句集注［M］. 北京：中华书局，1983：36.

顿（Samuel Huntington）认为，制度是一种稳定且能连续地进行行为重现的特殊行为模式。① 亚历克斯·英克尔斯（Alex Inkeles）认为，制度是"社会学研究的中心"。② 道格拉斯·C.诺斯（Douglass C. North）认为制度是为确立和调整人们之间关系而设定的一些规则。③ 阿诺德·约瑟夫·汤因比（Arnold Joseph Toynbee）认为，制度是在所有社会里都存在的，用以标识非个人关系的一种工具。④ 约翰·罗尔斯（John Rawls）从政治学视角出发，认为，制度是一种可确定职务及其权利、义务、权力和豁免等的规范体系。⑤ 在国内，有学者认为，制度是一种"权利义务关系分配的社会结构存在。"⑥ 有学者认为，制度即定制、度量，是共同遵守的规范或准则，是一定的规范、法令或规格的总称。⑦ 有学者认为，制度是要求人们共同遵守的办事规程或行动准则。⑧ 还有学者认为，制度中，"制"是边界，"度"是空间⑨，二者形成了规矩与方圆。

基于国内外学者们的研究，我们可从一般意义上，将"制度"定义为，一种社会成员在社会生产生活中所必须共同遵守的、用以约束其行为

---

① ［美］塞缪尔·亨廷顿. 变革社会中的政治秩序 ［M］. 王冠华，译. 北京：华夏出版社，1988：12.

② ［美］亚历克斯·英克尔斯. 社会学是什么 ［M］. 陈观胜，李培荣，译. 北京：中国社会科学出版社，1981：99.

③ ［美］道格拉斯·C.诺斯. 制度、制度变迁与经济绩效 ［M］. 刘守英，译. 上海：上海三联书店，1994：3.

④ ［英］阿诺德·约瑟夫·汤因比. 历史研究：上 ［M］. 曹未风，等译. 上海：上海人民出版社，1986：59-60.

⑤ ［美］约翰·罗尔斯. 正义论 ［M］. 何怀宏，译. 北京：中国社会科学出版社，1988：50.

⑥ 高兆明."制度"概念的存在论辨析 ［J］. 南京师大学报（社会科学版），2007（04）：5.

⑦ 白钢. 制度自信十讲 ［M］. 北京：人民日报出版社，2013：2.

⑧ 李婧. 中国特色社会主义法律体系的完善和发展研究 ［M］. 北京：人民出版社，2016：216.

⑨ 人民日报社理论部. 中国特色社会主义制度为什么管用 ［M］. 北京：人民出版社，2018：110.

的各项规则的总称。从范畴上看，"制度"主要包括总体社会制度，如奴隶社会制度、社会主义社会制度等；某一领域的制度，如基本经济制度、基本政治制度等；规范社会秩序的各种具体规定，如选举制度、公司制度等。制度是人类文明的产物，在人类文明发展中起到重要载体和基础性支撑的作用。

### 2. 中国特色社会主义制度

中国特色社会主义制度属于"制度"范畴下的一种制度形式。我们对该概念的理解和掌握必须基于马克思主义视角，立足于中国社会实际情况。在马克思主义视阈下，制度可被理解为"只不过是个人之间迄今所存在的交往的产物"[①]，而"交往的产物"体现在物质交往的产物上，即生产的产物。可以说，在马克思主义视阈中，更为重要的是理解制度反映的是什么，即制度是对现存的生产方式的集中体现，是一定时期内生产关系的法律化、体制化。制度，从宏观上看，它是一种社会形态，"有中国特色的社会主义制度"[②] 概念便是从这一角度来界定的；微观上看，它是指具体的体制机制，包括各类具体的法律、规章、规则等。

2011 年 7 月，胡锦涛在庆祝中国共产党 90 周年大会上的讲话中首次提出"中国特色社会主义制度"这一概念。2012 年，党的十八大对中国特色社会主义制度进行了科学概括。

从内涵上看，中国特色社会主义制度是以马克思主义为指导，在充分总结以往革命、建设和改革规律的基础上，形成的具有中国特色的涉及经济、政治、文化、社会、生态文明等多领域的一整套制度体系。该制度既体现了社会主义本质的一面，又凸显了中国特色的一面。前者要继续坚持，即我国决不能主动舍弃社会主义制度，也不允许他国颠覆我们的制

---

① 中共中央马克思恩格斯列宁斯大林著作编译局. 马克思恩格斯选集：第一卷 [M]. 北京：人民出版社，2012：202.

② 邓小平. 邓小平文选：第三卷 [M]. 北京：人民出版社，1993：218.

度；后者则要求不断发展和创新，即我国不能照搬西方资本主义制度建设的经验，要从本国国情出发，在实践中不断地去创新和发展我国的制度，彰显中国特色。①

从外延上看，中国特色社会主义制度是由多个与治国理政相关的政治、经济、文化、社会等领域的根本、基本和具体制度相融合，而形成的一套紧密联系、相辅相成的制度体系。具体来说，第一，人民代表大会制度是我国的根本政治制度。人民代表大会制度实现"双重委托、双重监督"。全国和地方人民代表大会是由人民民主选举产生的，代表人民的利益，接受人民监督，是保障人民有效行使国家权力的根本制度保障。国家行政、审判、检察、监察等机关都由人民代表大会产生，对它负责，受它监督。第二，中国共产党领导的多党合作和政治协商制度是基本政治制度重要组成部分。中国共产党是执政党，各民主党派是参政党，两者是亲密战友，坚持"长期共存、互相监督、肝胆相照、荣辱与共"十六字方针。这一制度是党在革命和建设中摸索形成的，既保障了党的领导地位，又很好地实现了多党合作的参政议政。它是我国协商民主这一社会主义民主政治的特有形式和独特优势，实现了人民民主的重要制度创新。第三，民族区域自治制度是基本政治制度重要的组成部分。它是一种在坚持国家统一前提下，以少数民族聚居区为基础，保障由本民族人民管理自己的事务、自主行使权利的制度形式。它把国家的集中统一和少数民族的地方自治相统一，是中国特色社会主义制度体系中处理民族关系的重大创新。第四，基层群众自治制度是基本政治制度重要的组成部分。该制度是一种城乡居民依据法律规定，以村民委员会和居民委员会为载体，人民直接参与基层公共事务的管理的制度形式。它的建立与完善保障了城乡基层群众广泛、直接、有效行使民主权利，是实现民主政治的基本途径。第五，以公有制为主体、多种所有制经济共同发展构成了基本经济制度的主要内容。公有

---

① 白钢．制度自信十讲［M］．北京：人民日报出版社，2013：4.

制为主体规定了制度中社会主义的本质属性，多种所有制经济共同发展反映了促进我国现实生产力发展的需要。第六，其他具体制度。我国还存在很多具体的政治、经济、文化、社会制度。例如，在经济领域，实行按劳分配为主体、多种分配方式并存的分配制度；在社会领域，实行包括户籍管理制度、社会保障制度等在内的社会治理制度等。各项具体制度从微观角度规范、调控社会的相关领域，确保了国家的正常运行。总的看来，它是由多个部分有机融合而组成的一整套相辅相成、紧密联系的制度体系。

从历史角度看，中国特色社会主义制度不是在新中国成立时就有的，而是在我国社会主义建设实践中逐渐确立和完善的，它的确立和完善经过了两个重要的历史进程。一是"三大改造"和第一个五年计划的完成改变了社会性质，在此基础上，中共八大明确了我国已建立社会主义制度的事实。二是党的十一届三中全会及改革开放的进行使我国进入了新的发展时期，为了适应我国建设实践，党中央主动自觉地对我国制度进行了调整、转型及完善，至此，我国特色社会主义制度基本确立。

（二）自信

1. 自信定义

从经典著作的角度来看，在春秋时期，孔子就认识到"自信"的重要性，指出："吾心信其成，则无坚不摧。"《墨子》中提及，"虽杂庸民，终无怨心，彼有自信者也"，其中的"自信"是指"相信自己"。从汉语字源角度上看，"自"即"自己，己身"，"信"即"信从、信任"，《辞海》中将"自信"解释为"自己相信自己"。从英文词源角度来看，自信对应的英文为"self-confidence"，是一种"自己相信自己"的坚定信念。《中国伦理学百科全书》认为，它是"人们对自己的能力、价值和种种活动表示肯定的道德态度"。①

---

① 罗国杰. 中国伦理学百科全书·伦理学原理卷［M］. 长春：吉林人民出版社，1993：449.

纵观国内外众多学者的研究，从心理学角度来看，美国心理学家班杜拉最早提出与自信概念较为接近的"自我效能感"概念，并认为，它是"人们对自身完成某项工作行为的自信程度"①。Basch C. E. 认为，自信是对自己活动能力经验的感觉。② 国内有学者认为，自信是"个体在长期生活中形成的对自己能力的信心"③，"是健全人格的重要组成部分"④。自信体现的是人在社会适应中的自然心境，是人发自内心的自我肯定与相信，但它不是盲目的狂妄自大，而是根植于其对所自信的事物的认同感。从社会学角度出发，有学者认为自信源于社会实践，"成功或成功大于失败的实践活动为自信机制的形成提供了本体论基础"⑤。也就是说，成功的实践活动是促成自信得以形成的最重要因素。

不同学者对自信有不同的定义和解释，但他们的研究也有很多共性，学者们总体上认为，自信是个体在正确认知的基础上，发自内心的，对自己的肯定、认同和信任，乃至是自觉行动的一种乐观、积极的态度和情感。本质上看，自信是一种稳固、持久的信念。

2. 自信特征

自信作为一种积极稳定的心理状态，它具有内在的特征。第一，能动性。自信是主体在对人或事物充分认识的基础上对其产生的高度认同。如果不发挥个体主动性，没有个体的感知和认同情感，就难以产生自信。可见，自信的形成充分体现了个体主观能动性。第二，实践性。自信是以主体的社会实践为基础，通过心理机制进行的知性活动。社会实践开展的程

① BANDURA A. Self-efficacy: Toward a Unifying Theory of Behavioral Change [J]. Psychological Review, 1977 (84): 191 -215.
② BASCH C. E. Focus Group Interview: an Underutilized Research Technique for Improving Theory and Practice in Health Education [J]. Health Education & Behavior, 1987, 14 (04): 411-448.
③ 时蓉华. 社会心理学词典 [M]. 成都：四川人民出版社，1988：67.
④ 黄希庭. 再谈人格研究的中国化 [J]. 西南师范大学学报（人文社会科学版），2004 (06): 5-9.
⑤ 陈新汉. 自信的哲学意蕴 [J]. 江西社会科学，2010 (03): 48.

度将影响自信的形成。第三，后天性。正如列宁所说："世界不会自动满足人。"① 自信不是与生俱来的，而是通过后天在现实环境中不断实践锻炼才逐渐形成的。

3. 影响自信的因素

自信是一种积极的心理状态，影响这种心理状态的因素有很多，归结起来主要是个体自身和外部因素两类。

一方面，个体自身因素主要包括三个方面。首先，生理状况。个体身体健康有助于养成积极的健康心理和强烈的自信心。反之，生理有缺陷者对自己能力不能充分认可，对自己缺乏信心，影响了自信的养成与发展。其次，自我认知与评价。自信的核心就是对个体公正及准确地进行认知和评价，唯有如此，才能有效地提升自信。个体对自己的容貌、能力及道德水平等要素有客观的评价，就可能提升自信。反之，过高或过低的评价会使个体陷入自大和自卑的误区，阻碍自信的提升。最后，成败经验与归因。个体自信的产生和提升在很大程度上受活动结果的影响，成功有助于个体自信的产生和提高，失败则会削弱和降低个体的自信。同时，个体对成败的归因也是影响自信的一个方面，能用正确的方式方法看待成败的原因是有利于自信的发展的，如把成功归于个人的能力和努力，把失败归于客观外在和运气，其自信也就会增强。反之，个体如果把成功归于外在客观，失败归于自身，则其自信程度就会下降。

另一方面，个体外在因素主要由三个部分构成。一是他人的替代性经验。它主要指个体通过对他人行为的观察和分析而获得的间接性经验，如个体看到与自己类似的人成功了，就可能提升对自身成功的信心，反之，看到他人的失败就可能降低对成功的信心。二是他人的信任和期望。他人如果对个体有较大的信任和期望，则可能提升个体自信，反之，则可能降

---

① 列宁. 列宁全集：第五十五卷［M］. 北京：人民出版社，2017：183.

低个体自信。三是教育训练。自信不是先天就有的，是在后天的实践中形成的，因此教育和训练成了个体提升自信的重要手段，自信教育训练不仅能改变个体不正确的认知和评价，还能培养自信的心理，从而提高自信水平。

（三）制度自信和中国特色社会主义制度自信

1. 制度自信

制度自信可用来描述社会成员对自身所处制度的认可、肯定和确认程度。① 具体来说，制度自信是指社会成员在对制度形成发展的合理性、制度的有效性以及制度显现的优势和明显的效能等有全面感知的基础上，形成对该制度的认可、认同，并对其充满信心的心理过程。制度自信主体是指在制度体系下进行社会活动的人，即社会成员。他们对制度的认识程度决定了其对制度的认同程度，从而决定了其能否形成制度自信。制度自信客体是制度本身。制度自信主体对制度的认同前提是制度本身是科学合理的、先进的、符合制度主体根本利益的。制度自信的形成是社会自上而下的引导机制与自下而上的反馈机制协同作用的结果。②

2. 中国特色社会主义制度自信

2012 年 11 月，党的十八大首次提出"制度自信"命题，这是党继提出理论自信以后，对中国特色社会主义制度自信内涵的丰富和结构的升华。2017 年，党的十九大又进一步强调，全党要更加自觉地增强道路自信、理论自信、制度自信、文化自信。

中国特色社会主义制度自信是指中国人民对社会主义制度的认同与信奉，也就是坚信这种制度能发挥出社会主义的优势和作用，坚信这一制度本身的优越性、选择的合理性及成果的世界性。这种信奉是由人的自信的观念、意识、力量等方面构建起来的，坚持制度自信就是要对我国制度及

---

① 张帆. 关于制度自信的理论思考 [J]. 求实，2015（09）：72.
② 王宏舟. 新时代青少年制度自信教育 [M]. 上海：上海教育出版社，2021：2-3.

制度体系的整体自信。总的来看，在我国，坚定制度自信就是人民全面认知、自觉认同、坚决支持与拥护、努力发展中国特色社会主义制度的过程。①

在"四个自信"体系结构中，制度自信与道路、理论、文化自信相辅相成，互为促进，形成了一个严密的自信体系。一方面，制度自信是道路、理论、文化自信的根本保障。它为中国特色社会主义道路沿着正确方向发展、社会主义先进文化广泛凝聚人民精神力量、夯实马克思主义在意识形态领域中的指导地位提供了强有力的保证。另一方面，道路、理论、文化自信为制度自信提供了内在支撑，即道路自信、理论自信、文化自信分别为制度自信提供了方向引领和理路遵循、理论指导和价值原则、精神标识和力量源泉。②

（四）自信教育、中国特色社会主义制度自信教育和大学生中国特色社会主义制度自信教育

辩证唯物主义认为，人的主体性意识的形成是立足于对客观事物全面、充分认识的基础上。制度自信表现出对制度的坚定信念，这一信念不是自发生成的，而是在社会主义理论的宣传教育之下，在对中国特色社会主义制度本质、特征、优势有全面和充分认识的基础上，才能逐步形成的。③ 这就需要通过系统的制度自信教育，来促使制度自信的形成。

1. 自信教育

教育有广义教育和狭义教育之分。前者是指所有影响人的思想观念、增长人的知识与技能、发展人的智力与体力等身心改变的实践活动，后者主要指各级各类学校教育。本书主要指的是狭义的自信教育，即学校的自信教育，它具体指的是各级学校在遵循学生成长和身心发展规律的基础

---

① 刘希良. 坚定制度自信的三个维度 [J]. 科学社会主义，2020（01）：70.
② 王宏舟. 新时代青少年制度自信教育 [M]. 上海：上海教育出版社，2021：19.
③ 罗健，罗恒. 制度自信教育贯穿高校思政课教学全过程的三维厘析 [J]. 思想政治课研究，2021（06）：107.

上，有计划、系统地运用教育资源培养学生积极的心理状态的社会实践活动，最终的目的是让学生对自身做出客观评价，在此基础上，学生进行自我接受及认同，学校最终把他们培养成社会有用之才。

2. 中国特色社会主义制度自信教育

我们想要完整全面地界定制度自信教育概念，需要在概念中体现制度自信教育的本质、目的和内容等核心构成要素。结合制度自信教育现状，当前中国特色社会主义制度自信教育有广义和狭义之分。前者可以界定为，所有社会主体利用多种方式开展的有关中国特色社会主义制度体系存在必然性、科学内涵、显著优势等内容，力图增强社会成员对其认同感、自信心、践行力的教育实践活动。后者指学校根据社会和学生自身需求，利用一定的教育资源，以提高学生对中国特色社会主义制度的信心为目的，有组织、有计划地实施的包括制度科学理论、制度历史选择与发展、制度实践成效、制度目标信念等内容的教育实践活动。本书的研究主要涉及狭义的中国特色社会主义制度自信教育，狭义的中国特色社会主义制度自信教育是思想政治教育的核心内容。

3. 大学生中国特色社会主义制度自信教育

当代大学生是建设中国特色社会主义、实现中华民族伟大复兴中国梦的中坚力量，大学生是否拥有强烈的制度认同感和坚定的政治立场，关乎中国特色社会主义建设方向，学校对大学生开展制度自信教育实属必要。大学生中国特色社会主义制度自信教育是指高校以大学生为教育对象，通过理性引导、说服、灌输等教育手段，使制度知识内化于心，增强大学生对中国特色社会主义制度的认同感，在此基础上，外化于行，引导大学生融入国家建设中去，增强其社会责任感和家国使命感。其教育主体是高校思想政治教育工作者，具体包括思政课教师、辅导员和专业课程教师等，其中思政课教师是主体；其教育客体是在校大学生；其教育载体是思政课、课程思政以及各项社会实践活动等。

（五）高校思政课

1. 高校思政课基本范畴

高校思政课是高校对大学生进行系统的马克思主义理论教育和思想道德教育的主要途径，其教学对象主要涉及高职高专、本科和研究生等三个学历层次的学生。从课程设置上看，2020 年中共中央宣传部、教育部颁布的教材〔2020〕6 号文件中明确规定，高校思政课主要分必修性课程与选修性课程两类。对必修性课程，高职高专阶段设置思想道德与法治、毛泽东思想和中国特色社会主义理论体系概论和形势与政策；本科阶段则在此基础上增设马克思主义基本原理和中国近现代史纲要；硕士和博士研究生分别学习新时代中国特色社会主义理论与实践和中国马克思主义与当代。近年来，贯彻中宣部的要求，高校在本专科阶段又全面开设了习近平新时代中国特色社会主义思想概论。对选修性课程，在高职高专和本科阶段可开设"四史"（社会发展史、中国共产党史、中华人民共和国史、中国改革开放史）和中华优秀传统文化等课程；结合研究生思政课教学实际需要，开设自然辩证法概论、马克思主义与社会科学方法论和马克思恩格斯列宁经典著作选读等硕士和博士研究生选修课程①。高校思政课的开设对引导大学生树立崇高理想信念、坚定马克思主义信仰、培育为实现民族复兴而奋斗的时代新人具有重要作用。

2. 高校思政课课程性质

从课程性质上看，高校思政课具有鲜明的政治属性，是能够反映国家意志的德育课程。第一，思政课遵从国家统一的指导思想和课程教学目标，来开展教学并进行教学创新。思政课教学以马克思主义理论为指导，以传授马克思主义理论及其中国化最新成果为主要教学内容，引导学生时

---

① 中共中央宣传部 教育部关于印发《新时代学校思想政治理论课改革创新实施方案》的通知（教材〔2020〕6 号）[EB/OL].（2020-12-12）[2020-12-31]. http://www. moe. gov. cn/srcsite/A26/jcj_ kc jcgh/202012/t20201231_ 508361. html.

刻关注掌握党的最新理论成果，具有较强的思想性、时代性和理论性，对学生的政治素养和家国情怀培养具有重要作用。第二，高校思政课是一门对学生开设的以实现立德树人为目标的德育课程。该课程不仅要引导学生树立正确的思想观念，而且还引导学生做到知行统一，使学生真正将所学内化为个人的思想道德观念，外化为良好的日常行为习惯，学生从而逐步成长为担当民族复兴大任的时代新人，这充分体现了我国高校思政课立德树人的根本价值遵循。

## 二、相关理论基础

我们坚定制度自信不是凭空产生、空穴来风的，而是具有深厚的理论渊源和科学的理论指导。制度自信教育融入高校思政课，要坚持把马克思主义及其中国化最新成果中关于制度、制度优越性、自信理论，以及心理学中以自信理论为理论指导来开展研究。

（一）马克思主义制度理论

任何一种制度设计都是以理论为指导的，只有以科学的理论为指导，制度的优势才会显现。我国国家制度优势源于科学理论指导。作为社会主义制度建设的指导思想，马克思主义国家制度理论为建立健全我国国家制度体系提供了方向性指导。它是中国特色社会主义制度优势的基本依据，进而也是中国特色社会主义制度自信的理论源泉。

"制度只不过是个人之间迄今所存在的交往的产物。"[①] 这意味着，制度的产生离不开实践，是人在实践活动中进行交往的产物，是以生产和交往实践为前提的，并且伴随社会关系的产生而形成。

第一，在人与人的交往实践中，社会关系的规范和调和是促使制度产生的直接动因。从交往实践来看，为了有效协调人与人在交往中的经济关

---

① 中共中央马克思恩格斯列宁斯大林著作编译局．马克思恩格斯选集：第一卷［M］．北京：人民出版社，2012：202.

系，避免在社会交往中可能发生的各种物质利益冲突，确保人与人之间正常进行交往，社会需要制定一种秩序来规范和调和社会关系，这时制度产生了。

第二，制度产生源于交往实践的需要，但交往实践最初来自生产实践，因而生产实践是社会关系产生的前提与关键，是制度产生的基础。从生产实践来看，人类生存的前提是必须能够生活。"为了生活，首先就需要吃喝住穿以及其他一些东西。因此，第一个历史活动就是满足这些需要的资料，即生产物质生活本身"。① 马克思恩格斯认为，为了生存，人必须进行生产劳动，生存需要成为人进行生产的根本动力，而人进行生产活动会与自然环境存在冲突，同时也会与其他人产生交往，面临冲突，解决这些矛盾就需要通过制定规范、规则来进行调整与规范，制度的产生不可避免。

马克思主义制度理论立足人类实践，揭示了社会发展的本质，符合人类历史发展规律。② 在马克思主义指引下，中国共产党把马克思主义制度理论与我国实际相结合，不断探索，建立了中国特色社会主义制度理论，指引社会主义制度不断完善和向前发展。

（二）社会主义制度优越性理论

社会主义制度优越性理论是彰显中国特色社会主义制度自信的重要理论基础。社会主义优越性理论的形成和发展是一项坚持不懈的探索过程，主要分为马克思主义经典学说概括和社会主义实践总结两个部分。

1. 马克思主义经典学说概括

马克思、恩格斯、列宁的社会主义优越性理论主要是在社会主义必然性理论、社会主义本质理论、社会主义制度体系特征等基础上论述的。

---

① 中共中央马克思恩格斯列宁斯大林著作编译局. 马克思恩格斯选集：第一卷［M］.北京：人民出版社，2012：158.

② 王宏舟. 制度自信教育的逻辑、内涵与理论创新［J］. 中国高等教育，2021（09）：25.

第一，"两个必然"理论。马克思在《共产党宣言》中写道："资本主义……首先生产的是它自身的掘墓人。资产阶级的灭亡和无产阶级的胜利是同样不可避免的。"① 即资本主义必然灭亡和社会主义必然胜利是历史发展的趋势。"两个必然"理论指出了资本主义不可调和的基本矛盾、不可避免的经济危机及普通人生活水平低下的状况，并说明了社会主义能发展更大的生产力、创造更高的生产效率及提升全体人民的生活水平。这一结论是在两个方面的科学论证中得出的，一方面，我们运用唯物史观对资本主义发展规律分析的结果。在资本主义国家中，资本家占有主要生产资料，为了攫取利润，盲目扩大生产，而普通大众不占有生产资料，仅以出卖劳动力，获取微薄的工资，维持生存，缺乏购买力，导致资本主义生产相对过剩，最终导致周期性经济危机的爆发，进而对生产力造成严重的破坏。随着世界生产力水平的不断发展，生产关系的不适应性越来越凸显，周期性经济危机不可避免。在资本主义社会中，社会化大生产与生产资料私有制间的矛盾不可调和，终将被更高级、更先进的社会形态所取代。另一方面，剩余价值学说揭露了资本主义的面目，引起了工人阶级的对抗。资本家为了获取更大的利润就会变本加厉地压榨工人，这样加剧了两个阶级的矛盾，使工人阶级进行顽强抵抗。随着工人阶级意识的觉醒，他们在与资产阶级进行斗争的过程中以科学社会主义作为理论指导成立了自己的政党，最终推动了工人阶级登上政治舞台。至此，资本主义无形中为自身的灭亡锻造了一股强大的社会力量。马克思通过对无产阶级作用、使命、任务的阐述告诉世人，作为资产阶级掘墓人的无产阶级运用推翻资本主义的物质武器必然能打败资本主义，建立社会主义。

第二，社会主义本质理论阐述了社会主义特征，对社会主义优越性进行预见。马克思、恩格斯在社会主义学说创立中对社会主义本质做出设想

---

① 中共中央马克思恩格斯列宁斯大林著作编译局．马克思恩格斯选集：第一卷［M］．北京：人民出版社，2012：413．

和描述，对未来社会提道，"将是这样一个联合体，在那里，每个人的自由发展是一切人的自由发展的条件"。① 马克思、恩格斯认为，社会主义本质是一个是没有剥削和压迫、能实现每个人自由发展的联合体。列宁对社会主义本质的认知主要通过公式形式展现，如："苏维埃政权+普鲁士的铁路管理制度+美国的技术和托拉斯组织+美国的国民教育等+……=总和=社会主义"② "共产主义=苏维埃政权+全国电气化"③ 等。这些公式简洁明了，使人们很容易看出社会主义本质与特征。

第三，社会主义制度体系具有人民性和高效能性等特征，也反映了对社会主义优越性的预见。对人民性，新生的社会主义国家与以往社会制度最大的不同，就是它坚持人民性原则，代表人民利益，坚持人民当家作主。列宁认为："只有千百万人学会亲自做这件事的时候，他们才能实施社会主义。"④ 人民管理是根除国家建设过程中所出现的官僚主义的有力武器。关于高效能性，社会主义国家机关的工作是高效率的，这是区别旧政权的重要标志。列宁认为："如果正在实现社会主义的劳动群众不能使自己的各种机构像大机器工业所应该做的那样部分进行工作，那么也就谈不上实现社会主义了。"⑤

2. 基于社会主义实践的总结

以具体实际为根据，在实践中对社会主义优越性的概括是马克思主义优越性理论又一组成部分。

毛泽东在我国的建设实践中深化了对社会主义优越性的认识。第一，与之前社会形态相比，社会主义生产力有更快速度的发展。他认为："所谓社会主义生产关系……能够容许生产力以旧社会所没有的速度迅速发

---

① 中共中央马克思恩格斯列宁斯大林著作编译局 . 马克思恩格斯选集：第一卷 [M].
　北京：人民出版社，1995：730-731.
② 列宁 . 列宁全集：第三十四卷 [M]. 北京：人民出版社，1985：520.
③ 列宁 . 列宁全集：第四十卷 [M]. 北京：人民出版社，1986：156.
④ 列宁 . 列宁选集：第三卷 [M]. 北京：人民出版社，2012：464.
⑤ 列宁 . 列宁全集：第三十四卷 [M]. 北京：人民出版社，1995：144.

展，因而生产不断扩大，因而使人民不断增长的需要能够逐步得到满足的这样一种情况。"① 第二，社会主义制度具有很好的自我完善能力。他指出，社会主义制度也存在矛盾，但这些矛盾是非对抗性的，且不会破坏已有生产力，它可通过制度本身进行自我修复和完善，使矛盾得以不断解决②。第三，通过对比资本主义制度，指出人民民主专政国体具有对人民实行民主和对敌人实行专政的显著优越性③，有力保障国家政权建设与社会长治久安；人民代表大会制度政体具有能够广泛征集人民意见、充分体现人民意愿、保障人民当家作主等显著优越性。

邓小平根据中国新时代发展情况，对社会主义优越性的认知更加合理、客观、科学。第一，经济领域的优越性。邓小平指出，社会主义优越性"最终要体现在生产力能够更好地发展上"④"能够允许社会生产力以旧社会所没有的速度迅速发展"⑤"最大优越性就是共同富裕"⑥。总的看来，他认为，经济领域优越性体现在它能实现生产力更高速发展、带领人民实现共同富裕方面。第二，思想领域的优越性。邓小平说："因为我们有马克思主义和共产主义的信念。……无论过去、现在和将来，这都是我们的真正优势"⑦。可见，社会主义拥有崇高的理想信念和信仰是社会主义社会在思想领域的优势体现。第三，政治领域优越性。他认为，"共产党的领导就是我们的优越性"⑧"民主集中制也是我们的优越性"⑨"社会主义国家有个最大的优越性，就是干一件事情，一下决心，一做出决议，就

---

① 中共中央文献研究室．毛泽东文集：第七卷［M］．北京：人民出版社，1999：214.
② 毛泽东．关于正确处理人民内部矛盾的问题［M］．北京：人民出版社，1957：112.
③ 贺全胜．从历史走向未来——毛泽东对马克思主义中国化的艰辛探索［M］．北京：人民出版社，2021：360.
④ 邓小平．邓小平文选：第三卷［M］．北京：人民出版社，1994：149.
⑤ 邓小平．邓小平文选：第二卷［M］．北京：人民出版社，1994：128.
⑥ 邓小平．邓小平文选：第二卷［M］．北京：人民出版社，1994：364.
⑦ 邓小平．邓小平文选：第三卷［M］．北京：人民出版社，1994：144.
⑧ 邓小平．邓小平文选：第三卷［M］．北京：人民出版社，1994：256.
⑨ 邓小平．邓小平文选：第三卷［M］．北京：人民出版社，1994：257.

立即执行，不受牵扯"①。邓小平从政治领导和决策原则等方面指出社会主义社会在政治领域的优越性。

江泽民基于当时国内外形势的分析判断，对社会主义优势和制度自信做出新的认识。20 世纪 90 年代，苏东剧变使世界社会主义运动进入低潮，其他社会主义国家在发展中陷入迷茫。关于是否坚持社会主义，坚持怎样的社会主义及社会主义道路如何继续走下去的争论在党内出现。在对当时国内外局势进行科学判断的基础上，江泽民明确提出，要"全面执行，一以贯之"和"坚定不移，毫不动摇"② 地执行党的十三大制定的党在社会主义初级阶段的基本路线。在苏东发生剧变后，针对党内少数同志对走社会主义道路有动摇的倾向，他指出，中国的社会主义不是苏联模式，也不是东欧模式，而是有中国特色的社会主义。这是中国人民经过一百多年探索得出的结果。这些论述有利于中国在纷繁复杂的国际局势中明确发展方向，消除国内、党内的不和谐因素，维护社会稳定，坚持社会主义制度。此外，他还提出"三个代表"重要思想，深刻揭示了党的使命，彰显了中国共产党的制度自信。

胡锦涛对中国特色社会主义制度优势有集中概括。他认为，它是当代中国发展进步的根本制度保障③，其优势可概述为"五个有利于"，即有利于保持党与国家的生机活力，调动广大群众和社会各方的积极性、主动性与创造性；有利于解放和发展社会生产力，推动经济社会全面发展；有利于维护和促进社会公平正义，实现全体人民共同富裕；有利于集中力量办大事，有效应对前进道路上的各种风险挑战；有利于维护民族团结、社会

---

① 邓小平. 邓小平文选：第三卷 [M]. 北京：人民出版社，1993：240.
② 江泽民. 江泽民文选：第一卷 [M]. 北京：人民出版社，2006：57.
③ 胡锦涛. 在纪念中国共产党成立 90 周年大会上的讲话 [N]. 人民日报，2011-07-02（002）.

稳定、国家统一。① "五个有利于"是对我国在政治、经济、文化、社会等领域所显现的社会主义制度优越性的集中概括，为坚定制度自信提供了坚实的依据。

毛泽东、邓小平、江泽民、胡锦涛等党的历代领导人归纳概括的社会主义社会优越性理论不仅是对马克思主义社会主义优越性的继承和发展，更多的是对我国社会主义建设的有效指导。

（三）自信理论

自信是心理学研究的重要领域和概念。从心理学视角看，自信是社会各主体在对社会事物进行感知的基础上，逐渐形成对社会事物的认可与认同，最终形成对社会事物及其未来走向的坚定信念的过程，其基本内涵包括"知、情、意、行"。其具体内容包括：第一，认知评价。认知评价是指人们对事物的了解和掌握的过程。它的评价对象可以是价值观、品德、行为等内容，但自信认知评价的最重要对象是自我效能。只有对自己的能力有全面客观理性的认知和评估，才会产生胜任某项工作或岗位的信心。自我评价过高，会导致自大；反之，则会信心不足，甚至会自卑。这些因素都会影响个体自信的产生。第二，情感驱动。情感驱动指的是人们对事物产生的一种情感态度和情感体验的过程，表现为喜欢、认可、冷漠、厌恶等。当个体对自己的能力和品行等进行积极评价后，他则会产生愉快的情感体验，进而会驱动其充分发挥自我效能感，去满足情感需要。经常有喜欢、认可等情感态度和体验的人则往往表现出精神饱满、意气风发，进而在学习、工作和生活中表现出积极向上。反之，对事物经常抱有冷漠、厌恶的人，其精神通常表现为怯懦、萎靡不振，进而在行为上表现为遇事退缩、缺乏担当、创新精神不够等。可见，情感驱动在很大程度上影响一个人的后续行为。第三，信念追求。信念追求是指人们在预定目标的指引

① 胡锦涛. 在纪念中国共产党成立90周年大会上的讲话 ［N］. 人民日报，2011-07-02（002）.

下，不断克服困难，来努力实现既定目标的心理过程。自信不仅是立足当下，对现实自我的肯定，还要预知未来，对未来自我发展充满信心。良好的未来期待可以有效激发和激励个体行动。人们只有具有坚定的信念，才足以将对某一事物或现象的认知和情感转变成实际行动。一个充满自信的人会为实现自己的既定目标和理想而积极努力。反之，他则可能在实现目标的过程中会有畏难情绪，动力不足。第四，实践行为。它是人们在一定的认识、情感、意志基础上开展的实际行动，即将情感意志外化为自觉行动。例如，人们做出拥护中国特色社会主义制度的实际行动。

自信基础理论明晰了作为一种心理活动的自信的具体构成要素，明确了自信的生发过程，这为探讨如何树立大学生制度自信及其开展大学生制度自信教育提供了理论指导。

（四）习近平关于制度自信及其制度自信教育的重要论述

习近平关于制度自信及其制度自信教育的论述不仅明确了社会主义制度自信教育的关键对象、发展方向和核心要义，还为新时代大学生制度自信教育的创新探索提供了重要的理论基础。

1. 关于制度自信的相关论述

党的十八大以来，习近平总书记系统回答了"为什么要坚定制度自信，如何坚定制度自信"等一系列重要问题。

（1）关于为什么要坚定制度自信

坚定制度自信要有足够底气和现实需要，这一底气来自中国特色社会主义制度的显著优势，现实需要则来自新时代全面改革和发展的需要。

第一，坚定制度自信源于制度优势。"制度优势是一个国家的最大优势。……制度稳则国家稳。"① 制度优势是坚定制度自信的基本依据。其中，党的领导制度有效保证了社会各方面力量和资源的有效整合，保证了国家重大战略、规划和政策一以贯之的实施，使我国保持长期稳定性；基

---

① 习近平．习近平谈治国理政：第三卷［M］．北京：外文出版社，2020：119．

本经济制度既能最大程度地解放和发展社会生产力，又能避免两极分化和促进共同富裕。包括人民代表大会制度、基层群众自治制度、民族区域自治制度等在内的我国政治制度优势同样突出，"能够有效保证人民享有更加广泛、更加充实的权利和自由，……有力维护国家主权、安全、发展利益，维护中国人民和中华民族的福祉。"[①] 关于我国制度具有显著优势的原因，习近平指出，它"是经过革命、建设、改革长期实践形成的"，"凝结着党和人民的智慧"[②]，是党"坚持把马克思主义基本原理同中国具体实际相结合"[③] 的结果。第二，坚定制度自信基于改革和发展的需要。全面深化改革和推动社会主义事业不断向前发展需要制度自信来鼓舞士气、增强毅力、坚定信心。习近平强调，"没有坚定的制度自信就不可能有全面深化改革的勇气"[④]。因此，我们需要通过引导人民群众坚定制度自信，来确保全面深化改革的政治方向不偏离，我们要积极应对各种风险挑战，化解改革中的一个个难题，不断推进社会主义事业向前发展，向着实现中华民族伟大复兴中国梦的方向阔步前进。

（2）关于如何坚定制度自信

对如何坚定制度自信，习近平总书记基于制度自信的形成规律和现实，提出了坚定制度自信的有效路径。

第一，坚定制度自信的前提是坚持党的领导。习近平指出："中国特色社会主义制度，……其中具有统领地位的是党的领导制度。"[⑤] "中国特色社会主义制度的最大优势是中国共产党领导。"[⑥] 因此，坚定制度自信的前提是坚持和加强党的全面领导，要"着力从制度安排上发挥党的领导这

---

① 习近平. 习近平谈治国理政：第二卷 [M]. 北京：外文出版社，2017：288.
② 习近平. 习近平谈治国理政：第三卷 [M]. 北京：外文出版社，2020：119.
③ 习近平. 习近平谈治国理政：第三卷 [M]. 北京：外文出版社，2020：122.
④ 习近平. 习近平谈治国理政：第一卷 [M]. 北京：外文出版社，2018：106.
⑤ 习近平. 习近平谈治国理政：第三卷 [M]. 北京：外文出版社，2020：125.
⑥ 习近平. 习近平谈治国理政：第三卷 [M]. 北京：外文出版社，2020：94.

个最大的体制优势"①。第二，坚定制度自信的保障是全面深化改革。习近平指出："离开不断改革，制度自信也不可能彻底、不可能久远。"② 因此，我们"要不断革除体制机制弊端，让我们的制度成熟而持久。"③ "要把坚定制度自信与不断改革创新统一起来"④，这告诉我们，虽然我国制度具有显著优势，但有些优势由于受主客观因素的制约，还未得到充分发挥。因此，我们只有勇于改革、勇于创新，不断改革和完善中国特色社会主义制度，才能使我们更加认同制度，坚定对制度的信心。第三，坚定制度自信的重点是坚定对政治制度的自信。他认为，坚定制度自信，"首先要坚定对中国特色社会主义政治制度的自信。"⑤ 因为"政治制度处于关键环节"⑥。第四，坚定制度自信的重要路径是开展制度自信教育，要求将制度自信教育贯穿于国民教育全过程中去。习近平多次提出要通过教育提升学生对制度的自信，强调要"教育引导广大青年形成正确的世界观、人生观、价值观，增强中国特色社会主义道路、理论、制度、文化自信"⑦，同时，他还特别重视通过学校思政课来开展对学生的制度自信教育，提出"要理直气壮开好思政课，……引导学生增强中国特色社会主义道路自信、理论自信、制度自信、文化自信"⑧。

习近平关于制度自信的重要论述坚持和继承了马克思、恩格斯制度优势和自信理论的核心思想，同时，立足中国实际，进一步发展了马克思、恩格斯的制度优势和自信理论，形成具有中国特色的制度自信理论。从理论价值上看，这一重要论述大大丰富了马克思主义制度理论；从实践价值

① 习近平. 习近平谈治国理政：第三卷 [M]. 北京：外文出版社，2020：90.
② 习近平. 习近平谈治国理政：第一卷 [M]. 北京：外文出版社，2018：106.
③ 习近平. 习近平谈治国理政：第一卷 [M]. 北京：外文出版社，2018：106.
④ 习近平. 习近平谈治国理政：第二卷 [M]. 北京：外文出版社，2017：289.
⑤ 习近平. 习近平谈治国理政：第二卷 [M]. 北京：外文出版社，2017：288.
⑥ 习近平. 习近平谈治国理政：第二卷 [M]. 北京：外文出版社，2017：288.
⑦ 习近平. 习近平谈治国理政：第三卷 [M]. 北京：外文出版社，2020：220.
⑧ 习近平. 习近平谈治国理政：第三卷 [M]. 北京：外文出版社，2020：329.

上看，这一论述为我们坚定制度自信提供了有效的依据与遵循。

2. 关于制度自信教育的相关论述

习近平关于制度自信教育的论述涉及制度自信教育的主体对象、发展方向、核心内容等一系列针对性很强的问题。

（1）关于制度自信教育的主体对象

中国特色社会主义制度自信教育的主体对象是青少年。青少年阶段是人生的"拔节孕穗期"，最需要精心引导和栽培。习近平总书记多次在公开场合就青少年制度自信教育做出指示，明确要求加强对青少年的制度自信教育。2019年9月，习近平在主持中共中央政治局集体学习时，强调"要加强制度宣传教育，特别是要加强对青少年的制度教育"。① 青少年是国家的未来，是民族的希望。一代代青少年必须要有个人抱负、家国情怀、民族担当，将个人理想融入党和国家的事业之中，矢志不渝地进行奋斗，才能实现中华民族伟大复兴的中国梦。我国通过实施青少年的制度自信教育，可进一步深化青少年爱国情、强国志，指引青少年报国行，使他们更好担负起民族复兴大任。

（2）关于制度自信教育的发展方向

中国特色社会主义制度自信教育的发展方向是融入国民教育全过程中的。2019年10月，在党的十九届四中全会上，习近平强调，"要把制度自信教育贯穿国民教育全过程，把制度自信的种子播撒进青少年心灵"②。这一重要论述不仅再次强调制度自信教育的重要性，还为新时代制度自信教育指明了发展方向，即要从价值导向的整体效应认识融入，从价值导向的高度契合切入全过程，将制度自信教育融入日常，润物无声，引导学生回应一系列的历史之问、时代之问，促进制度自信教育真正融入青少年心灵

① 习近平在中央政治局第十七次集体学习时强调：继续沿着党和人民开辟的正确道路前进 不断推进国家治理体系和治理能力现代化 [N]. 光明日报，2019-09-25（003）.

② 习近平. 习近平谈治国理政：第三卷 [M]. 北京：外文出版社，2020：129.

中，落到每一位青少年的思想深处。

（3）关于制度自信教育的核心内容

中国特色社会主义制度自信教育的核心内容是引导青少年增强制度认知、强化制度认同、坚定制度信仰、践行制度维护。2019年，党的十九届四中全会强调："各级党委和政府以及各级领导干部要切实强化制度意识，带头维护制度权威，做制度执行的表率，带动全党全社会自觉尊崇制度、严格执行制度、坚决维护制度。"① 这进一步廓清了新时代制度自信教育的着力点，即教育引导人民以主人翁的姿态参与制度的尊崇、执行和维护，循序渐进地增强制度认知、强化制度认同、坚定制度信仰、践行制度维护，使他们成为中国特色社会主义制度的忠实崇尚者、积极执行者、坚定维护者。

习近平关于制度自信教育的重要论述丰富和发展了马克思主义中国化的实践成果，拓展了中国特色社会主义建设的科学指南，擘画了新时代中国教育事业的发展宏图，特别是为高校开展制度自信教育明确了内容和发展方向，为开展制度自信教育融入高校思政课研究提供政策遵循与理论基础。

---

① 中共中央关于坚持和完善中国特色社会主义制度 推进国家治理体系和治理能力现代化若干重大问题的决定 [N]. 光明日报，2019-11-06（005）.

第二章

# 大学生制度自信教育的
# 历史、现状与基本理论

开展大学生制度自信教育首先要明晰大学生制度自信形成机制，我们只有明晰其中的形成机制，才能掌握制度自信形成的规律，明确实施制度自信教育的侧重点，进而可以有针对性地开展制度自信教育。

## 一、大学生制度自信形成机制

自信是一种心理活动，其形成经历"知、情、意、行"环节。从本质上看，制度自信也是一种心理活动。从心理学角度分析，它的形成要经历认知、情感、信念和行动等环节。具体来说，制度认知是社会成员对社会中现有国家制度基本情况的客观、全面掌握而形成的基本认识；制度情感是社会成员在对现有制度全面认知的基础上，对该制度否定或肯定、喜欢或厌恶等一系列的情感体验；制度信念是社会成员在对现有制度持肯定态度并积极认同的情况下，对制度发展前景和未来目标所表现出的一种强烈的信任和坚定的信心；实践行动是社会成员在一定的制度认识、情感、信念的基础上产生的实际行动。总之，制度自信的生成是一个经历制度认知、制度认同、树立信念、付诸行动等环节的由浅入深的过程。基于制度自信形成一般过程，大学生制度自信形成机制涉及以下四个层面。

（一）对中国特色社会主义制度基本情况的掌握是大学生制度自信形成的认知基础

认知是制度自信的起点。大学生只有对社会主义制度发展历程、具体内容、本质特征和理论基础等基本情况全面掌握，才能在制度认知的基础上产生制度认同。

第一，对中国特色社会主义制度的发展历程和具体内容的全面掌握。大学生对中国社会主义制度历史的全方位认识，能让其掌握中国特色主义制度形成和发展的来龙去脉，更能清楚地看清其本质，进而有助于对中国特色社会主义制度形成正确的认知。中国特色社会主义制度形成和发展大体经历四个阶段。第一阶段，社会主义制度确立阶段（1949—1956 年）。人民代表大会制度、中国共产党领导的多党合作和政治协商制度、以公有制为主体的基本经济制度等具体制度逐步确立，标志着社会主义制度在中国正式确立，制度优势得到初步体现。第二阶段，社会主义制度曲折发展阶段（1956—1978 年）。1956 年后，党对符合中国实际情况的社会主义制度体制进行了改革探索，取得了扩大社会主义民主、改革高度集权、反对官僚主义和精简机构等一系列探索成果。由于受封建传统、苏联体制以及"左"的错误的影响，1957 年下半年以后，特别是"文化大革命"时期，我国阶级斗争和大规模的群众运动对制度产生了巨大的消解作用，党政、立法、司法和执法机关受到极大影响，不能正常开展工作，规章制度和纪律被摒弃。第三阶段，改革开放和社会主义现代化时期制度的发展（1978—2012 年）。改革开放以来，党吸取我国长期忽视制度建设的教训，根据实践和时代要求，不断完善中国特色社会主义制度体系。其中，1978 年改革开放开始至 1992 年"南方谈话"时期，我国改革和完善社会主义基本经济制度和体制，完善人民代表大会等各项民主制度，推进社会主义法治建设，确立制度改革的根本原则。1992 年"南方谈话"至 2002 年党的十六大时期，我国提出社会主义市场经济体制基本框架，确立初级阶段基本经济制度，各项民主制度继续完善。在 2002 年党的十六大至 2012 年党的十八大这十年中，我国形成经济、政治、文化和社会制度的"四位一体"制度体系，政党制度逐步完善，形成中国特色社会主义法律体系，制度优势进一步凸显。第四阶段，新时代中国特色社会主义制度的发展阶段（2012至今）。我国建立经济、政治、文化、社会和生态文明制度的"五位一体"制度体系，把发展和完善中国特色社会主义制度确立为全面深化改革的总目标等。人们对中国特色社会主义制度历史全面了解有助于认清制度的本质，为坚定制度自信奠定了基础。

第二，对中国特色社会主义制度本质特征的全面掌握。中国特色社会主义制度自信源于对制度客体中国特色社会主义制度的全面理性认知。首先，价值理念的先进性。一种社会制度能否被人民广泛认同，主要是看该制度所遵循的价值理念如何，具体看其本身所蕴含的价值是否具有先进性和正当性，即看它能否维护一国中绝大多数人的根本利益，能否增进人类的福祉①。习近平强调，我国国家制度和国家治理体系的本质是"始终代表最广大人民根本利益，保证人民当家作主，体现人民共同意志，维护人民合法权益"②。可见，中国特色社会主义制度始终以维护人民利益、实现全体人民共同富裕为目标遵循，彰显了人民至上的价值理念。其次，指导思想的科学性。科学社会主义是中国特色社会主义制度的指导思想。它指明了人类社会发展规律、社会主义建设规律、共产党执政规律等。围绕这些规律，党紧紧带领人民群众，战胜革命敌人，排除改革险阻，解决发展难题，建立了新中国，推进改革开放，实现生产力的快速发展，让社会主义制度充满活力。这表明，科学社会主义这一中国特色社会主义制度理论基础能指导和推动中国特色社会主义制度体系建立与完善，具有科学性。

---

① 张帆．关于制度自信的理论思考［J］．求实，2015（09）：73.

② 习近平．坚持和完善中国特色社会主义制度推进国家治理体系和治理能力现代化［J］．求是，2020（01）：5.

最后，制度设计的合理性。我国是社会主义国家，既具有社会主义国家的一般特征，又具有中国特色的一面。我国社会主义制度在设计上，充分体现了党的领导、人民当家作主、生产资料公有制等社会主义国家制度核心特征。党的十九届四中全会指出，党的领导制度是中国特色社会主义制度的根本领导制度，确保了我国在任何时候都有一个坚强的领导核心。人民代表大会制度的建立为人民行使权利，真正实现人民当家作主提供了有效的组织保障。现行的基本经济制度既充分体现了社会主义社会的本质特征，又同我国社会主义初级阶段社会生产力发展水平相适应。总之，中国特色社会主义制度体系是充分基于中国社会实际的科学设计，具有明显的合理性。

第三，对中国特色社会主义制度理论基础的全面掌握。中国特色社会主义制度的建立以马克思主义国家制度理论为基础。大学生要全面掌握马克思、恩格斯、列宁等关于制度的论述，明确制度的作用、产生的必然性和本质特征；结合制度建设实际，进一步掌握党的历代领导人毛泽东、邓小平、江泽民、胡锦涛、习近平等关于建立国家制度的目标、本质、重要性和进行国家制度体系改革的必要性和具体措施等论述，为全面认知中国特色社会主义制度奠定基础。

（二）对中国特色社会主义制度实践效能的感知是大学生制度自信形成的情感来源

情感是个体受到外部刺激之后产生的心理反应。制度自信是个体对制度全面认识和掌握后形成的一种情感。某一制度是否得到认同以及得到多大程度的认同，主要是看这一制度在实践中是否具有显著效能。制度只有在社会实践中显现出强大的效能，推动国家发展、促进社会进步、保障人民幸福，才能够增强人们对制度的认同。社会心理学认为，个体通常会通过纵向、横向比较来对自己进行评价，最终来肯定自我或检讨自我①。个

---

① 岳奎．论道路自信的社会心理认同［J］．马克思主义与现实，2019（02）：193.

体对当前制度的自信，也就主要基于国内纵向和中外横向比较对制度效能进行评价。

第一，从纵向比较中感知制度效能。自鸦片战争之后，中华民族一直遭受西方列强欺辱。各阶级、各阶层有志之士在长期探索中，都没能找到摆脱落后挨打、实现民族复兴的正确道路。中国共产党的成立为救国救民迎来了曙光，明确了奋斗的方向。党经过28年的革命斗争，打败了帝国主义，推翻了反动统治，建立了新中国，随后通过社会主义改造，最终走上了社会主义道路。改革开放后，面对新形势、新任务，党带领人民立足国情，走上了一条具有中国特色的社会主义建设道路。经过不懈的奋斗，我国目前经济总量已跃居世界第二，人民生活从解决温饱到全面实现小康，国际话语权大大增加，中国日益走向世界舞台中央。取得的这些巨大成绩是中国特色社会主义制度实践效能的体现。中国人民为创立和发展社会主义制度付出巨大代价，其取得的巨大成就更是凝结着全体人民的心血。同时，社会主义制度给人民的生活带来翻天覆地的变化，这些构成了人民群众认同国家制度、坚定制度自信的情感依托和纽带。

第二，从横向比较中感知制度效能。在经济上，我国实施的以公有制为主体、多种所有制经济形式并存的基本经济制度不仅能解决资本主义国家固有的矛盾，避免周期性经济危机的发生，还可以调动社会成员的积极性，极大解放了生产力，中国经济多年来对世界经济增长贡献率超过30%。在政治上，中国特色社会主义民主政治制度，在民主集中制的基础上坚持人民当家作主，倡导协商民主和全过程人民民主，既充分吸收各方面意见，又保证了决策的效率。反观，资本主义民主政治制度，从本质上看，是少数人民主、金钱民主，显示了其制度的明显弊端。英国"脱欧"、美国两党纷争、西方国家新冠疫情防治普遍不力等都是当今资本主义社会制度危机的具体体现。与之形成鲜明对比的是，中国特色社会主义则在脱贫攻坚、疫情防控等一系列重大事件中显示了以人民为中心、集中力量办大事等独特的制度优势，这极大增强了大学生对中国制度的自豪感和自信心，成为大学生坚定制度自信的重要情感来源。

（三）社会主义现代化建设目标的感召是大学生制度自信形成的信念源泉

目标是行动的指南，合理恰当的目标能明确人们努力的方向，激发人们奋斗的热情，指引人们为实现既定的目标而行动。合理可行的目标设定能调动人的内在动力，引发人们将潜在需要转变为行为动机，从而激励其向着设定的目标方向去不断努力。① 同时，目标与自信是互为促进的辩证统一关系，个体的自信源于其所预设目标的达成，而目标的不断达成则又会带来更大的自信，在目标和自信之间可以实现良性循环。大学生对当前制度的自信离不开社会主义现代化建设目标的感召和目标的一步步接近与实现。

党的十一届三中全会以来，党中央一直以明确的目标指引中国特色社会主义道路前行。1987 年，党的十三大提出了，到 21 世纪中叶前我国社会主义现代化建设的"三步走"战略目标。这一近期与远期相结合战略目标构想为全体中国人民描绘出了切合实际的分阶段奋斗目标，进而可激发他们奋斗的热情。目前，"三步走"战略目标中的前两步目标的实现进一步验证了目标设定的合理性和可行性，这使人民群众对中国特色社会主义制度美好前景的信念更加坚定。党的十八大以来，党中央提出了实现中华民族伟大复兴中国梦的宏伟目标。这一目标明确了到 21 世纪中叶全党和全国人民的奋斗目标，鼓舞了全国人民的士气，增强了对中国特色社会主义制度的自信。同时，党中央对如何实现中国梦，还进行了全面规划和科学安排，提出了新时代"三步走"（第一步全面建成小康社会，第二步基本实现社会主义现代化，第三步建成社会主义现代化强国）的发展战略。这一渐进式战略目标将宏大的中国梦这一远大目标分解为具体、可感知、切

---

① 马淑文，古家军. 管理学 ［M］，杭州：浙江工商大学出版社，2016：243.

合实际的阶段性目标，让群众在每个阶段都能围绕一个具体的、可触及的目标而奋斗，这在现代化建设中起到了有效的引领、巨大的激励和凝聚作用。当前，脱贫攻坚已取得全面胜利，"第一步"阶段性目标已经实现。这再一次验证了我国当前制度的巨大优越性，进而必将进一步坚定大学生对当前制度的自信及其未来发展的美好期许。

（四）中国特色社会主义制度显著优势的发挥是大学生制度自信形成的行动之源

行动是制度自信最终的归宿。大学生在经历对制度的认知、情感、意志之后，最终都要转化为行为习惯和行为方式，通过积极的行动来落实。

党的十九届四中全会将中国特色社会主义制度优势概括为在党的领导、以人民为中心、改革创新、经济制度、举国体制、人民民主、民族政策、依法治国、军事制度、国家统一制度、外交政策、人才制度、文化制度等十三个方面具有显著优势。这些优势在中国特色社会主义实践中得到实实在在的发挥。东西南北中，党领导一切，在国家生活中发挥引领方向、做决策的作用，使社会主义航船永不偏航；以人民为中心，将以人为本的理念得到彻底贯彻，人民共享改革成果；改革创新使社会发展具有不竭的动力；以公有制为主体、多种所有制经济共同发展的经济制度确保我国经济健康有序的发展；举国体制，能使全国做到一盘棋，做到集中力量办大事，进而我国取得了一系列成果；坚持人民当家作主既能保证社会各方力量参与国家政治生活，也能使社会各界人士找到最大公约数，画出最大同心圆，以大团结、大联合的力量，推动中华民族伟大复兴。这些显著优势使大学生真正体会到社会主义制度优于西方资本主义制度，进而做出拥护中国特色社会主义制度、揭示资本主义黑暗等实际行动。

**二、大学生制度自信教育的实施历程**

党从新民主主义革命时期到新时代中国特色社会主义时期，百年来一直都在开展对大学生社会主义制度自信教育的探索与实践活动。

（一）新民主主义革命时期的大学生制度自信教育

中国共产党在新民主主义革命时期为中国特色社会主义制度的形成进行了不懈的探索，明确了我国未来社会主义制度的总体框架，并开展了初步的社会主义制度自信教育。这一时期，中国共产党还没有成为执政党，开展大学生制度自信教育主要是面向军校学员进行的，体现在以下几个方面。第一，土地革命时期，1929 年在中央苏区先后创办了大池红军学校、闽西红军学校等军校。这些军校在对军队学员进行教育时，积极开展社会主义自信教育，其中包括了马克思主义关于社会主义优越性的介绍和社会主义制度构想，还有中国共产党对旧制度的批判、初步的土地政策以及对未来中国社会主义制度建设的设想等方面的制度自信教育。第二，抗日战争期间。党在抗日根据地先后建立抗日军政大学、陕北公学等学校。党在对学员进行军事教育同时，开展了对未来社会主义制度的教育，教育学员只有走社会主义道路，建立社会主义制度，才能使中国广大劳动人民彻底翻身做主人。积极宣传只有依靠中国共产党，中国走社会主义道路，才能建设新中国，来引导他们认同社会主义制度。第三，解放战争爆发后至新中国成立前夕，党对军校学员进行了马克思主义国家学说教育，主要介绍马克思、恩格斯、列宁、毛泽东等关于国家学说的一些基本观点和未来中国的光明前景。这在很大程度上提升了军校学员对社会主义制度的信心，增强了对社会主义制度的认同感。

（二）新中国成立至社会主义制度初步确立阶段的大学生制度自信教育

新中国成立后，社会主义性质大学纷纷建立。新中国成立初期，高校对大学生进行了马克思主义国家学说教育，让学生掌握社会主义国家基本理论，开展了以"树立社会主义思想"为主要内容的思想教育活动，让学生感知社会主义光明前景，以此来坚定他们对国家的信念。1952 年底，我国各项建设有了根本性好转，相继而来的是一场声势浩大的社会主义思想教育，我国加强马克思主义教育的同时，也强化了我国的社会主义教育。1953年，根据国家统一部署，各高校开展了面向大学生的关于过渡时期总路线和马列主义基础知识等教育，努力实现社会主义意识"入脑""入行"。1956年，在马克思主义科学理论的指导下，党领导人民完成了社会主义改造，建立了全新的社会主义制度，迅速开展了社会主义建设实践，用取得的一系列建设成就证明了社会主义制度的显著优势，这大大提高了学生的社会主义觉悟，激励他们以更高的热情参与新中国的建设。

（三）社会主义建设曲折前进阶段的大学生制度自信教育

1956年，社会主义制度基本确立后，我国开始了社会主义建设道路的探索，在经济、政治、文化、国防、外交等领域取得了一系列成就，特别是人民当选各级人大代表，做到了人民当家作主，做到了"两弹一星"的成功发射等。这些极大地鼓舞了中国人民建设社会主义的士气。在此期间，党主要采用报纸、大字报、宣传标语、广播等方式和高校思政课向大学生宣传社会主义制度的巨大优势。在不断宣传灌输教育中，大学生对社会主义的信心达到了前所未有的高度，对共产主义社会也充满了憧憬和期待，迸发出极大的社会建设热情。但在"大跃进"和"文化大革命"时期，部分不科学的制度自信教育使大学生对社会主义前景产生担忧，使大学生对社会主义制度产生怀疑，进而影响了大学生对社会主义自信的确立。

（四）社会主义现代化建设新阶段的大学生制度自信教育

"文化大革命"结束后实施的关于真理标准问题的大讨论，本质上是一场思想解放运动，重新确立了实事求是的思想路线。党的十一届三中全会明确了当时社会发展的不足和未来工作的重心。这些使大学生初步摆脱了对社会主义和共产主义的不切实际的盲目自信。党的十一届六中全会出台《关于建国以来党的若干历史问题的决议》，其中对毛泽东同志的客观评价，表明了我党对待历史的正确态度及未来的信心。之后，党不仅对大学生进行了普遍的社会主义教育，还在实践中对内进行了农村和城市经济体制改革、政治体制改革和文化体制改革，对外实施开放，取得了巨大的成果，并以取得的成果教育大学生，提升其对社会主义的自信。在我国社会主义快速发展及人民日益对社会主义制度充满自信的同时，资产阶级自由化思潮风起云涌，邓小平敏锐地发现这一问题并在《坚持四项基本原则》中系统地批判了资产阶级自由化思潮，强化了大学生的自信心。苏东剧变再次冲击着大学生对社会主义的自信心，针对这一问题，邓小平的南方谈话及时解释了社会主义在各国的特殊性、我国特色社会主义的正确形式和社会主义的本质等，各高校通过思政课及时将南方谈话精神传达到每位大学生心中，廓清了学生的思想困惑，大大提高了大学生对我国社会主义的信心。

2000年，各高校结合当时实际，向大学生讲授江泽民的"四个如何认识"理论，通过成就教育引导大学生认识到，只有走社会主义道路，建立健全中国特色社会主义制度，才能促进国家不断向前发展，社会实现繁荣稳定，人民生活富裕幸福，据此进一步增强大学生的制度自信。

党的十六大以后，胡锦涛提出科学发展观、社会主义核心价值观和"五个有利于"等理论。各高校向大学生进行科学发展观和社会主义核心价值观理论教育，加强他们对马克思主义和社会主义的理解，提高他们对社会主义的信心。高校用"五个有利于"阐释了中国特色社会主义制度的主要优势，教育引导他们要深入体认我国现行制度的显著优势，从而增强其制度自信的自觉性。

（五）新时代中国特色社会主义阶段的大学生制度自信教育

党的十八大以来，党一直高度重视社会主义意识形态教育。高校进行了系统的社会主义核心价值观学习教育活动，积极引导大学生践行社会主义核心价值观，以此培育学生积极向上的精神信仰，引导学生积极抵制国内外各种错误思想的影响，增强"四个认同"，坚定"四个自信"，使大学生担负起民族复兴的时代重任。在党的十九届四中全会上，习近平总书记强调"要把制度自信教育贯穿国民教育全过程，把制度自信的种子播撒进青少年心灵"。① 这为大学生制度自信教育直接明确了方向。当前，各高校在本科六门思政必修课中，一方面，积极融入习近平总书记关于制度自信及教育的论述，让学生感知制度自信的必要性，特别是认识到它是实现大学生全面发展的必然要求。另一方面，高校通过思政课的实践教学，让学生认识到现行制度的优越性。最终，高校增强大学生对我国社会主义制度的认同感，使大学生主动拥护我国现行制度，坚定他们对现行制度的自信。

### 三、大学生制度自信教育的历史经验

从上述对中国共产党成立以来党和国家对不同阶段的大学生进行制度自信教育历程中，我们可以总结制度自信教育的一些好的经验做法和规律，为当前开展大学生制度自信教育提供有益借鉴。

（一）大学生制度自信教育的主要内容是中国发展成就介绍

我国的社会主义经过了几十年的快速发展，并在其发展过程中总结了发展是社会主义自信的根本出路这一宝贵经验。它主要体现在两个方面：第一，自信源于实践，事实是对质疑的最好回答。新中国成立和发展的事实使大学生坚定了社会主义的信心，当前的教育也多是以历年的发展成就为主要内容，中国社会主义事业的飞速发展、人民生活水平不断提升、国际地位不断提高等都是对社会主义质疑声的有力回击，更能提升大学生对社会主义的自信。第二，发展是优越性理论的支撑。邓小平曾指出："中国解决所有问题的关键是靠发展"②，并认为苏东剧变是"和平演变"和

---

① 习近平．习近平谈治国理政：第三卷［M］．北京：外文出版社，2020：129.
② 邓小平．邓小平文选：第三卷［M］．北京：人民出版社，1993：265.

自身发展问题共同作用下的产物，且自身发展是根本性的。自身发展不足，导致社会主义优越性显现不够，进而失去了人民的支持，由此导致社会主义的土崩瓦解。从中国发展历程不难看出，发展的确是社会主义自信的根本，中国经历"文化大革命"之后，社会主义事业陷入低谷，但当时的中央领导集体及时调整，放弃了阶级斗争，全力发展社会主义经济，不仅保证了我国社会主义旗帜屹立不倒，还促进了我国进一步发展。由此可见，我国对大学生进行制度自信教育要从发展这一根本内容着手。

（二）大学生制度自信教育的关键是展现社会主义制度优势

我国要让大学生对社会主义充满自信，必然要让大学生体认到社会主义制度的优势所在。具体来说，我国可以让大学生通过理论和实践层面体悟这一制度优势。理论上，高校要对受教育者进行系统的社会主义制度优势理论的宣传和灌输，让受教育者对制度优势有全面的了解。在新民主主义革命时期、社会主义建设曲折前进时期、现代化建设时期以及新时代，党和国家都始终注重对红军学校学员和高校大学生进行社会主义制度优势的宣传。在实践中，我国让学生在生活和学习中，通过生活水平的明显提升、生活环境的巨大改善、学习条件的逐步完善、家乡的发展变化等充分感受中国特色社会主义的优越性。

（三）大学生制度自信教育的核心是开展理想信念教育

自信是对自我的肯定与相信，这种肯定不仅源于对历史必然性的理解及现实合理性的认同，还源于对未来价值性与可能性的憧憬，即人们对未来发展的理想信念。因此，自信的确立必然需要理想信念的支持，从中国特色社会主义的发展历程来看，不论是社会主义萌芽的民主革命阶段，还是初步确立的过渡阶段，抑或是探索与发展阶段，社会主义制度自信教育与理想信念教育的目的、过程、内容等都有同一性。战争年代的社会主义制度自信很大程度上源于对共产主义的信仰，建设时期在依靠事实教育的同时，还要依赖对未来蓝图的宣传教育，使人们有动力向美好未来大步前进。"四信"理论和社会主义核心价值观理论的提出都是对当下与未来的全方位考量，这些理论不仅让人们看到了理想信念是当前信心的前提和基础，还看到了共产主义理想信念对坚定和提升社会主义信心的指引力量，因此在加强社会主义制度自信教育的同时，还要强化理想信念教育，而且把二者有机融合来促进我国特色社会主义制度自信教育。

（四）大学生制度自信教育方法上要坚持理论和实践相统一

社会主义制度自信教育既要注重理论武装，又要注重在实践中内化和升华。理论与实践的有机结合才能使制度自信教育取得最佳的成果，一方面，制度自信教育要勇于面对现实，敢于面对质疑和拷问，在面对现实时要运用其理论应对问题、解疑释惑、指导实践。中国共产党通过报纸、期刊、网络等平台经常发表一些文章及评论，不仅向人民群众传达了政策方针，还可以运用马克思主义理论对解决当前中国社会热点、难点问题给予指导，这在增强大学生对政府信任的同时，也提高了大学生对我国社会主义的信心。另一方面，制度自信理论要放到实践中经历反复检验。我国的制度自信教育理论只有依靠实践，才能验证大学生信心指数的高低，也只有依靠实践，才能提高人民的信心指数。以往的制度自信教育的历史经验证明：只有把理论统一于实践中，才能使我国的制度自信教育取得更辉煌的成就。

**四、大学生制度自信教育的现实机遇**

纵观国内外形势，在中国特色社会主义进入新时代背景下，稳定的外部环境、完善的制度、快速发展的信息技术等为开展大学生制度自信教育提供良好的机遇和充足的动能。

（一）稳定发展的外部环境和中国在国际社会中的积极作为为大学生制度自信教育提供新契机

和平与发展的大环境为中国特色社会主义建设提供稳定的环境，进而为新时代大学生制度自信教育实施提供了有利条件。当前，国际国内环境复杂多变，局部冲突不断，国际经济政治秩序处于不断调整中，但原有的世界经济政治格局没有被打破，世界和平发展大趋势没有变，和平与发展仍是当今时代主题。新时代中国特色社会主义建设，对内需要将党和国家的工作重心聚焦到经济建设上来，对外需要有一个正常往来的国际环境，这些都需要有稳定的外部环境做保障。当前，和平发展的外部环境能确保我国长期平稳发展，有利于我国发挥中国特色社会主义制度优势，进而为开展大学生制度自信教育提供有利条件。

中国在维护世界稳定环境下所表现出的负责任大国能力与胸怀，对新时代大学生制度自信教育提供了重要着力点。在当今世界舞台中，中国扮演着重要角色。一方面，中国历来坚持走和平发展道路，主张在对外交往中加强相互沟通、合作，促进互相信任，倡导建立人类命运共同体和国家地区间发展友好关系以及奉行亲诚惠容等周边外交理念等。这一系列对外主张向世界展现了良好国家形象和优势突出的制度。另一方面，在国际事务上，中国积极作为，让世人看到社会主义中国是一个能担当、负责任、有作为的大国，并逐步获得大多数国家认同。这些都是为制度自信教育提供着力点的教育素材。

（二）制度效能的持续彰显为大学生制度自信教育提供新支撑

制度效能高低是衡量一个制度是否具有显著优势的重要指标，也为实施制度自信教育提供重要支撑。

中国特色社会主义制度的经济效能为制度自信提供坚实支撑。马克思指出，衣、食、住、行是一切历史的前提，人类"为了生活，首先就需要吃喝住穿以及其他一些东西。……是一切历史的基本条件"。[①] 可见，个体生活需求的有效满足是个体形成和增强制度自信的前提条件和基础。新中

---

① 中共中央马克思恩格斯列宁斯大林著作编译局. 马克思恩格斯文选：第 1 卷 [M].
北京：人民出版社，2012：158.

国成立以来，社会主义制度在促进经济发展上取得显著成效，人民的衣、食、住、行发生了翻天覆地的变化，生活水平有了大的提高，幸福感和获得感大大提升。进入新时代，制度经济效能得到更加充分的发挥，我国实现了国家经济长期稳定发展和人民生活长治久安，国民生产总值和国民收入都保持较快增长，民生问题得到极大改善，全国人民正在朝着共同富裕迈进。这一系列成就的取得进一步凸显了中国特色社会主义制度的优势。中国特色社会主义经济效能的发挥，为大学生制度自信教育开展提供了有力支撑。

中国特色社会主义制度的政治效能为制度自信提供支撑。我国坚持走中国特色社会主义政治发展道路，建立了包括人民代表大会制度、中国共产党领导的多党合作和政治协商制度、民族区域自治制度、基层群众自治制度在内的人民当家作主制度体系的"四梁八柱"。这有效保障了大学生参与民主政治渠道的畅通，进而激发他们参与民主政治的兴趣。同时，完善的制度体系和合理的参与程序能最大程度保证决策制定的科学性、决策执行的有效性，增强国家政治运行的权威性和高效性，显现我国的制度优势，进一步促使大学生对我国制度的认同，提升制度的自信。我国当前运转高效的民主政治制度体系为我国民主政治的发展和完善提供了可靠的制度保障，也为大学生制度自信教育提供了生动的素材，为其顺利开展提供了有效支撑。

中国特色社会主义制度文化效能也是制度自信的重要支撑。在我国全面建成小康社会之后，人民群众对精神文化生活越来越看重，需求也越来越高，满足人民群众的精神文化生活需求已成为当前民生建设的重要内容。在当前制度建设中，党坚守我国的根本文化制度，确保马克思主义在意识形态领域的指导地位，大力传承中华优秀传统文化，弘扬革命文化，发展中国先进文化，积极推动社会主义文化体制改革，促进中国社会主义文化繁荣，人民的精神文化生活得到大大丰富，这会进一步促进人民群众对社会主义国家的认同，为大学生制度自信教育提供文化支撑。

（三）信息技术发展为大学生制度自信教育提供有利条件

从 18 世纪以来，世界发生了四次科技革命，虽然由于历史原因的影响，我国在前几次科技革命中错失机遇，未能有效利用科技成果推动生产力的快速发展，但自从我国建立社会主义制度后，特别是在中国特色社会主义建设中，科学技术得到快速发展，并在一些领域走在世界的前列，相对成熟的技术在 5G 通信、云计算、人工智能等领域得到了广泛应用。这些科技上的创新突破为人类活动的拓展提供了有利条件，也给新时代大学生制度自信创造了有利的技术环境。

21 世纪以来，人类已经开始进入信息网络化时代，新时代信息技术得到迅速发展，互联网在国内已极大普及，已走进了人们生产生活的各领域，信息技术在生产生活中发挥着无可取代的作用。"互联网+"教育在实际教育教学中得到广泛运用，大大提高了教育教学效果。目前，"互联网+"思想政治教育的创新实践在不断探索中，已取得不俗的教学效果，得到了广泛的认可和支持。制度自信教育作为思想政治教育的重要内容，它同样离不开信息技术的支撑，"互联网+"制度自信教育具有广阔前景，这必将是开展制度自信教育的新趋势，为大学生制度自信教育教学创新提供了有利的条件和坚实的保障。

**五、大学生制度自信教育面临的挑战**

大学生制度自信教育是一种面向大学生开展的以培育其对制度认同、信任和自信为目标的教育教学过程。国内外环境变化，使大学生制度自信教育面临一系列挑战。

（一）多元文化并存影响大学生制度自信认知

由于现代社会交往日益频繁，生活在当代社会中的每个人必然都会或多或少面对非本民族文化或是外来文化，不同文化间的交融与碰撞不可避免。文化的多元发展是社会不断进步的重要体现。大学生接触不同的文化，可以有效开阔他们的眼界，使他们看到更加广阔的世界，为他们观察与认识世界提供全新的角度。同时，大学生处于人生中思想最活跃的年龄段，好奇与探索能力强，愿意接受新鲜事物，但大部分大学生思想比较单纯且尚没有形成稳定的人生观、价值观和世界观。随着多元文化的出现和影响范围的不断扩大，不少大学生在面对多元文化时，容易产生思想层面的动摇，也很容易受不正确思想的影响，导致思想逐渐偏激化。一些学生由于自身政治立场不坚定，辨别能力不强，盲目推崇与接纳西方价值观，使其会放弃对社会主义意识形态的坚守。我国目前依然是世界上最大的发展中国家，国民生活水平与一些发达资本主义国家相比还存在一定的差距，部分大学生只看到我国眼前的不足，忽略了社会主义制度未来的发展潜力，武断认定当前我国现行制度不如西方资本主义制度。这些都直接影响了大学生制度自信认知。如何在多元文化并存的当下捍卫我国主流文化在人民群众心中的地位，成为制度自信培育中所面临的全新挑战。

（二）网络舆情复杂化加大大学生制度自信的压力

互联网的普及使网络渗透到生产生活的方方面面，与人民生产生活密不可分。从信息获取和社会交往角度来看，网络平台已经成为人们获取信息、交流观点、表达民情民意的重要渠道。在网络平台交流中发表言论、形成观点、表明态度等，并通过网络扩散，最终形成网络舆情，它已成为一种不容忽视的社会力量。由于当前对网络环境的监管不严，不少网民在网络空间发表言论缺乏起码的道德约束，其舆情表达会出现一些非理性的言论。有一部分大学生由于缺乏独立思考能力，从众心理强，人云亦云会在互联网上参与不当讨论。例如，当前大学生对一些社会需求的心理预期与国家的政策和实际供给有差距，存在差距的主要原因不是政府忽略了民情民意，更多的是因为国家需要站在更高的立场上去考虑长远利益、全局问题，还有国家财力和资源有限。这时，部分大学生在网络上发表非理性的言论，表达出对政府决策的不理解，甚至不满，并进一步将此原因归结在制度缺陷层面，形成网络舆情。这一网络舆情会使大学生质疑社会主义制度优越性、公平性，难以坚定拥护现行制度，给大学生坚定制度自信造成不利影响。由于网络信息传播的便捷性，这一网络舆情很容易得到迅速扩散，引发蝴蝶效应，使网民的个人情绪表达上升为群体现象，最终演变为社会事件，对社会秩序造成极大威胁，影响了包括大学生在内全体公民对中国特色社会主义制度的认同，难以形成制度自信。网络舆情复杂化及其对制度自信产生的影响是当前大学生坚定制度自信所面对的新问题，也是开展大学生制度自信教育面临的新挑战。

（三）西方意识形态渗透动摇大学生制度自信自觉

当今，中国的国际地位日益提升，在世界政治经济秩序中具有举足轻重的地位。面对我国不断发展壮大，西方国家惴惴不安，妄图通过和平的手段瓦解中国，通过各种方式不断地对我国进行意识形态渗透，以期动摇马克思主义意识形态在我国的领导地位，动摇人民的思想根基，使人们质疑中国特色社会主义制度的合理性，否定中国共产党的领导。具体来说，西方国家通过利诱等方式鼓动、扶持在国内的"代言人"，大力宣扬资本主义意识形态，利用突发事件、特殊时机、特殊人物对我国发动意识形态领域的攻击。国内部分大学生在面对西方意识形态渗透时，没有很好的鉴别力，认可西方所谓的制度优势，进而质疑我国制度的优越性，影响制度自信的形成。例如，部分大学生通过互联网等渠道了解了国外拥有全民全程免费医疗等福利待遇，在没有认清资本主义制度本质和免费医疗福利实施背景和本质的情况下，就对国内社会保障制度产生强烈不满，甚至会在网上发表过激言论抨击我国社会制度，动摇了对中国特色社会主义制度的自信。这正合西方国家的本意，他们宣扬其意识形态的优越性，目的是引导大学生质疑中国共产党的领导和社会主义制度的优越性，对社会主义制度失去信心。因而，如何提高当代大学生的辨别力和分析力，如何注意防范西方意识形态对其渗透，是新时代对大学生进行制度自信教育面临的新挑战。

（四）多种社会思潮涌入模糊了大学生对制度自信的认同

随着世界各国交往越来越频繁，中国大门越敞越开，历史虚无主义、普世价值、宪政民主和新自由主义等西方社会思潮纷纷涌入中国。这些社会思潮具有功利性、变异性、隐蔽性和迷惑性等特点，它们以极其隐蔽的方式对我国意识形态领域进行长期渗透，企图瓦解我国社会主义国家政权，但由于隐蔽性强，辨析起来难度大，这就给新时代大学生社会主义制度自信教育带来了新的挑战。

第一，历史虚无主义使部分大学生产生思想动摇，影响其坚定制度自信。历史虚无主义并不是直接否定某一段历史，而是以"还原"某段历史或者某位历史人物为名义，对历史进行主观意志的解读，其目的是否认社会主义道路选择的历史必然性，认为其选择是错误的，当今中国的一切发展都是在沿着错误的道路前进，道路应该被废止。历史虚无主义是一种带有政治意图的恶意社会思潮，肆意歪曲历史，否定中国共产党执政的历史合理性，但是有一部分大学生对真实的历史未知全貌，缺少应有的政治鉴别力，导致他们只是道听途说或者在受人煽动的情况下，思想动摇，这对大学生树立制度自信，坚定共产主义最高理想是极其有害的。

第二，普世价值观以极其迷惑方式掩盖其本质，让大学生对我国制度产生错误认识，影响其制度自信的树立。西方资本主义国家宣称全世界拥有普遍适用的、共同的价值观，即公平、正义、自由、平等等。探其本质，"普世价值"体现了资本主义的制度内容，本质上是为资本主义服务的理论工具，它是充当西方文化霸权的话语工具和资本逻辑的利益工具。但"普世价值"打着全世界适用的旗号，且全球适用性的民主、自由、公平、人权具有极强的迷惑性，部分大学生因鉴别和分析能力不强，不能看清"普世价值"的本质，也没有看清社会主义制度的优势，认为中国走的是"一党专政"，没有像西方国家那样实现多党民主，这犯了未知全貌即评论的错误。这在很大程度上影响了大学生对我国目前民主政治制度的认同。

第三，"宪政民主"让大学生对我国坚持党领导一切这一制度优势产生怀疑，影响了其制度自信。西方"宪政民主"中的"宪政"，从表面上看，是以宪法为依据，实施国家治理的各项活动来维护国家治理秩序的过程；从本质上看，是要限制"多数人民主"可能导致的多数人对少数人的暴政，通过定期选举让多个政党轮流执政来实现不同政党各自的执政主张，从而最大限度地实现资本主义民主理想和价值。在中国，我们如果主张实行所谓的"宪政民主"，就是要企图取消中国共产党的领导，改变我国的社会主义制度。大学生只有认清宪政民主的实质，才能坚定中国特色社会主义政治制度自信。

第四，新自由主义的陷阱会动摇当前我国的基本经济制度，影响大学生对我国基本经济制度的自信。新自由主义主张市场是完全自由的竞争，反对国家过多干预经济，实行私有化等。新自由主义从本质上看，就是否定国家在经济中的宏观调控作用，要企图动摇我国的基本经济制度。大学生在受到新自由主义影响后，会对我国的以公有制为主体，多种所有制经济共同发展的制度和社会主义市场经济体制的优势产生动摇，影响其坚定我国经济制度的自信。

（五）现有制度有待完善，弱化大学生制度自信的内驱力

中国特色社会主义制度在为国家政治、经济、社会等发展提供良好保障的同时，也存在不完善与有待改进之处，存在不完善之处会在一定程度上弱化大学生对中国特色社会主义制度认同的内驱力，给大学生制度自信教育带来更大的挑战。

第一，现行制度下仍存在区域间贫富差距。改革开放以来，国家各方面已取得有目共睹的成就，已全面建成小康社会，并正在向建设社会主义

现代化强国迈进，但是依然存在东中西部发展不均衡和城乡发展不平衡等问题，离共同富裕目标还有不小差距。真正实现先富带动后富，实现共同富裕，我国受多方面因素的制约，在短时间内还难以实现。地区间和城乡间发展的差距，会体现在生产生活的贫富差距上，进而影响人们对美好生活的追求，缩小贫富差距也就成了人们的迫切愿望。这种切身相关的差距的长期存在，人们会从国家制度上找原因，这会影响人们对制度的认同。

第二，制度发展中公平与效率难以兼顾。公平与效率是制度发展中必须面对的价值取向。改革开放初期，基于生产力水平低下的现实，中国特色社会主义基本经济制度在分配方式上注重效率优先，兼顾公平，这是制度发展的现实需求，在此指引下，生产力和人民生活水平得到快速提升。发展需要大量投入，我国必然要考虑投入与产出的关系，效率不得不考虑，这样效率也就成为主流标准，公平难以有效兼顾，这在一定程度上影响大学生对制度的主动认同。

第三，制度发展中工具理性与价值理性的艰难平衡。工具理性与价值理性是具有不同价值取向的两种理性思维方式。前者是指以实践活动取得的实际效果来确认行为的有效性，具有工具性价值倾向；后者是指人们更多关注公平、正义、忠诚等价值的实现，从价值角度判定行为的合理性。这两者理性思维方式各有特点、各有侧重，在中国特色社会主义制度功能中都有体现，但他们在制度发展中的作用却并不平衡，经济领域主要是工具理性，政治领域主要是价值理性。在实践中，制度的发展很难实现这两种理性的均衡发展，这在不同程度上会影响大学生坚定制度自信的内在原动力。

### 六、大学生制度自信教育的开展逻辑

在遵循制度自信形成规律的基础上，我们分析大学生制度自信教育的开展逻辑，可以为开展制度自信教育提供有效指导。

（一）开展制度认知，形成大学生自信之源

大学生对当前我国国家制度的态度如何，首先要去全面认识国家制度。当前，我国国家制度是一个内涵丰富的制度体系，这就需要通过系统理论学习的形式，对国家制度的形成历程、具体内容、优势所在等进行全面掌握，形成对中国特色社会主义制度的基本认知，进而为大学生坚定制度自信提供源动力。

（二）做好制度体验，奠定大学生信赖的根基

从制度自信教育开展的逻辑来看，大学生仅有对制度的理论认知还不够，无法对制度有深入的认知，还要开展相关制度体验，让大学生对制度有最直接的感知，进一步奠定制度自信。因而，我国需要合理制定制度实践教育课程以及选定实践教育场地、提供有力资金和时间保障等，为制度体验创造条件。大学生通过参加基层自治组织选举、旁听基层人民代表大会会议等沉浸式制度体验，使学生切实感受制度的具体优势，从而为认可和信赖制度奠定心理基础。

（三）引导制度体悟，树立大学生信念标尺

随着中国对外交往越来越频繁，西方的拜金主义、物质主义、自由主义、有用原则、价值功利等各种思潮涌入中国，再加上大学生辨别能力有限，这些错误思潮极易侵蚀大学生的心灵，这使部分大学生在不同程度上存在价值偏离、信念偏差等问题，在实际学习和生活中，大学生存在价值冲突和工具理性等倾向，这阻碍了他们树立正确高尚的价值观。这需要通过制度自信教育，引导当代大学生进一步加深社会主义制度体悟，明确制度的优越性，分析理想信念偏差的本质、产生的危害和原因，做到善于思考、辨别是非、正确抉择，自觉抵制错误思潮的侵蚀，领悟社会主义核心价值观。学校最终校准大学生的信念标尺，使他们在强国建设中奉献自己的力量。

（四）增强制度体认，实现大学生信心塑造

大学阶段是人的价值观、人生观形成的关键时期，学校需要帮助他们

从体认国家制度优势中进一步凝聚制度自信，提升制度自信心。具体来说，学校通过理论与实践教育让大学生认识到国家和时代赋予他们的崇高使命和时代重任，使大学生自觉将个人未来发展与国家制度建设、发展同向同行。同时，我国畅通了大学生个人意志表达和政治参与的渠道，有效激发他们参与国家制度建设的热情，使他们深刻认识国家的繁荣稳定发展能为自己生活提供有效保障，能为个人的发展创造良好条件，从而对国家制度的发展充满信心。[①]

### 七、大学生制度自信教育的内在依据

中国特色社会主义制度"不是从天上掉下来的"，[②] 其形成和发展有着深厚的理论逻辑、历史依据和现实实践。新时代开展大学生制度自信教育需要在对我国制度理论、历史和现实逻辑的深刻认识基础上，分析其内在依据，深刻认识开展大学生制度自信教育的必要性与可行性。

（一）大学生制度自信教育的理论依据

制度自信不是毫无依据的对某种制度的迷恋和盲从，而是有严密的理论逻辑。新时代加强大学生制度自信教育就要以科学理论为指导，为制度自信教育明确方向，增加其理论依据。

1. 马克思主义经典作家关于社会主义制度与建设理论为大学生制度自信教育提供根本遵循

马克思、恩格斯对社会主义制度体系论述得比较全面、系统。第一，深刻剖析了制度的本质。马克思指出："制度只不过是个人之间迄今所存

---

① 龙丽波. 新时代大学生制度自信略论［J］. 学校党建与思想教育，2022（14）：50.

② 习近平. 习近平总书记系列重要讲话读本［M］. 北京：学习出版社，2016：19.

在的交往的产物,"① "生产以及随生产而来的产品交换是一切社会制度的基础。"② 可见,他们探讨制度本质不能离开人与人之间的经济关系,并且制度会在一定条件下随着生产力的变化而做出相应的改变。关于制度本质,马克思、恩格斯从唯物史观出发,全面系统地对制度进行理论分析与研究,将社会制度融入社会及人的发展方式中,研究生产方式与交换方式的彼此作用,并从经济社会关系层面提出制度本质。③ 马克思、恩格斯对制度本质的认识,揭示了制度的本来面目,为揭示社会主义制度本质奠定了基础。第二,对未来社会进行了构想。马克思、恩格斯认为,未来社会是以生产力的高速发展为前提的,未来社会制度需要取消个人对工业和生产部门的经营权,应当由整个社会来经营,是在全体社会成员的参与下进行的。新社会特征是实行公有制、计划生产、按劳分配、无产阶级专政,发展社会主义文化和道德等。④ 马克思、恩格斯对未来社会制度的设想为社会主义制度的建立提供了清晰的蓝图,为完善新时代中国特色社会主义制度提供理论指导。第三,对共产主义社会的形成进行预测。马克思、恩格斯认识到,资本主义社会为社会主义社会和共产主义社会的形成奠定了物质基础,共产主义不是对资本主义文明成果的彻底否定,而是积极扬弃。⑤ 马克思、恩格斯对共产主义社会的形成进行了科学的预测,体现了对未来社会制度的坚定信念,为中国特色社会主义制度的形成和发展奠定了理论根基。⑥

---

① 中共中央马克思恩格斯列宁斯大林著作编译局. 马克思恩格斯全集:第三卷 [M].
　北京:人民出版社,2002:79.
② 中共中央马克思恩格斯列宁斯大林著作编译局. 马克思恩格斯文集:第三卷 [M].
　北京:人民出版社,2009:547.
③ 王宏舟. 新时代青少年制度自信教育 [M]. 上海:上海教育出版社,2021:32.
④ 王宏舟. 新时代青少年制度自信教育 [M]. 上海:上海教育出版社,2021:32.
⑤ 肖贵清. 制度自信:中国特色社会主义制度自信研究 [M]. 北京:高等教育出版
　社,2017:29-30.
⑥ 曹明,顾栋栋. 新时代大学生制度自信教育的四重逻辑 [J]. 社会科学战线,2023
　(03):256.

　　在苏俄进行社会主义革命和建设探索的过程中，列宁对如何进行社会主义建设进行了深入思考，进一步完善了社会主义制度的体系思想。第一，社会主义制度的建立。列宁认为，社会主义在一个或者多个国家中首先获得胜利，建设社会主义是一个不断探索的过程，为了建设社会主义，需要"准备作几千次尝试，而且，我们在作了一千次尝试以后，准备去作一千零一次尝试"。① 他还指出，只有暴力革命，才是实现制度变革的正确方式。② 这要求我们在面对中国特色社会主义建设的各种困难时，不要被困难吓倒，主动分析社会矛盾，提出解决社会矛盾的有效方法，树立对社会主义的信心。第二，制度体系本质。它就像是由"若干齿轮"所组成的复杂体系。关于建设什么样的国家，列宁提出无产阶级专政理论。他提出，专政体系的"若干齿轮"包括党、国家机关和工会等群众组织。这些组织既相互独立又协同发展。列宁的制度本质和体系思想有助于深化国家治理体系，推进党和国家机构改革，推进国家治理效能的提升，为中华民族伟大复兴的实现提供保障。第三，制度体系的完善。列宁经历了从"战时共产主义"到"新经济政策"的思想转变。"战时共产主义"是在战争环境中的一种特殊政策，是一种高度集中的计划经济体制。战争结束后，他结合实际又提出了"新经济政策"。这一政策允许自由贸易，实行中小企业非国有化，推行粮食税等政策，推动了国家机构改革和国家制度体系的完善。③ 列宁晚年又提出，通过实施合作社建设引导农民走上社会主义道路，开展党和国有机构的改革等一系列社会主义建设的新构想，这为新中国实施社会主义改造、完善经济制度、推动党和国家制度改革等探索符合中国特色的社会主义建设道路提供重要借鉴。

---

① 列宁. 列宁全集：第三十四卷［M］. 北京：人民出版社，1986：379.
② 列宁. 列宁全集：第二十二卷［M］. 北京：人民出版社，1989：212.
③ 王宏舟. 新时代青少年制度自信教育［M］. 上海：上海教育出版社，2021：34.

2. 党领导人的制度自信思想为大学生制度自信教育奠定理论基础

1949 年，新中国的成立使中国人民从此站起来了，这也标志着承受了百年屈辱的中华民族能真正重新开始自信。从 1956 年社会主义制度确立后，党的历代领导人在建设和改革过程中注重彰显和发挥社会主义制度优越性，始终对社会主义制度充满信心，使我国形成了系统的制度自信理论，这些理论为当前大学生制度自信教育提供重要的支撑。

以毛泽东同志为核心的第一代领导集体对社会主义制度保持乐观的态度和对社会主义未来充满信心，具体体现在：第一，坚信社会主义制度能够在中国实现。1957 年，毛泽东提出："社会主义制度终究要代替资本主义制度，这是一个不以人们自己的意志为转移的客观规律。"① 第二，坚信社会主义制度具有巨大的优势。与资本主义制度相比，毛泽东自信地说："社会主义制度优胜于资本主义制度，……共产党优胜于资产阶级政党的领导。"② 谈到政党制度时，他指出，多几个党好，"因为一个党同一个人一样，耳边很需要听到不同的声音。……有了民主党派，对我们更为有益。"③ 这些论述对全国人民坚定对社会主义制度的信心和走好社会主义道路具有重要指导意义。

改革开放后，党结合社会主义建设的实践，开展了对社会主义的不断探索，形成对社会主义本质和目标的明确认识，继而对社会主义充满信心。在经历苏东剧变后，社会主义经历低潮时，邓小平深情地说："中国搞社会主义，是谁也动摇不了的。"④ "一些国家出现严重挫折，……但从中吸收教训，将促使社会主义向着更加健康的方向发展。"⑤ 同时，他对我国制度的优势也有清晰的认识，认为社会主义制度"能够允许社会生产力

---

① 中共中央文献研究室．毛泽东文集：第七卷 [M]．北京：人民出版社，1999：315．
② 中共中央文献研究室．建国以来毛泽东文稿：第十册 [M]．北京：中央文献出版社，1996：63．
③ 中共中央文献研究室．毛泽东文集：第七卷 [M]．北京：人民出版社，1999：235．
④ 邓小平．邓小平文选：第三卷 [M]．北京：人民出版社，1993：328．
⑤ 邓小平．邓小平文选：第三卷 [M]．北京：人民出版社，1993：383．

以旧社会所没有的速度迅速发展①"，社会主义制度可以集中力量办大事，"做到全国一盘棋，集中力量，保证重点"。② 邓小平对社会主义充满信心和认识到社会主义制度优势，这极大地坚定了中国共产党人走好社会主义道路的信心，也对发展和完善中国特色社会主义制度提供了新的启示。

20 世纪 80 年代末 90 年代初，苏东剧变后，世界社会主义处于低潮，西方国家纷纷对中国进行制裁和打压。面对这一形势，中国应如何看待本国社会主义模式和本质，走稳走好自己的路？江泽民同志指出，我们的社会主义既不是苏联模式，也不是东欧模式，而是有中国特色的社会主义。③同时，他还谈及社会主义制度的优势，认为，"人民代表大会制度和中国共产党领导的多党合作、政治协商制度以及民族区域自治制度，适合中国国情……具有自己的优势和强大生命力"。④ 这些论述明确了社会主义制度所具有的优势和本质特征，坚定了中国特色社会主义的发展道路和信心，为中国特色社会主义制度发展和完善提供了明确的方向。党的十六大以后，党中央基于中国特色社会主义建设实践的需要，对我国各项具体制度进行不断改革创新，推进中国特色社会主义制度体系的完善。2011 年，在庆祝中国共产党成立 90 周年大会上的讲话中，胡锦涛同志提出中国特色社会主义制度"集中体现了中国特色社会主义的特点和优势"⑤，并将优势概括为"五个有利于"。2012 年，在党的十八大上，他首次提出制度自信。

中国特色社会主义进入新时代后，习近平总书记根据我国国情，在与西方资本主义国家制度做对比的基础上，提出了我国制度优势和制度自信的一系列论述。一是我国制度具有显著的优势。我国社会主义制度在经济

---

① 邓小平. 邓小平文选：第三卷 [M]. 北京：人民出版社，1993：383.
② 邓小平. 邓小平文选：第三卷 [M]. 北京：人民出版社，1993：16-17.
③ 中共中央文献研究室. 江泽民思想年编（1989—2008）[M]. 北京：中央文献出版社，2010：69-70.
④ 江泽民. 江泽民文选：第二卷 [M]. 北京：人民出版社，2006：257.
⑤ 中共中央文献研究室. 十七大以来重要文献选编：下 [M]. 北京：中央文献出版社，2013：436.

发展、民主政治、文化建设等领域具有明显优势，其中"最大优势是中国共产党领导"①，我国只有在党的领导下，才能使我国制度不偏离社会主义发展的方向，确保发挥出应有的效能。二是要革除体制机制弊端，使制度更加成熟而持久，为制度自信提供保障。当前制度改革容易的、见效快的部分已经完成，改革进入攻坚期，以后的改革主要处理和解决"难啃的硬骨头"。与此同时，医疗、养老等一些社会民生问题的存在也反映了当前制度还需要不断完善。这些都要立足当前国情，不断深化改革，加强制度建设与创新，为进一步坚定制度自信提供保障。

党的历代领导人关于制度优势和制度自信等论述，为开展大学生制度自信教育提供了坚实的理论基础和指明了具体的实施方向。

（二）大学生制度自信教育的历史依据

新时代高校大学生实施制度自信教育的历史依据源于历史经验深化大学生对制度优势的认同、必然选择坚定大学生对制度自信的信念、传统文化增进大学生对制度自信的情感。

1. 历史经验深化大学生对制度优势的认同

追寻历史，我们可以从中清晰认识到制度发展的脉络、选择的必然性，可让大学生从历史发展中增强对制度的认同。

近代以来，无数仁人志士一直在探寻救国之路，特别是对走中国社会主义道路，建立社会主义制度的探索一直没有停歇，凝结了中国共产党人的心血，体现了历史和人民的选择。第一，寻找制度迷茫期。从1840年起，中国陆续被西方列强打开了国门，割地、赔款成为19世纪下半叶清朝政府残喘苟活的主要手段。遭受丧权辱国之痛的中国人民开始不停地寻求救国之路。社会各阶级开始反思中国落后挨打的原因，从最初认为"技不如人"转变为"制不如人"，进而走上了探索制度变革之路。太平天国起

---

① 习近平. 决胜全面建成小康社会 夺取新时代中国特色社会主义伟大胜利——在中国共产党第十九次全国代表大会上的报告［N］. 人民日报, 2017-10-28（2）.

义是一场反帝反封建的农民运动，但因小农阶级的局限性，最终以失败告终，其无法改变中国落后挨打的命运；洋务派试图通过加强军事实力，来挽救摇摇欲坠的清王朝，但甲午战争的失败标志着这一努力彻底失败；资产阶级维新派希望中国仿效日本，实行君主立宪制，然而因触怒慈禧太后，百日维新运动只经历了 103 天就夭折了，这也证明了君主立宪制在中国走不通；资产阶级革命派通过暴力革命的形式，推翻了封建帝制，建立起资产阶级共和国，但革命果实却被窃取，资产阶级民主革命也宣告失败。中国近代史上，不同阶级阶层一直在探寻救国的道路和制度，均以失败告终。第二，制度探索时期。1921 年，中国共产党一成立就开始探寻救国之路，探索到底建立何种制度才适合近代中国的发展。经过二十八年革命斗争，党迎来了新民主主义革命的胜利，成功找到了救国之路。1949 年6 月，毛泽东在《论人民民主专政》中提出未来中国应建立人民民主专政。① 同年 9 月，《中国人民政治协商会议共同纲领》（以下简称《共同纲领》）正式颁布，《共同纲领》中又确立了人民民主专政的国体和人民代表大会制度的政体。1956 年社会主义改造的胜利完成，标志着社会主义制度在中国正式确立。第三，制度改进时期。党的十一届三中全会后，中国特色社会主义制度被提出并最终得以确立。1980 年，邓小平在总结"文化大革命"的教训时提出，制度对国家发展至关重要，"制度问题更带有根本性、全局性、稳定性和长期性"②，并提出要完善党和国家制度，随后，在国内进行了经济、政治和文化体制改革。1992 年，他在南方谈话中指出，"恐怕再有三十年的时间，我们才会在各方面形成一整套更加成熟、更加定型的制度。"③ 江泽民和胡锦涛进一步探索中国特色社会主义制度，使中国特色社会主义制度更加完善。第四，制度完善时期。党的十八大至

---

① 毛泽东. 毛泽东选集：第四卷［M］. 北京：人民出版社，1991：1468-1482.
② 邓小平. 邓小平文选：第二卷［M］. 北京：人民出版社，1994：333.
③ 邓小平. 邓小平文选：第三卷［M］. 北京：人民出版社，1993：372.

今，中国特色社会主义制度逐步得以完善。党的十八大系统阐释了中国特色社会主义制度体系的构成，进一步明确了中国特色社会主义制度的具体内涵。党的十九届四中全会全面总结了中国特色社会主义制度具有党的集中统一领导等十三个方面的显著优势。

从近代中国人民探索救国求强的历程中可以看出，建立和完善社会主义制度是中国人民摆脱压迫、国家走向富强的最佳路径，我国坚持和发展中国特色社会主义制度，才能更好地实现中华民族伟大复兴。历史经验为大学生制度自信教育提供最强支撑。

2. 必然选择坚定大学生对制度自信的信念

我们明确中国社会主义制度选择的必然性，可以使大学生更好地认同中国社会主义制度，更加坚定对制度的自信。

一个国家的道路和制度的选择不是偶然与巧合的结果，而是历史必然选择。中国的制度选择同样具有历史必然性。第一，中国社会主义制度的选择是各种阶级力量和外部环境共同作用的结果，这充满历史的必然性。制度产生于特定的历史背景下，各种力量与条件的共同作用推动制度的选择与发展。中国社会主义制度选择的决定力量主要是中国近代社会主要阶级力量，这是由于工农阶级以马克思主义为指导，明确未来方向，才不会将中国引入资本主义制度中，而将它推向终极前途——社会主义制度。第二，从历史角度回击历史虚无主义，这样可以进一步验证中国社会主义制度选择的历史必然性。当前存在一些歪曲事实的历史虚无主义观点，如中国近代以来一切反帝反封建的斗争及新中国成立的历史正义性、合理性，污蔑对外反侵略和对内反动统治的斗争，攻击党领导的革命是外因造成的，曲解社会主义道路，让人们对社会主义制度产生误解，让人们质疑，达到否定社会主义制度合理性的目的。针对这些观点，我们一定要以历史唯物主义为指导做出坚决回击，从历史角度厘清中国社会主义制度形成的历史，从寻求中华民族伟大复兴的历史中阐明中国选择社会主义制度的必然性。

大学生从历史角度明确了中国社会主义制度的必然选择，这会使他们认识到中国社会主义制度来之不易，倍加珍惜，进而进一步坚定他们对制度自信的信念。

3. 传统文化增进大学生对制度自信的情感

中华优秀传统文化博大精深，既含有传统伦理道德的内容，又体现了诸多治国理政的政治智慧。中国政治制度的诸多核心理念与中国传统政治文化的核心价值有历史渊源。学习和领会中国传统政治文化的核心价值有助于加深对中国政治制度的理解，为增强大学生制度自信提供前提条件。

第一，民本思想为社会主义民主制度的建立提供思想文化渊源。传统文化思想中的"民为邦本，本固邦宁"思想是民本思想的集中体现。从盘庚重民、周公保民、孔子爱民、孟子贵民、荀子民水君舟，到明清时期黄宗羲、顾炎武等人的民本论，这些是我国历史上民本思想的具体体现。传统文化中的民本思想是中华民族长期治国思想的智慧结晶，且源远流长。它与马克思主义"以人为本"的思想有契合之处，对社会主义民主制度提供了思想渊源，有利于从传统文化角度让学生认同当前制度。第二，选贤任能、爱才惜才思想对社会主义人才制度的建立提供积极借鉴。自古以来，多数君王都爱才惜才。刘备三顾茅庐、文王访贤为贤人拉车、曹操赤脚迎许攸、周公吐哺、刘邦筑坛拜将等流传至今的脍炙人口的历史故事都是中国历代君王爱才惜才的具体体现。这些对建立社会主义人才制度、展现社会主义"德才兼备"的制度优势有着重要借鉴意义。

文化与制度之间关系密切，文化的有效依托为增强大学生的制度认可提供了更坚实的支撑。同时，制度中植入文化基因，则会使制度的生命力更加强大。总之，我国引导大学生继承和发扬优秀传统文化，能使他们更好理解制度中的文化意蕴，有利于进一步帮助大学生坚定制度自信。

（三）大学生制度自信教育的现实依据

大学生制度自信教育的顺利实施需要明确实施依据，特别是要从现实中寻求依据。新时代开展大学生制度自信教育的现实依据源于制度实践中所取得的巨大成就、制度产生的显著优势、制度在实践中不断改革和发展所体现的十足活力。

1. 取得的巨大成就为大学生制度自信教育坚定信心

中国特色社会主义制度是从中国具体国情出发的，是在自主探索社会主义现代化建设道路的基础上形成的。经过新中国成立 70 多年，尤其是改革开放 40 多年的努力，我国已取得了经济快速发展和社会长期稳定"两大奇迹"。"两大奇迹"的取得为进一步提升大学生对制度的自信提供坚实基础。习近平指出："要有坚如磐石的精神和信仰力量，也要有支撑这种精神和信仰的强大物质力量。"① 从经济领域看，新中国成立以来，我国经济和科技实力大大增强，目前已成为世界第二大经济体，高铁、深海探测等技术处于世界领先水平。从社会领域看，教育、医疗、保险、脱贫、生态等领域取得突破性成就。九年制义务教育得到全面落实，2023 年，九年义务教育巩固率为 95.5%；高等教育进入大众化阶段，2023 年高等教育毛入学率达到 59.6%；基本医疗保险和养老保险覆盖率持续扩大，已基本建成城乡基本养老保险制度、城乡居民医疗保险制度；我国脱贫攻坚战取得全面胜利，消除绝对贫困，困扰中国多年的贫困问题得到有效解决，我国全面建成小康社会，人民生活的幸福感大大增强。从生态环境领域看，我国要持续深入打好蓝天、碧水、净土保卫战，生态环境得到了明显的改善。总之，社会主义各项事业欣欣向荣，我国当前制度释放出蓬勃生机和旺盛活力。新中国成立 70 多年来取得的历史成就是对社会主义制度最大的肯定，也为大学生制度自信教育提供了最有说服力、最可靠的素材，大学生可有效坚定制度自信教育的信心。

2. 显著的制度优势为大学生制度自信教育增添效能

党的十八大以来，党领导人民不断探索中国特色社会主义道路，全面

---

① 习近平. 习近平谈治国理政：第一卷 [M]. 北京：外文出版社，2014：93.

深化改革，推动中国特色社会主义制度更加完善。我国当前的国家制度和治理体系在党的集中统一领导、以人民为中心、全面依法治国、集中力量办大事、民族团结与发展、经济建设、文化发展、民生保障、改革创新、选人用人、军队建设、国家统一、外交政策等方面具有显著优势。其中，党的统一领导是社会主义制度的最大优势。国家的各项建设推进都要依赖制度优势的发挥，而党的领导制度在其中起到根本性作用；以人民为中心的价值追求体现在国家经济政治生活的方方面面，例如，国家社会发展战略的制定、民生问题的解决等；集中力量办大事的优势同样明显，例如，在新冠疫情防控中，全国一盘棋，发挥同舟共济的精神，统一调配全国医疗资源，进行疫情防控等，中国向世界人民递交了合格的答卷。一系列实践再次证明，中国特色社会主义制度日臻完善，具有显著优势，为大学生制度自信教育增添效能。

3. 制度在实践中不断改革和发展所体现的活力为大学生制度自信教育实施增添动力

"'社会主义社会'……应当把它看成是经常变化和改革的社会。"① 社会主义制度的改革是在不改变社会主义性质的前提下，因时因势对制度自身的完善和发展的过程。中国特色社会主义制度是始终立足中国特色社会主义建设实践，服务中国特色社会主义社会发展的制度，会随着实践的变化而不断完善的。总的来说，中国特色社会主义制度是开放的制度、与时俱进的制度、朝气蓬勃的制度。它在不断改革和发展中所体现的与时俱进性和彰显的活力，进一步凸显其制度的优势，为开展制度自信教育提供更好的教育内容和更生动的教育素材，进而为实施大学生制度自信教育增添动力。

---

① 中共中央马克思恩格斯列宁斯大林著作编译局. 马克思恩格斯选集：第四卷 ［M］. 北京：人民出版社，2012：601.

### 八、大学生制度自信教育的特征

大学生中国特色社会主义制度自信教育除具有一般教育活动的特征之外，还具有其自身的特色。其具体特征有以下几方面。

（一）教育对象特定性

大学生中国特色社会主义制度自信教育对象是在校大学生。一方面，教育对象特定性可以开展有针对性教育，使教育做到有的放矢，有助于提升教育效果。另一方面，教育对象不同会使教育内容、教育手段、教育方法等有很大不同。教育对象不同，使大学生制度自信教育的内容与中小学制度自信教育内容侧重点不同；在教育手段上，要坚持家庭、学校、社区、传统媒体与新媒体、课堂内外与校内外相结合，丰富大学生制度自信教育手段；在教学方法上，坚持传统教学方法与现代教学方法、理论与实践等相结合的教学方法，能更好地符合大学生的身心发展特点。因此，大学生制度自信教育具有明显的针对性。

（二）教育内容时代性

制度自信教育内容主要围绕制度形成发展、制度现状、制度优势、制度具体成效、制度自信的目标信念展开的。第一，制度自信教育内容涉及中国特色社会主义制度形成发展、现状和制度具体优势等，是基于制度实践的总结，与时代紧密相连；第二，制度自信教育中所包括的制度建设具体成效教育是要靠数据和事实说话的，与时代发展紧密联系。第三，制度自信教育中的目标信念教育是基于当前制度建设的现状进行科学预测而提出的，也体现了时代性。可见，上述一系列内容无不体现出了鲜明的时代特征，具有明显的时代印记。

（三）教育途径与教育方法系统性

我们要提升大学生制度自信教育的实效，从教育途径上看，要实现学校、家庭、社区多主体合力，开展全方位的制度自信教育，做到传统媒体与新媒体相结合，既要发挥报纸、广播、电视等传统媒体在教育中的基础作用，又要充分运用微信、微博等新媒体传播效率高的优势，做到课堂内与课堂外相结合，通过课堂内教学可以系统开展制度自信的理论教学，而课堂外教学则是制度自信教育实践教学的重要形式。从教育方法上看，我国要实现传统教学方法与现代教学方法并用、显性教育与隐性教育相结合、理论教学与实践教学优势互补。上述教育途径与方法的每一方面都体现了系统性特征。

（四）教育性质鲜明的意识形态性

鲜明的意识形态性，主要体现在新时代大学生制度自信教育的阶级性上。具体来说，学校在教育指导思想上，以马克思主义思想为指导，立足马克思主义基本立场、观点，运用马克思主义方法论，来开展制度自信教育。教育产生的经济基础是以公有制为主体，多种所有制经济共同发展的经济制度，其本质与核心是生产资料公有制。教育主要内容是建立在社会主义经济基础上的社会主义政治、经济、文化、法律制度等。教育目的在于使大学生自觉抵制西方不良思想的影响，主动维护现行制度的正义性、合理性与科学性。因而，当前大学生制度自信教育从教育指导思想、产生的经济基础、主要内容、主要目的等多层面来看，都具有鲜明的意识形态性。

（五）教育目的双重性

大学生制度自信教育既具有教育的一般特性，又具有独有的特性。它既属于智育范畴，又是德育的重要组成部分。从智育层面来看，制度自信教育注重中国特色社会主义制度基本理论知识的传授，让其掌握现行制度相关理论体系，提升大学生判别是非的能力。同时，制度自信教育还肩负着思想道德教育的使命，让其在掌握现行制度理论的基础上，从主观层面上自觉抵抗不良思潮侵袭，培育大学生良好的政治素养，使大学生形成对现行制度的高度认同，最终坚定制度自信。总的看来，大学生制度自信教育具有智育和德育的双重特性。

### 九、大学生制度自信教育的目标

大学生制度自信教育是高校思想政治教育的重要内容。它既要实现思想政治教育的一般性目标，因其教育内容的特定性，又要实现特定的教育目标。根据制度自信形成的内在逻辑，我们可以将制度自信教育的目标总结为提升制度理论认知、增进制度价值认同、坚定制度信仰、引导制度行为规范。

#### （一）提升制度理论认知

道德教育或信仰教育都需要依托知识的力量和学理的支撑。[①] 坚定制度自信首先要求个体对自己所处制度有充分的理论认知。培育学生制度自信首先要增强他们对制度的理论认知。增强大学生对社会制度理论认知就是引导大学生学习中国特色社会主义制度的相关基本理论，并将其转化为自己知识结构的过程。因为只有大学生对现行制度的科学内涵、具体内容、内在特质、运行机理、具体优势等有全面了解和掌握，学校才能够培养他们的制度认同。让大学生对国家制度充满信心，进而夯实新时代制度建设的思想根基。可见，增进制度理论认知是进行大学生制度自信教育的直接目标，也是制度自信教育的"最先一公里"。提升大学生的制度理论认知，第一，全面掌握中国制度的科学内涵。中国特色社会主义制度是一种内涵丰富的科学制度体系，具体包含根本制度、基本制度与重要制度等。学校要引导大学生积极学习最新理论，让其明确制度理论的科学内涵，提升他们的制度理论认知。第二，正确认知中国制度的内在特质。从理论渊源上看，它是以马克思主义制度理论为指导，是党长期以来对中国制度建设实践经验的科学总结；从历史逻辑上看，它是中国人民在革命、

---

① 董雅华. 思想政治教育哲学问题研究［M］. 上海：复旦大学出版社，2019：147.

建设与改革的长期探索中形成与发展的，是时代和人民的选择；从现实价值上看，它对推动经济发展、完善民主政治、维护社会稳定、改善民生福祉等具有重要意义。大学生通过进一步认知制度来自何处、如何形成与有何价值等，可以使他们自己更好地理解制度本质和制度优势，让他们对制度充满信心。第三，在纵向历史比较和横向中西方制度对比中，让学生感知中国特色社会主义制度"为什么好""为什么能"，从而消解他们对其不正确的认知或偏见，提升他们的制度自信。

（二）增进制度价值认同

制度认同是个体在制度认知基础上形成的对某一制度的肯定性心理体认、趋同性情感归属。[①] 与制度认同相比，制度价值认同则更微观，具体是指对中国制度的优越性与先进性的认同。对制度理论认知而言，制度价值认同则是深层的、情感层面的心理活动。它可促进个体固化制度信念、促进制度践行。因此，增强学生的制度价值认同对培育其制度自信具有重要意义，也为进行大学生制度自信教育明确方向。第一，要使大学生明白中国制度的来之不易。中国特色社会主义制度历史源远流长，是从五千年中华文明中汲取营养和近代百年民族解放斗争中得来的。制度建立历经曲折，它是党带领人民群众进行社会主义实践不断探索而得来的，我们有过迷惘、有过惨痛教训，但经过百折不挠的坚毅探索，最终探索到中国特色社会主义道路。只有让大学生从中认识到现行制度是从长期斗争和不断探索中得来的，实属不易，大学生才会更加珍惜当前的中国制度，增进其对制度的价值认同。第二，要让大学生充分认识中国制度的显著优势。中国制度在一次次重大突发事件中经受住了实践的检验，在取得的一个个成就中彰显其制度优势。大学生在充分认识到现行制度的显著优势后，才会发自内心地对其价值认同。第三，要让大学生体会到中国制度的世界价值。

---

① 李斌，刘际昕.论中国特色社会主义制度自信的理论体系构建［J］.宁夏党校学报，2021（05）：68.

"一国两制"提出并在香港、澳门得以实践，它们回归后，两地经济发展、社会稳定，这为世界其他国家解决类似问题提供了借鉴方案。人类命运共同体的理念由最初中国政府向世界的倡议变成世界的共识，在此理念指引下，"一带一路"倡议结硕果，有效带动"一带一路"共建国家的发展。中国制度为世界发展贡献了中国方案与智慧。大学生认识到中国制度的世界价值，会更加认识到中国制度的先进性，进而更能增进对中国制度的价值认同。

（三）坚定制度信仰

制度信仰是在对制度充分认知并表现出制度认同的基础上，产生的发自内心的对制度的尊崇和信任的心理过程。当前，西方国家不时对我国制度进行恶意的抹黑，制造各种理由的中国"制度威胁论"，一些大学生政治鉴别力有限，由此对中国特色社会主义制度产生怀疑甚至否定。为此，我们可以通过展现我国制度优势的实践成效，打消学生的各种顾虑和质疑，使其从制度认同上升到制度信仰。第一，从古今对比角度上，让学生认识到当前制度给中国的经济和社会发展带来的巨大变化。世界上没有哪个国家的制度能够像现行制度这样，能在短短几十年时间，使经济发展落后、社会动荡的旧中国，发展到当今经济繁荣、社会稳定的新局面，创造了经济快速发展、社会长期稳定的"双重"奇迹。取得的"中国奇迹"是我国制度优势的最集中体现。第二，从中外对比角度上，让学生认识到我国当前制度为世界制度文明做出了巨大贡献。与西方国家相比，我国让学生看到中国依靠独立自主，只用几十年时间就完成了西方国家几百年发展的历程。我国通过脱贫攻坚和抗击疫情等一系列重大事件，让他们感知到"党的领导是中国特色社会主义制度的最大优势"[1]，中国制度的集中力量

---

① 肖贵清. 制度自信：中国特色社会主义制度自信研究 [M]. 北京：高等教育出版社，2017：280.

在办大事、迅速回应、领导协调、组织动员等方面都大大优于资本主义制度。① 大学生通过纵向、横向对比认识到中国制度的具体成效和显著优势，进而进一步坚定自己的制度信仰。

（四）引导制度行为规范

制度的生命力在于执行。② 没有得到很好执行的制度，这样的制度就丧失了它应有的价值。通过制度自信教育，我国可以让制度自信的力量内化为个人信念，外化为实际行动，解决制度自信的行动自觉问题，达到知行合一。我国对大学生进行制度自信教育的最终落脚点在于使他们自觉将制度自信内化为行为规范。引导制度行为规范是大学生制度自信教育的主要目标。在引导大学生制度行为规范上，我国要做到以下几点。第一，要培养大学生自觉维护制度权威的意识。中国制度的权威彰显基于马克思主义的理论基础、中国传统治国理政智慧的有益借鉴、党长期探索的审慎选择、现实制度巨大成就的取得与制度优势的明显体现等。部分大学生受外部不良社会风气的影响，感觉到"变通""疏通""走后门""法外开恩"等社会"潜规则"通行畅通，使其对制度和法规的作用和权威产生怀疑。因此，我国要通过制度自信教育，让大学生认识到制度的优势与重要性，让大学生形成对制度的尊崇，让他们在心中树立制度权威，自觉维护制度体系。第二，要培养大学生制度践行的使命感和责任感。大学生是国家未来建设的主力军，也是中华民族未来的希望，我国要把制度践行的重要性融入他们的思想意识中去，让其认识到制度践行是公民义不容辞的责任。我国要实现强国梦，大学生必须将制度自信外化于行，参与建设现代化强国的征程。第三，要使大学生自觉抵制思想文化的侵蚀。西方国家当前主要是通过新闻、短视频、电影、电视剧、文学作品等渠道对我国进行思想文化渗透。借此，他们宣扬西方文化的优越性，使部分大学生形成错误认

---

① 张维为. 中国战疫［M］. 上海：上海人民出版社，2020：12.

② 习近平. 习近平谈治国理政：第三卷［M］. 北京：外文出版社，2020：128.

知，迷失方向，进而丧失了本民族文化的自信心与自豪感，接受西方文化和价值观。因此，大学生要进行制度自信教育，提升自己的政治鉴别力和政治定力，认清西方文化本质，自觉抵制西方不良思想文化的侵蚀，端正自己的行为。

总之，大学生制度自信教育目标的明确，能为选定制度自信教育的具体内容、确立制度自信教育的具体教学方式和教学手段等提供基本依据。

**十、大学生制度自信教育的具体内容**

大学生制度自信教育内容的选择要根据制度自信形成机制中关键因素和制度自信教育的内在依据来确定。据此，制度自信教育贯穿高校思政课理论教学中，结合思政课课程内容，主要通过制度科学理论、制度历史发展、制度实践成效、制度目标信念等内容的教育教学将制度相关理论说透，引导学生坚定制度自信。

（一）制度科学理论教育

制度科学理论涉及制度内涵、体系构成、运行现状、具体优势等相关内容。掌握制度科学理论是形成正确的制度理论认知的关键，是形成制度自信的最先一步。因而，开展制度科学理论教育是制度自信教育的必备内容。它具体包括以下几方面内容。

第一，中国社会主义基本制度确立的重要意义。它主要讲述社会主义制度在中国确立的意义，包括它对中国意义和世界意义两个方面。中国社会主义基本制度的确立，使中国人民能真正实现当家作主，促进了我国社会生产力的发展，实现社会繁荣稳定。同时，它使占世界人口 1/4 的东方大国进入了社会主义社会中，进一步改变了世界政治经济格局，增强了社会主义的力量，对维护世界和平产生了积极影响。

第二，中国特色社会主义制度内涵、特征、理论基础。我们对中国特色社会主义制度内涵进行全面界定，明晰制度实践性、民族性、时代性、继承性、创新性、开放性等特征，介绍科学社会主义理论等中国特色社会主义制度理论基础。

第三，中国特色社会主义制度体系构成与现状。我们分析根本领导制度、根本政治制度、基本政治制度、基本经济制度等的运行机制与优势。具体来说，党的领导制度是根本制度，是社会主义制度得以长期确立、发展和完善的保障；人民代表大会制度通过"双重委托"的方式进行授权，有效保障了人民当家作主的权利；中国共产党领导的多党合作和政治协商制度最大限度地保障了各个民主党派参政议政，发挥了其政治协商与民主监督的作用；民族区域自治制度的制定保障了少数民族在社会中的平等地位和自治权利，是解决我国民族问题的有效途径；以公有制为主体，多种所有制经济共同发展的基本经济制度既保障了社会主义制度的性质，又符合中国实际生产力水平。

第四，中国特色社会主义制度优势。制度优势是制度科学性、价值性的集中体现，是经过制度的实践效能确证的显著"正效应"。① 它也是国家治理效能的外在表现，是凝聚国家力量和坚定制度自信最基本的依据。我们要使大学生认同中国特色社会主义制度，必须首先让他们明晰当前制度的独特优势和鲜明特色。因此，在制度自信教育中，我们要以党的十九届四中全会归纳出来的十三个优势为基础，全面介绍中国特色社会主义制度的具体优势。

总之，我国通过中国特色社会主义制度理论的全面介绍，让学生明白，中国特色社会主义制度是涵盖我国经济、政治、文化、社会、生态文明发展等一系列内容的制度体系。它以人民为中心，以实现共同富裕为目的，有助于维护我国社会的长治久安，体现了与时俱进，保障了中国特色社会主义伟大实践不断提出的新问题的解决，显示了巨大的生机与活力。

---

① 黄建军. 中国特色社会主义制度优势的五重意蕴［J］. 马克思主义研究，2021
（09）：130.

（二）制度历史选择与发展教育

对制度的理解，大学生不仅需要分析制度的现状，还需要探究其历史。制度历史展现了一个民族和国家对制度的理性思考和制度价值体认过程，其中，制度历史选择呈现了一个民族和国家对国家和民族前途命运的探索和选择过程，而制度发展则聚焦了一个民族和国家对制度的持续完善和优化的动态过程。大学生对中国特色社会主义制度历史选择与发展的学习和掌握是制度自信教育的基本内容，具体包括以下几方面内容。

第一，中国社会主义制度的历史选择问题。各国不同思想的指导、国家独特的历史文化、阶级力量对比等影响并决定了各国选择走不同的道路，选择建立不同的制度体系。中国社会主义制度是中国长期坚持"两个结合"的产物，是顺应时代发展、符合中国实际的具有显著优势的制度。我国通过开展教育，让大学生认识到，我国选择和坚持这一制度长期不动摇，不是由个人喜好一时冲动而做出的，而是经历了长期的选择过程，具有历史必然性，从而增强其制度自信。

第二，中国社会主义制度的历史发展过程。大学生了解到自新中国成立以来，中国社会主义制度大致可以分为四个阶段。第一阶段（1949—1956年），1949年，新中国的成立标志着一个重新屹立于世界民族之林的独立自强的现代国家正式成立，也为社会主义制度的建立提供了国家层面的保障。随后，党带领人民进行"三大改造"，社会主义公有制成为国家的经济基础，并于1956年正式建立社会主义制度。第二阶段（1956—1978年），社会主义制度正式确立，我国开启对制度建设的探索。在探索初期，人民代表大会制度和共产党领导的多党合作与政治协商制度等各项制度运行平稳。在后期的艰难探索中，我国出现对社会主义道路或左或右的偏离，人民代表大会制度等制度运行不正常，制度建设和发展受到挫折，但制度建设一直坚持马克思主义为指导思想，建设总体方向没有偏离，这为拨乱反正后，中国制度快速完善和发展提供了有效保障。第三阶段（1978—2012年），进入改革开放新局面，我国逐步形成中国特色的社会主义制度。制度改革通过坚持破旧与立新、守正与传承、确立与规范相结合，我国在制度建设上取得了一系列新的突破。例如，明确市场与计划都是经济手段，而不是衡量社会制度的根本标准，中国实行社会主义市场经济体制是中国经济发展的必要要求；我国大力进行政治体制改革，国家政治制度得到完善。第四阶段（2012至今），党的十八大以来，中国进入新时代，中国特色社会主义各项制度得到完善，制度优势进一步彰显，制度规范化和高效性已是新时代制度的主要特征。大学生通过制度发展历史的学习，清楚地知道坚定中国特色社会主义制度自信的历史渊源。

（三）制度实践成效教育

坚定中国特色社会主义制度自信需要物质基础，大学生普遍坚持这一政治立场。我们不能简单地依靠舆论宣传、鼓舞精神来解决人们的信心问题，而是需要用事实说话，也就是中国特色社会主义制度在实践中取得的历史性成就、国家的发展和社会的进步等要让大学生能够深切地体会到、感受到，并从中得到实际利益，带给国民体面而幸福的生活。我国对大学生开展制度实践成效教育是非常必要的，具体包括以下几方面内容。

第一，在中华人民共和国成立前后几十年纵向比较中，我国展现了中国特色社会主义制度实践成果。对新中国成立前后几十年国家政治、经济、社会成果进行全方位比较，特别是重点介绍改革开放以来，我国取得的重大成效的展示，包括经济发展、政治制度改革、教育科学科技发展、国防与军事发展、中国特色大国外交、文化建设等方面的成果，让学生明白新中国取得的一系列成就，中华民族一步步走向复兴都源于中国社会主义制度的确立和发展。

第二，在中西方国家横向比较中，我国展现中国特色社会主义制度的实践成效，揭示西方资本主义国家民主本质和社会乱象，揭露资本主义制度缺陷，分析中国特色社会主义制度与西方资本主义制度的区别，有制度产出、实施和创新，社会调适和规范，应对外部竞争和挑战等方面的优势，① 最后展现中国实现社会稳定和经济增长的两大奇迹。我们通过中外对比，展现中国特色社会主义制度的优势，让学生更加坚定制度自信。

总的来说，制度实践成效是制度自信的客观物质力量和现实基础，制度实践成效教育就是解决中国制度为何管用以及如何支撑"中国之治"的重大问题，有利于增强制度自信事实上的说服力。

（四）制度目标信念教育

引导大学生坚定制度自信就是要最终让大学生树立中国特色社会主义理想信念和共产主义远大理想。中国特色社会主义阶段性目标的确立和实现对制度自信有重要指引和推动作用，而最高信念即实现共产主义则是实现制度自信的最大动力，因而开展目标信念教育必不可少。制度自信的目标信念教育主要包括制度建设的具体阶梯式目标以及未来的信念。

第一，中国特色社会主义共同理想。在制度建设上，我国体现出具体阶梯式目标。阶梯式目标包括全面建成小康社会目标、建设社会主义现代化强国目标、中华民族复兴中国梦目标。在制度教育教学中，教师要向学生讲明白全面建成小康社会的内涵、现实意义，建设社会主义现代化强国目标的内涵、具体步骤、建设重点，中国梦的内涵和实现路径等。

第二，共产主义理想信念。共产主义理想信念属于信念的灯塔，能指引大家奋斗的方向。在具体教学中，教师要向学生讲明白共产主义社会的基本特征、实现共产主义是长期的历史过程等内容，最终让大学生胸怀共产主义远大理想，坚定实现共产主义的信心。

总的看来，学校通过对大学生进行制度目标信念教育，能让大学生具有中国特色社会主义理想信念和共产主义远大理想，使大学生坚信中国特色社会主义制度是追求美好生活的根本保障，使大学生最终树立对制度的自信。

---

① 王志强，梁钦. 中国社会主义制度的国家治理能力优势——基于与西方资本主义制度的比较 [J]. 社会主义研究, 2020（06）：1-7.

# 第三章

## 制度自信教育融入高校思政课教学中的
## 核心要义、内在依据与价值追寻

从本质属性上看，大学生制度自信教育属于高校思想政治教育的重要组成部分。它只有有效融入思想政治教育的主渠道高校思政课中，才能取得更好的教育效果。

### 一、制度自信教育融入高校思政课教学中的核心要义

#### （一）融入的基本内涵

我们要想理解"融入"的内涵，首先要区分"融入"与"嵌入"在内涵与表现上的不同。"嵌入"的意思是"紧紧地埋入、镶入"，表现为形成一体、实质相异。"融入"指的是"融合、混入、混合"，表现的是有机一体、无边界之分。我们要想做到"融入"，并非易事，这是一项系统工程。① 制度自信教育融入高校思政课教学中，以增强制度自信效果为目标，实现在教学内容上融会贯通、在教学方法上融合互鉴、在课程覆盖上全面性、在时空环节上全程性的过程。这种融入是一种教学境界与学术境界，是一种重要的教学与研究的方法。

#### （二）融入的具体要求

制度自信教育融入高校思政课教学中注重要素的有机融合，不是简单

---

① 张森年. 党的创新理论融入思想政治理论课教学的探索与研究 ［J］. 青年学报，2017（02）：53.

的杂糅，讲究融入要精、巧、适度、科学性与艺术性，在润物细无声中达到实际教育效果。

1. 融入要精

制度自信教育涉及很多相关教学内容，但在融入高校思政课时，要注重选择课程核心内容及与思政课紧密相关的内容加以融入，不求面面俱到，力求做到融入重点突出，这样融入的效果才有保障。

2. 融入要巧

为确保融入效果，制度自信教育融入思政课必须找到恰当的融入点，确保融入自然，不能牵强附会，为了融入而融入。这要求首先提炼制度自信教育的核心内容，形成制度自信教育的核心要点；其次，梳理思政课教材的知识逻辑，总结高校思政课教学要点；最后，把制度自信教育核心要点与高校思政课教学要点比对，找准两者相同之处，进行融入。

3. 融入要适度

制度自信教育融入思政课教学当中，是以思想政治理论课的教学体系、教学内容为依据的，适当融入制度自信教育的内容，是为了帮助思政课完成教学任务、达到教学目标。所以，制度自信教育融入思政课教学，绝不能脱离思政课的教学规定性，不能脱离思政课的教学体系和内容，不能主次不分，不要本末倒置。

4. 融入要讲究科学性与艺术性统一

融入教学必须保持教学内容科学性，不能把错误的知识融入教学中，这是融入教学的前提条件，也是融入教学得以顺利开展的重要保障。同时，教师要注重教学方式方法的艺术性，确保融入自然，否则会让学生觉得思政课内容和制度自信教育内容是"两张皮"，难以让学生轻松接受。

（三）融入的主要内容

融入的主要内容需要由制度自信教育的具体内容与高校思政课教学主要内容来确定，主要有以下几方面。

1. 融入制度的基本理论

主要融入中国特色社会主义制度的具体内涵、主要特征、具体构成和理论基础等，让大学生通过学习能对中国特色社会主义制度有全面、深入的了解。

2. 融入制度的显著优势

主要融入中国特色社会主义制度所显现的显著优势。学校可将党的十九届四中全会所总结的我国国家制度和国家治理体系十三个方面的显著优势通过理论阐释与教学案例相结合的形式融入高校六堂思政课中，让大学生感知与西方资本主义国家制度相比，我国国家制度的独特优势。

3. 融入制度的发展历程

主要融入中国社会主义制度建立、发展的历史演进过程，让大学生明白中国社会主义制度选择的历史必然性和合规律性。

4. 融入制度的实践成效

主要融入中国社会主义制度建立以来取得的具体实践成效。让事实说话，用成效验证，通过中外横向、历史纵向对比，全面介绍中国社会主义制度，特别是中国特色社会主义制度建立以来所取得的巨大成果，让大学生信服，培育他们的制度情感。

5. 融入的目标信念

融入制度自信的具体目标，包括全面建成小康社会、建成社会主义现代化强国、中国梦等具体目标，树立大学生的目标信念，进而转化为行动，在实践进程中不断坚定制度自信。

（四）融入的具体方式

从制度自信教育融入高校思政课具体方式来看，融入教材是前提和基础，融入课堂是核心和关键，进入头脑是最终的目的。

1. 要融入教材

高质量课程教材是思政课教学内容呈现的载体，关乎教学质量的高低。做好制度自信教育融入高校思政课教学中要以"本"为本，也就是说，要立足教材，以教材为基本依托。由于制度自信教育教学体系和思政课教材体系在编排上存在差异，在教学中，教师既不能完全依据教材而照本宣科，也不能完全脱离教材内容，随意发挥，必须结合教材编写的基本原则和内容，将制度自信教育主要内容有机融入教材中，将制度自信的具体内涵、特征、生成机理和价值意蕴等基本理论知识充分体现在教材中。具体来说，教师需要结合高校毛泽东思想和中国特色社会主义理论体系概论等六门思政课必修课的马克思主义理论研究和建设工程重点教材的具体内容，考虑不同教学形式的特点，找出思政课教学内容与制度自信教育内容的契合点，以无缝对接和深入互融的方式，在制度自信教育教学内容和教材内容间建立内在契合关系，做到自然式融合。

2. 要融入课堂

融入课堂就是要利用好课堂教学的主渠道，将制度自信教育的内容有效融入思政课堂中，不断增强制度自信教育的思想性、理论性、亲和力、针对性。具体来说，教师注重制度自信教育的思想启发作用，提升制度自信教育的思想性；重点梳理制度自信理论体系，在思政课堂上讲好制度自信的基本理论，提升理论性；重视话语体系创新，以学生乐于接受的话语方式进行教学，使制度自信教学声情并茂，绘声绘色，让教材内容真正活起来，提升课堂教学的亲和力；结合学生的专业背景、思想特点和心理状况等，以关注热点、贴近现实为原则，注重选取学生感兴趣的鲜活的现实问题为教学素材，提升制度自信教育融入的针对性。

3. 进入头脑

制度自信教育进入头脑是实现制度自信内化于心、外化于行的具体要求，可增强学生对现行制度的自觉认同，有助于实现思政课立德树人根本任务。因而，制度自信教育融入高校思政课教学中最终落脚于能否引起学生的兴趣上，激发其学习主动性，使其认同制度，最终完成"知识接受—

价值感知—内化于心—外化于行"的转化，真正实现制度自信。基于此，在制度自信教育中，学校应遵循大学生的成长规律，从他们的认知需求和生活需求等方面出发，选准恰当的融入点，做好情感联结，实现对他们的有效引导和切实关心。教师通过教学引导学生深入思考，促进学生关注现实，形成制度自信学习自觉；通过教学引导学生将自己个人成长成才、人生理想与参加中国特色社会主义建设、助力完善中国特色社会主义制度结合起来，引导学生自觉解决防范信念不坚定、信仰迷失的问题，使大学生进一步坚定制度自信。①

### 二、制度自信教育融入高校思政课教学中的内在依据

制度自信教育与高校思政课教学价值取向、理论基础、达成目标等层面具有一致性，在功能上具有耦合性，这为制度自信教育融入高校思政课教学中提供了内在依据。

（一）制度自信教育与高校思政课教学在价值取向上体现了高度契合性

只有多数人对制度的自信，这样才真正表明对制度的广泛认可。因而，判断制度自信的主要依据是看大多数的人民群众对现有制度是否认同。这决定了制度自信教育时刻遵循以人民为中心的价值取向，重点在于通过教育让人民遵从制度、体念制度的优越性，认同社会主义制度，这样可以凝聚社会主义现代化建设的力量。我国对大学生进行制度自信教育就要展现制度显著优势，增强其制度认同，培养理想信念坚定、能为实现中国梦贡献力量和智慧的时代新人。以落实立德树人为根本任务的高校思政课决定了其教学必须始终树立以人为本的理念，分析大学生思想特点，诊断其存在的问题，实现精准铸魂育人。具体来说，高校思政课主要是对大

---

① 罗健，罗恒锋.制度自信教育贯穿高校思政课教学全过程的三维厘析［J］.思想政治课研究，2021（06）：114.

学生进行正确的价值观塑造和意识形态的引导，使大学生形成正确的价值认知和行为规范，增强大学生"四个自信"，形塑完善学生人格，促进学生的全面发展。可见，制度自信教育与高校思政课教学都坚持以人为本的价值取向，两者在价值取向上具有内在契合性。这为制度自信教育融入高校思政课教学中创造了条件。

（二）制度自信教育与高校思政课教学在理论基础上存在一致性

自新中国成立以来，高校思政课就有明确的教学内容。虽然不同时期，高校思政课具体课程名称有所区别，侧重点也有所不同，但教学的基础都是马克思主义理论，主要传授马克思主义及其中国化的最新成果，使大学生具有深厚的马克思主义理论素养，进而树立坚定的理想信念。中国特色社会主义制度从最初萌芽、正式形成、发展壮大到逐步完善，都以马克思主义理论为理论基础与思想指导，不能片刻偏离马克思主义理论。中国特色社会主义制度的自信是长期高举马克思主义伟大旗帜取得巨大成就而获得的自信。从本质上看，它是以马克思主义理论为指导，立足马克思主义理论的自信。制度自信教育是让大学生明确在马克思主义理论指导下建立起的中国特色社会主义制度的优势，它是增进大学生对马克思主义信仰的有效措施。制度自信教育融入思政课教学中，就是要求教师自觉运用马克思主义理论讲清楚中国制度的特点、本质，弄明白中国制度的内在逻辑，让学生真正体悟到中国制度的科学性、先进性，让学生真正树立制度自信。因而，制度自信教育与高校思政课教学的理论基础本质上是高度一致的。

（三）制度自信教育与高校思政课教学在达成目标上具有一致性

制度自信教育是一门开展意识形态工作的教育，是培育价值观的德育课程。它的目标是增强大学生政治认同感，坚定政治立场，树立对中国特色社会主义的信心，坚定共产主义信念，鼓励其向伟大梦想一步步靠近，为最终实现中华民族伟大复兴中国梦而奋斗。高校思政课是当代大学生系统学习马克思主义基本理论知识的最主要渠道，以马克思主义科学理论为主要教学内容，担负理论育人、思想育人、价值育人的使命，提升大学生思想道德素养。它"最终都要落到引导学生树立正确的理想信念、学会正确的思维方法上来"①，即通过教育引导，让大学生树立中国特色社会主义共同理想和共产主义远大理想。可见，制度自信教育目标与高校思政课教学目标非常契合。制度自信教育融入高校思政课教学中可以起到一举两得、事半功倍的效果。

（四）制度自信教育与高校思政课教学在功能上具有耦合性

一方面，制度自信教育为高校思政课政治性及价值引领功能的发挥提供有力支持。高校思政课是意识形态工作的主阵地，主要发挥主流意识形态教育与引领的作用，具有明显的政治性。我国将制度自信教育融入思政课教学中，引导学生深刻认识我国经济社会发展创造"两大奇迹"背后的制度密码，使学生领悟到中国制度的优势，增强对中国现行制度的认同，进一步坚定制度自信，使思政课教学价值引领功能得到更好的体现。此外，我国发挥制度自信教育以点带面的作用，把道路、理论、文化自信更好地融于高校思政课教学中，可进一步发挥高校思政课的政治性，提升学生的政治觉悟。② 另一方面，高校思政课教学为制度自信教育发挥凝心聚力作用提供有效载体。制度自信教育开展涉及教育主体的选择、教育客体实际情况的分析、教育环境的营造等，具有系统性和协调性。它属于意识形态教育范畴，需要政治素养高、立场坚定的高素质教师队伍来实施。高校思政课教学是系统开展大学生思想政治教育的主渠道，思政课教师具有很高的政治素养，可为制度自信教育提供有效载体和便捷通道。由此可看出，两者具有耦合性。这一耦合性保证了两者融合互促效用的发挥，有利

---

① 习近平. 思政课是落实立德树人根本任务的关键课程［M］. 北京：人民出版社，2020：14.
② 罗健，罗恒锋. 制度自信教育贯穿高校思政课教学全过程的三维厘析［J］. 思想政治课研究，2021（06）：108.

于高校思政课开展制度自信教育。

### 三、制度自信教育融入高校思政课教学中的必要性

从更好助推大学生自身成长和巩固社会主义意识形态等层面上看，制度自信教育融入高校思政课中，是非常必要的。

（一）可以使大学生快速深入地理解与接受中国特色社会主义制度

相对于资本主义制度数百年的历史实践，中国社会主义制度建立只有60多年，中国特色社会主义制度的实践历史则更短，只有40多年。从认识规律角度看，每一个人对事物或现象认识需要循序渐进地进行，对中国特色社会主义制度认识也需要经历一个逐步深入的认识过程。[①] 在这一过程中，教育是最好的提高认知效果的手段。一方面，开展合理及时的教育，对大学生加以适当的有效引导、及时纠偏或疏通，可以克服大学生对中国现行制度自发认识的盲目性，便于大学生更好地认识和理解制度。另一方面，每位学生受个人生活经历、思维能力等影响，使他们对新生事物或现象的认知接受有区别，这必须借助外在的教育引导才能让学生更深入理解、认同与接受。因此，我国将制度自信教育融入高校思政课教学中，就是为了利用思想政治教育规律和方法，帮助大学生提高对事物的认知能力，让其更好地理解与接受中国特色社会主义制度。

（二）有助于避免西方国家对大学生的意识形态渗透，回击对中国制度的抹黑

社会主义制度代表人类社会发展的新趋势，而资本主义制度因自身固有的不可克服的矛盾，随着社会发展，会逐步衰落，但不会主动退出舞台，竭力维护自己的地位。作为两种不同性质的制度，社会主义制度与资本主义制度会长期存在，并会有持续激烈的斗争。国际上，以美国为首的

---

① 罗健，罗恒锋.制度自信教育贯穿高校思政课教学全过程的三维厘析［J］.思想政治课研究，2021（06）：109.

西方资本主义国家一直将中国视为资本主义制度的主要威胁国，利用各种手段不停地对中国进行多方面的意识形态渗透，利用其国际话语主导权，以无中生有、故意曲解等方式不断地对中国制度进行恶意抹黑。在国内，由于受国家经济发展转型等因素的影响，我国在利益分配、社会保障等方面不可避免地还存在一些短时间难以克服的问题，这也使各种质疑社会主义制度的声音不断出现。国内国外的这些因素考验并影响人们对中国特色社会主义制度的信心。因此，我国通过入心入脑的制度自信教育，浇花浇根、育人育心，让大学生认识到中国特色社会主义制度本质、优越性和未来发展趋势等，使大学生树立对社会主义制度的信心，自觉抵制西方意识形态渗透，回击西方关于中国制度的不实言论。

### 四、制度自信教育融入高校思政课教学中的价值追寻

制度自信教育融入高校思政课教学中的价值可以从国家意识形态巩固，从大学生本身和高校思政课教学等层面来认知。

（一）巩固马克思主义在高校意识形态领域指导地位的客观需要

中国特色社会主义制度的概念提出、具体内涵、体系构成、运作程序等都是在马克思主义理论指导下确立与逐步完善的，是马克思主义理论与中国制度选择、建设实际相结合的产物。以毛泽东为代表的中国共产党人带领全国人民经过二十八年的奋斗，取得了新民主主义革命的胜利，建立了新中国，并经过社会主义改造，确立了社会主义基本制度。以邓小平、江泽民、胡锦涛为核心的党中央解放思想，审时度势，及时实施和深入推进改革开放战略，在不断探索中确立和发展了中国特色社会主义制度。以习近平同志为核心的党中央将改革与开放战略推向深入，提出了坚持和完善中国特色社会主义制度的要求，不断推进国家治理体系和治理能力现代

化。① 这些都集中反映了党立足中国实际，不断推进制度创新的光辉历程。高校思政课通过融入制度自信教育让大学生清楚地认识到我国在建设、改革发展中取得的一系列成就都是党领导人民以马克思主义为指导，不断探索走自己的道路，建立中国特色社会主义制度的结果。大学生接受了这样的教育引导，有助于坚定制度自信，在面对西方意识形态渗透时，进而能真正筑牢高校意识形态安全保护墙。高校思政课通过融入制度自信教育可以巩固马克思主义在高校意识形态领域的指导地位，进一步坚定和巩固大学生的马克思主义信仰。

（二）汇聚筑梦动力，培养担负实现民族复兴重任的时代新人

大学生是实现民族复兴的主力军，他们能否坚定制度自信直接决定民族的未来发展方向、前途和命运。要使大学生真正担负起民族复兴的重任，我国必须通过制度自信教育提升他们的认知水平和辨别能力、坚定其理想信念、统一其思想。

第一，提升大学生自身认知水平和辨别能力的需要。中国特色社会主义事业的发展不是一帆风顺的。随着社会信息技术的飞速发展和新媒体的不断涌现，大学生信息来源更加多元化，获取的方式更加便捷化，但也使信息来源鱼龙混杂。他们中大多数学生认识水平有限，鉴别能力不够强，容易受外界不良思想的影响，出现价值观偏离。为此，学校应充分发挥制度自信教育的实效性，引导大学生用马克思主义的立场、观点、方法来看待问题，提高大学生自身的认知水平和辨别能力，使其成长为社会主义建设的中坚力量。

第二，培养大学生坚定理想信念的要求。习近平总书记指出："有信念、有梦想、有奋斗、有奉献的人生，才是有意义的人生。"② 在"四有"

---

① 高鑫. 论"八个相统一"对加强中国特色社会主义制度自信教育的适用性 [J]. 学校党建与思想教育，2020（07）：43.
② 习近平. 习近平谈治国理政：第一卷 [M]. 北京：外文出版社，2014：175-176.

人生中,"有信念"被放在第一位。对生在 21 世纪、长在新时代、建功立业于实现第二个百年奋斗目标的征程中的当代大学生来说,他们坚定理想信念尤为重要。大学生如果是精致的利己主义者,则会处处从个人利益出发,无法担负时代大任。当代大学生要有坚定的理想信念、为党为国作贡献的精神,才能真正胜任社会主义建设者和筑梦者的角色。我国开展大学生制度自信教育就是为了引导他们坚定中国特色社会主义制度的理想信念,让未来的社会主义建设者和接班人更加坚定制度自信,以更大热情投入现代化强国的建设中去。我国通过中国特色社会主义的制度自信教育,让大学生明确我国的制度优势,排除不良思潮的影响,进而可以引导他们坚定中国特色社会主义制度的理想信念,对制度更加有自信,进而保证当前我国的建设与发展不偏离方向,不变色。① 因而,我国在思政课教学中融入制度自信教育是必然的。

第三,统一大学生思想,汇聚筑梦动力的要求。实现中华民族伟大复兴中国梦需要一代代人不断努力。从时间节点来看,新时代大学生干事创业的黄金年龄正好与第二个百年奋斗目标实现节点高度重合,他们将是未来中国特色社会主义事业建设的中坚力量,既是逐梦者,又是筑梦者。当前,我国高校的主要使命在于把大学生努力培养成能担当民族复兴大任的社会主义建设者和接班人,成为中国梦追逐者和筑造者。培养出来的大学生如果对我国拥有巨大优越性的制度和治理体系缺乏充分的自信,那么他们则必然难以成长为社会主义的合格建设者和接班人,很难朝着民族复兴的伟大梦想去接续奋斗。我国通过制度自信教育,可以使大学生思想统一到为社会主义事业奋斗的目标上来,汇聚筑造中国梦的强大动力。

(三)推进高校思政课教学改革创新的必然要求

融入制度自信教育是思政课教学的重要内容和改革创新的发展方向。

---

① 彭晓伟. 制度自信教育进课堂应讲清的三个基本问题 [J]. 思想教育研究,2020
(07):90.

制度自信教育为有效开展思政课教学改革创新提供了一个切入点，其融入高校思政课教学中可以增强思政课活力、完善理论体系、拓展教学内容、健全话语体系，助推高校思政课教学守正创新。

第一，有助于增强高校思政课的活力、生命力与亲和力。制度自信教育内容直接源于制度发展的最新成果，主要是新中国成立70多周年来，特别是改革开放40多年来，我国所创造的奇迹。这些内容与现实相结合，制度自信教育时代性强，制度发展最新成果融入思政课中可以增强高校思政课的活力。制度自信教育的实践教学以现实成就或历史遗迹为素材，这些素材都是可触及的，有视觉冲击力。或直接参与制度实践，学生能有切身体会，教师将制度自信教育有效融入高校思政课教学中，可以将思政课讲得有声有色，能引起学生的共鸣，大大增强思政课的生命力。同时，制度自信教育中贯穿了一个个简明易懂、形象鲜明的制度故事，使制度自信教育更加轻松、更易接受。制度自信教育的融入能推动思政课教学与时俱进，紧跟社会发展形势，回应现实，这些又让高校思政课更具有亲和力。①

第二，有助于增强高校思政课的理论彻底性和说服力。"理论上不彻底，就难以服人。"② 马克思主义理论是高校思政课建设的理论支撑和核心内容，贯穿整个思政课教学的全过程，但它不是一成不变的，而是不断丰富和发展的科学理论体系。马克思主义理论与中国具体实践相结合形成了最新理论成果——中国特色社会主义理论。中国特色社会主义制度自信的根基在于中国特色社会主义制度，该制度的创立和完善是"用鲜活丰富的当代中国实践来推动马克思主义发展"③ 的结晶。制度自信教育就是对中国特色社会主义制度这一马克思主义中国化理论成果的介绍，其融入高校思政课教学中可以增强思政课的理论彻底性和说服力。

① 潘学良. 关于"四个自信"教育贯穿高校思想政治理论课教学全过程的思考 [J]. 思想理论教育导刊, 2016 (10)：104-107.

② 习近平. 习近平谈治国理政：第二卷 [M]. 北京：外文出版社, 2017：34.

③ 习近平. 习近平谈治国理政：第三卷 [M]. 北京：外文出版社, 2020：76.

第三，有助于丰富高校思政课教学素材和教学内容。一方面，中国特色社会主义制度的生动实践能为高校思政课提供有益的教学素材。在制度探索的过程中，我国产生了一个个时代性强、教育意义深、能引起共鸣的中国制度故事，将其收集整理并有效融入高校思政课教学中，能丰富思政课教学素材，使教学更加生动有趣，提高大学生对制度自信教育的可接受度。另一方面，中国特色社会主义制度理论能丰富高校思政课的理论教学内容。制度自信的理论基础、依据以及现行制度的形成历程、比较优势、实践成果等内容都可以融入高校思政课教学，进而丰富思政课中有关制度建设、发展与优势的理论教学内容。

第四，有助于健全高校思政课话语体系。中国特色社会主义制度自信是一种基于中国实际的本土化、时代性的理论表达。创新和发展具有中国特色和中国气派的制度自信话语，能够丰富高校思政课的理论话语体系，有助于筑牢高校思政课建设的理论基石。我国用中国的学术话语讲好中国制度故事，展现中国现行制度的独特魅力，可打破西方话语霸权的局面，丰富高校思政课的学术话语体系，增强其学理性。基于新时代特征，我国结合当代大学生认知水平和可接受度，创新制度自信的教学话语表达，丰富高校思政课的教学话语体系，提高高校思政课的教学效果。[1]

(四) 落实高校思政课立德树人根本任务的要求

"思政课是落实立德树人根本任务的关键课程。"[2] 对高校思政课而言，立的是社会主义的德，树的是拥护和建设社会主义的人。拥护和建设社会主义的人体现为尊崇和拥护社会主义制度、有爱国之心、有为国奉献的精神。学校将制度自信教育融入高校思政课教学中，可以从课程、教学方面有效落实立德树人根本任务，培养社会主义建设者、接班人。

---

[1] 刘园园. 中国特色社会主义制度自信融入高校思政课教学的意义、挑战和路径 [J]. 高校马克思主义理论研究, 2021 (01): 109.

[2] 习近平. 思政课是落实立德树人根本任务的关键课程 [J]. 求是, 2020 (17): 4.

第一，有助于培养大学生的宽广视野、宏大格局。一方面，教师在思政课中讲好中国制度故事，彰显中国制度力量，能够引导大学生体悟中国特色社会主义制度的显著优势，引导其高度赞成与支持制度，坚定制度自信，并在实践中自觉尊崇、维护和发展中国特色社会主义制度。另一方面，在思政课教学上展示中国特色社会主义制度的优势，并不是引导学生对世界上其他国家的制度体系全盘否定，而是要引导他们用理性包容的心态去看待他国制度文明，用学习态度参与中外制度文明的交流与互鉴。

第二，有助于培养大学生的坚定立场。从本质上看，中国特色社会主义是一个价值命题。① 坚持和发展中国特色社会主义具有明确的价值取向。在具体的中国特色社会主义制度实践中，我国呈现了西方资本主义国家所不具有的先进性、人民性和公平公正性等。我国将制度自信融入高校思政课教学中，通过对我国现行制度内涵、特征和显著优势的全面介绍，可以使学生明白我国现行制度具有鲜明的社会主义价值取向。中国任何时候绝不搞西方化和资本主义化，要求其时刻做到在大是大非面前头脑清醒、立场坚定。

第三，有助于培养大学生的深厚爱国情怀。新中国成立 70 多年来，我国经济社会发展实现了历史性飞跃这得益于我国建立了中国特色社会主义制度。该制度"不是尽善尽美、成熟定型的"②，它将随着中国特色社会主义事业的推进而不断完善。在高校思政课教学中，教师通过图文并茂、理论与实践教学相结合的形式全面介绍我国取得的巨大成就和社会主义建设历程，能够让大学生明白中国特色社会主义制度建设成就取得的来之不易，想要继续辉煌，必须坚持社会主义道路不动摇。这可进一步激发大学生的爱国心、报国志，激励其发挥聪明才智，全身心投入到中华民族伟大复兴的实践中去。

---

① 肖贵清，周昭成. 中国特色社会主义制度自信的学理分析 [J]. 马克思主义与现实，2013（04）：173.
② 中共中央文献研究室. 十八大以来重要文献选编：上 [M]. 北京：中央文献出版社，2014：75.

第四章

# 制度自信教育融入高校
# 思政课教学中的现实境遇

制度自信教育融入高校思政课教学中是一个目的明确、系统完整的教育过程，包括教学主体、教学客体、教学对象和教学方法等要素。制度自信教育融入高校思政课教学中的前提是透彻分析制度自信内涵。制度自信内涵是什么？制度自信教育融入高校思政课的教学体系是什么样？教学方法实施情况和效果如何？教学主导者教师的态度、素养和能力能否适应教学要求？教学客体大学生学习态度如何？这些都需要深入高校进行大样本调查，获取相关信息。

## 一、实证调查的相关说明

### （一）调查目的

本次实证调查的目的在于全面了解当代大学生制度自信的现状和制度自信教育融入高校思政课中的教学情况等，根据问卷调查数据和访谈的具体情况，全面总结制度自信教育融入高校思政课教学中的现状、存在的问题，深入分析其中的原因，进而提出优化制度自信教育融入高校思政课教学中的具体建议。

### （二）调研对象选取

调研对象主要涉及各级教育主管部门工作人员、高校思政课教师和在校大学生。各级教育主管部门主要采取现场访谈的形式进行。思政课教师主要面向不同办学层次的高校教师，调研主要分为填写调查问卷、与部分思政课教师访谈交流两部分。本次调研对在校大学生也采取填写调查问卷与访谈交流两种形式进行。考虑地域分布、学校办学层次等因素，调查小组选取了山东省济南、青岛、泰安、潍坊和菏泽等地学校作为样本学校，涉及本专科学校。本课题选择了山东大学、山东建筑大学、青岛大学、青岛滨海学院、泰山学院、泰山职业技术学院、潍坊医学院、潍坊科技学院、菏泽学院、菏泽职业学院等 10 所高校为样本学校。这 10 所学校涵盖了本科和专科院校，有综合、理工科、文科等多种类型的高校，具有较强的代表性。

（三）调查问卷设计和访谈提纲拟定

1. 调查问卷的设计

在充分阅读相关文献后，调查小组以"制度自信教育融入高校思政课教学中的现状"为主题，设计调查问卷，调查问卷分为一、二。问卷一主要面向高校思政课教师，共有 32 道题目，主要涉及大学生制度自信现状、制度自信教育在各高校总体的开展情况、制度自信教育融入思政课中的实施情况等内容，涉及教育主体、客体、方法、载体、环境等维度。具体来说，调查问卷一涉及三个部分。第一部分是围绕问卷调查对象的基本情况进行设计，涉及受访思政课教师的年龄、教龄、政治面貌、职称、专业与任教课程等情况，共有 8 个问题，具体为第 1~8 题。第二部分是围绕教师对制度自信的自我认知及其对大学生制度自信现状的评价来设计的，具体为第 9~16 题。第三部分是围绕教师对制度自信教育及其融入高校思政课教学中的现状的评价来设计的，具体为第 17~32 题。依据调查问卷结果，调查小组全面了解高校思政课教师对制度自信教育的态度、制度自信教育开展的实际状况，分析制度自信教育融入思政课中的现状及其存在问题的原因，提出优化教育方案。

问卷二主要面向在校大学生，共有 31 道题目，主要涉及大学生制度自信现状、大学生制度自信教育总体开展情况、制度自信教育融入思政课中的实施情况等内容，涉及教育主体、教育客体、教育方法、教育载体、教育环境等维度。具体来说，调查问卷二涉及三个部分，第一部分是涉及问卷调查对象的基本情况，主要包括性别、政治面貌、年级、专业等情况，累计 4 个问题，具体为第 1~4 题。第二部分是围绕大学生对中国特色社会主义制度了解程度和制度自信的现状评价来设计的，具体为第 5~16 题。第三部分是围绕大学生对制度自信教育及其融入高校思政课教学中的现状来设计的，具体为第 17~31 题。调查问卷设计内容是否全面、合理，很大程度上关乎实证调查的实际效果如何，关乎是否能很好地揭示制度自信教育中存在的问题和具体原因。

2. 访谈提纲的拟定

根据访谈的需要，调查小组拟定了面向思政课教师和大学生的访谈提纲，分别有 8 个题目，这些题目为开放性题目，受访者可以就相关问题畅所欲言。最终，通过与思政课教师、大学生等深入访谈，调查小组进一步掌握制度自信教育融入高校思政课教学中的现状。

（四）问卷调查和访谈的具体步骤

1. 问卷调查的具体步骤

（1）小范围问卷调查

为了避免一次性调查中可能会出现的内容设计不准确和调查流程不合理等问题，在调查小组全面开展实地调查之前，他们先通过小规模预调查的方式对调查问卷内容和调查相关流程等进行检验，及时发现问题，并在此基础上进行进一步的修改和完善，为进行大规模实地调查奠定基础。为此，2022 年 3 月初，调查小组在山东建筑大学进行了一次小范围的问卷调查，分别面向思政课教师和在校大学生发放调查问卷一 10 份和调查问卷二 30 份，40 份问卷全部收回。从问卷调查后反馈的信息来看，他们由于初次设计调查问卷，在内容设计和语言表述等方面发现如下问题。第一，问卷覆盖面不够，一些制度自信教育相关核心问题没有涉及。第二，有些问卷的选项覆盖面不够，使被调查者无法选择。

（2）修正问卷具体内容

针对初次调查所反映出的问题，调查小组进行了仔细推敲，提出修改方案，确保问卷内容准确、语句通顺。问卷主要做了如下修改：第一，进一步优化问卷题目内容，增加一些新内容，删减一些重复问题；第二，对问题选项进一步细化，使问题答案更有针对性，更能准确揭示大学生制度自信教育现状。

（3）正式问卷调查

2022年3月中旬至4月下旬，作者本人是本次调研活动的总负责人，负责调研地点的选取和调研的协调工作，课题负责人在相关高校任职的曾经的学生和正在就读的研究生组成调研小组，共分成5个小组，小组成员3~5人不等，每市两所学校为一组，第一组（山东大学、山东建筑大学）、第二组（青岛大学、青岛滨海学院）、第三组（泰山学院、泰山职业技术学院）、第四组（潍坊医学院、潍坊科技学院）、第五组（菏泽学院、菏泽职业学院），每组面向教师和学生分别发放问卷20份和200份，最终面向高校思政课教师和在校大学生分别发放调查问卷100份和1000份。调查过程中，调查小组只是对调查问卷中一些不易理解的表述进行解释，绝大多数被调查者能根据自己的认知和实际情况填写调查问卷，这在很大程度上保证了调查问卷结果的真实性。

2. 访谈的具体步骤

调查小组围绕制度自信教育融入高校思政课中的现状制定访谈提纲，主要是通过与高校思政课教师、教育主管部门有关工作人员、在校大学生进行深入沟通交流，获取更详细的资料。

（1）小范围试行访谈

为了检验访谈效果和及时发现存在的问题，2022年3月初，调查小组首先抽取了山东建筑大学3名思政课教师和10名在校大学生进行访谈。调查小组通过访谈发现，前期所拟定的部分访谈提纲语义不够明确，内容不够全面。

（2）修改访谈提纲和组织方式

在总结对山东建筑大学访谈中存在的问题的基础上，调查小组对访谈提纲等做了如下修正。第一，修改了部分访谈提纲的文字表述，让所问问题语义清晰、简洁明了；第二，对思政课教师和大学生访谈方式进行进一步优化。

（3）正式访谈

2022 年 3 月中旬至 4 月下旬，调查小组在各学校进行问卷调查的同时，对教师进行了访谈，共访谈教师 76 人。访谈的具体步骤是调查小组先给他们每人一份访谈提纲，让其就访谈提纲的内容思考 10 分钟，然后每位教师就自己了解的情况各抒己见，不同教师间可以互相启发，访谈内容也不仅限于访谈提纲的内容。

调查小组对教育主管部门的访谈，共涉及 20 人。由于教育主管部门领导对辖区或本校思政课一体化比较熟悉，对其存在的问题分析较为透彻，他们提供的信息量较大，为本书的写作提供了不少有益的素材。

调查小组对学生进行访谈，共涉及 120 人。访谈的具体步骤是调查小组先给他们每人一份访谈提纲，让其就访谈提纲的内容思考 10 分钟，然后每位学生就自己了解的情况各抒己见，不同学生间可以互相启发，访谈内容也不仅限于访谈提纲的内容。

3. 整理分析调查问卷和访谈记录

调查小组通过对调查问卷和访谈记录的整理，可以看出绝大多数大学生填写调查问卷认真，访谈内容较深刻，具体情况如下。

（1）样本的基本情况

本次调查面向思政教师共发放调查问卷一 200 份，回收问卷 199 份。在参与问卷解答的受调查者中，女性居多，占受调查者总数的 59.30%，年龄 50 岁以下的受调查者占受调查者总数的 83.92%，中青年教师居多，受调查者学历水平总体较高，其中拥有硕士及以上学位的受调查者占受调查者总数的 92.97%，拥有博士学位的占受调查者总数的 23.12%，教龄在 10 年以上的占受调查者总数的 82.41%，具有高级职称的占受调查者总数的 43.72%，政治面貌是中共党员的占受调查者总数的 84.93%，专业背景为马克思主义理论及其相关背景的占受调查者总数的 62.31%。参加访谈的 76 名教师中，女性占访谈教师总数的 56.57%，受访者年龄 51 岁以下的占访谈教师占总数的 93.42%，中青年教师居多，拥有硕博士学历的教师占比为 89.47%，具有高级职称的教师占比为 46.05%。总体来看，参与问卷调查和接受访谈的教师样本代表性强。

表 4-1 参与问卷调查教师的基本情况

| 基本信息 | | 数量 | 比例（%） | 基本信息 | | 数量 | 比例（%） |
|---|---|---|---|---|---|---|---|
| 性别 | 男 | 81 | 40.70 | 学历 | 专科及以下 | 1 | 0.50 |
| | 女 | 118 | 59.30 | | 本科 | 13 | 6.53 |
| 年龄 | 20~30 岁 | 35 | 17.59 | | 硕士 | 139 | 69.85 |
| | 31~40 岁 | 64 | 32.16 | | 博士 | 46 | 23.12 |
| | 41~50 岁 | 68 | 34.17 | 专业背景 | 马克思主义理论 | 55 | 27.64 |
| | 51 岁以上 | 32 | 16.08 | | 马克思主义理论相关学科 | 69 | 34.67 |
| 职称 | 初级 | 31 | 15.58 | | 其他人文社会科学类 | 46 | 23.12 |
| | 中级 | 81 | 40.70 | | 理工农医类 | 29 | 14.57 |
| | 副高级 | 65 | 32.66 | 主要任教课程 | 道德与法治 | 61 | 30.65 |
| | 正高级 | 22 | 11.06 | | 中国近现代史纲要 | 32 | 16.08 |
| 教龄 | 1~10 年 | 35 | 17.59 | | 马克思主义基本原理 | 35 | 17.59 |
| | 11~20 年 | 66 | 33.17 | | 毛泽东思想与中国特色社会主义理论体系概论 | 39 | 19.60 |
| | 21~30 年 | 81 | 40.70 | | | | |
| | 31 年以上 | 17 | 8.54 | | | | |
| 政治面貌 | 中共党员 | 169 | 84.93 | | 习近平新时代中国特色社会主义思想概论 | 20 | 10.05 |
| | 共青团员 | 2 | 1.00 | | | | |
| | 民主党派 | 8 | 4.02 | | | | |
| | 群众 | 20 | 10.05 | | 形势与政策 | 12 | 6.03 |

表 4-2　接受访谈教师的基本情况

| 基本信息 | | 数量 | 比例（%） | 基本信息 | | 数量 | 比例（%） |
|---|---|---|---|---|---|---|---|
| 性别 | 男 | 33 | 43.43 | 学历 | 专科及以下 | 0 | 0 |
| | 女 | 43 | 56.57 | | 本科 | 8 | 10.53 |
| 年龄 | 20~30 岁 | 25 | 32.90 | | 硕士 | 42 | 55.26 |
| | 31~40 岁 | 28 | 36.84 | | 博士 | 26 | 34.21 |
| | 41~50 岁 | 18 | 23.68 | 职称 | 初级 | 14 | 18.42 |
| | 51 岁以上 | 5 | 6.58 | | 中级 | 27 | 35.53 |
| 政治面貌 | 中共党员 | 70 | 92.11 | | 副高级 | 25 | 32.90 |
| | 共青团员 | 2 | 2.63 | | 正高级 | 10 | 13.15 |
| | 民主党派 | 2 | 2.63 | | | | |
| | 群众 | 2 | 2.63 | | | | |

　　本次调查面向高校大学生共发放调查问卷二 1000 份，回收 988 份。在参与问卷解答的受调查者中，男生和女生分别占受调查者总数的 52.73% 和 47.27%；学生多集中在一、二年级，共占受调查者总数的 82.29%，因为思政课教学基本集中在第一和第二学年中；在专业背景中，文史管法类、理工类、农医类、其他分别占 40.39%、43.62%、9.21%、6.78%；在政治面貌中，是中共党员的占受调查者总数的 9.31%，是共青团员的占受调查者总数的 82.79%，受调查人员的政治面貌构成同我国大学生中的政治面貌构成情况比重相似，能够反映总体的真实情况。参加访谈的 120 名大学生中，男生占总数的 52.50%；政治面貌中，中共党员的占总数的 19.17%，共青团员的占总数的 67.50%；年级分布以大学一、二年级居多，分别占总数的 30.00%、37.50%；所学专业中文史管法类、理工类占比大，分别占总数的 35.00%、51.67%；政治面貌中，以共青团团员为主，占比为 67.50%，总体来看，接受访谈的学生样本分布合理，代表性强。

表4-3　参与问卷调查学生的基本情况

| 基本信息 | | 数量 | 比例（%） | 基本信息 | 数量 | 比例（%） |
|---|---|---|---|---|---|---|
| 性别 | 男 | 521 | 52.73 | 所学专业 | 文史管法类 | 399 | 40.39 |
| | | | | 理工类 | 431 | 43.62 |
| | 女 | 467 | 47.27 | 农医类 | 91 | 9.21 |
| | | | | 其他 | 67 | 6.78 |
| 年级 | 大学一年级 | 412 | 41.70 | 政治面貌 | 中共党员（含预备党员） | 92 | 9.31 |
| | 大学二年级 | 401 | 40.59 | 共青团员 | 818 | 82.79 |
| | 大学三年级 | 104 | 10.53 | 民主党派 | 0 | 0 |
| | 大学四年级及以上 | 71 | 7.18 | 群众 | 78 | 7.90 |

表4-4　接受访谈学生的基本情况

| 基本信息 | | 数量 | 比例（%） | 基本信息 | 数量 | 比例（%） |
|---|---|---|---|---|---|---|
| 性别 | 男 | 63 | 52.50 | 所学专业 | 文史管法类 | 42 | 35.00 |
| | | | | 理工类 | 62 | 51.67 |
| | 女 | 57 | 47.50 | 农医类 | 10 | 8.33 |
| | | | | 其他 | 6 | 5.00 |
| 年级 | 大学一年级 | 36 | 30.00 | 政治面貌 | 中共党员（含预备党员） | 23 | 19.17 |
| | 大学二年级 | 45 | 37.50 | 共青团员 | 81 | 67.50 |
| | 大学三年级 | 24 | 20.00 | 民主党派 | 0 | 0 |
| | 大学四年级及以上 | 15 | 12.50 | 群众 | 16 | 13.33 |

（2）整理分析调查问卷情况

首先，调查小组对调查问卷数量进行统计，调查中，共收回有效问卷1187份，总体回收率为98.92%。其中，教师199份，学生988份。然后，对每一个问题进行数据统计。

本次调查问卷回收率比较高，这表明受访者非常配合本次问卷调查。回收的问卷除 4 份有破损外，其他问卷都完好。从卷面上看，只有少数问卷存在 1~3 题的涂改现象，总体上看，卷面比较整洁。参与调查的小组成员利用周六、周日时间，对自己负责的小组相关调查问卷问题的选项进行逐一统计，统计完成后，又进行了复核，有效地保障了统计数据的准确性。

（3）整理分析访谈记录情况

在访谈中，每个小组成员都对访谈内容认真做了书面记录。为了更全面和更准确地收集和整理访谈内容，参加访谈的 5 个小组每组都配备了录音笔，在征得访谈被访者同意的情况下，对访谈过程进行录音。每个小组都在访谈结束之后，结合访谈录音，立即进行整理。5 个小组对访谈记录进行整合，最终形成了一份关于访谈情况的分析报告。

最后，调查小组对调研结果进行归类、分析，将制度自信教育融入高校思政课中等方面调研发现的问题进行分类总结，整理分析被调研者们关于制度自信教育融入高校思政课中当前取得哪些新进展，面临着哪些亟待解决的问题的具体的意见和建议，为解决制度自信教育融入高校思政课教学中的问题提供重要参考。

## 二、制度自信教育融入高校思政课教学中取得的成就

制度自信教育属于大学生理想信念教育的重要组成部分，目的在于培养大学生的价值观。它融入高校思政课中，可以获得更好的教育效果。近年来，教育行政部门和高校对制度自信教育融入高校思政课中做出了积极探索。

（一）党中央、各级教育行政部门、各高校对高校思政课开展制度自信教育给予重视

2017 年 2 月，中共中央、国务院下文指出，引导师生深刻领会党中央

治国理政新理念新思想新战略，坚定中国特色社会主义道路、理论、制度、文化自信。① 2019 年，学校思政课教师座谈会强调，办中国特色社会主义教育要开好思政课，引导学生增强制度自信。② 各级教育行政部门要积极落实制度自信教育融入思政课中的工作。学校是对大学生进行制度自信教育的重要阵地。多数高校从党委，到学工部、团委，再到各二级学院以及辅导员都有计划、有意识地以党团课或讲座等形式开展了一系列制度自信教育活动。同时，多数高校还在校园宣传标语、文化墙、石刻等中注入制度自信内容，以隐性方式开展制度自信教育活动。从这些可看出，各高校对大学生的制度自信教育较为重视，制度自信教育开展总体上较为正常。

（二）思政课教师对学生进行制度自信教育意识明显增强

在对学生的制度自信教育中，教师具有不可替代的作用。教师制度自信教育意识程度直接反映在对制度自信教育的重视程度上。在调研中，小组成员问及"您认为对大学生进行制度自信教育有必要吗?"与"您平时在思政课教学中融入制度自信内容的情况如何?"两个问题时，前者回答"非常有必要"和"有必要"的占 92.46%，后者回答"经常涉及，并详细阐述"的占 80.40%。可见，绝大多数教师认为，面向大学生开展制度自信教育非常有必要且较注重在思政课中融入制度自信教育。不少思政课教师在课堂中以抗洪救灾、抗击新冠疫情、开展脱贫攻坚战、承办奥运会等为例，向学生展现党的集中统一领导、坚持人民主体地位、全国一盘棋、集中力量办大事等制度优势，让他们深刻认识到了制度具有的具体优势，增加学生的制度自信。

---

① 中共中央 国务院印发《关于加强和改进新形势下高校思想政治工作的意见》［EB/OL］.（2017-02-27）［2023-05-08］. https：//www.gov.cn/zhengce/2017-02/27/content_5182502.htm

② 习近平. 用新时代中国特色社会主义思想铸魂育人 贯彻党的教育方针落实立德树人根本任务［N］. 人民日报，2019-03-19（001）.

（三）高校思政课教材有体现中国特色社会主义制度基本理论及其制度自信的内容

高校思政课各科教材系统介绍了马克思主义理论及其中国化成果，在不同程度上体现了制度理论和制度自信相关内容。毛泽东思想和中国特色社会主义理论体系概论对中国特色社会主义制度的内涵与具体构成有较全面的论述，对制度自信内涵和作用等做了较全面的分析；习近平新时代中国特色社会主义思想概论则对中国特色社会主义制度的具体优势进行了全面分析；中国近现代史纲要对中国社会主义制度的历史选择和中国特色主义制度的历史发展等做了较全面的介绍。马克思主义基本原理对中国特色社会主义制度的理论基础做了详细的阐述。道德与法治从道德修养的角度来要求大学生坚定制度自信。

（四）大学生对中国制度的认知度与关注度逐渐提高

通过调查发现，多数高校较注重对大学生制度自信教育规律的探索，开展了不同程度的制度自信教育，并取得了一定的成效，主要表现在以下几方面。

1. 大学生对中国特色社会主义制度的认知度较高

在调查中，针对"您对中国特色社会主义制度的内涵了解程度如何？"分别有44.33%和46.36%的大学生选择"非常了解"和"了解"。在问及"我国根本政治制度是什么？"时，有96.68%的学生能选出"人民代表大会制度"。针对"您认为我国基本制度包括哪些？"的回答，有89.59%学生勾选了"以公有制为主体，多种所有制经济共同发展的基本经济制度""人民代表大会制度"等5个选项。可以看出，大部分学生对中国特色社会主义制度较为了解，对中国特色社会主义制度"怎么来的""为什么好"、中国的政治运行机制、党政关系、法治德治等基本问题的认知度较高，但仍有部分大学生对现行制度内涵和制度体系范畴认识不清，这反映了当前大学生制度自信教育还存在不足之处，还需要制度自信教育教学在未来继续深化。

2. 大学生对中国特色社会主义制度及其相关信息有较高的关注度

调查中，针对"课下您会关注中国特色社会主义制度的相关信息吗？"问题，分别有39.57%、42.10%的学生选择"密切关注""经常关注"。在问及"课下您会与同学讨论有关中国特色社会主义制度问题吗？"时，分别有35.53%、42.61%的学生选择"经常讨论""讨论较多"。可以看出，大部分学生对我国现行制度及其相关信息的关注度都较高，且还会对我国相关制度进行讨论，但也有部分同学对制度相关内容比较漠视，学习制度自信知识比较被动，大学生制度自信教育需要继续加强。

3. 大学生对中国特色社会主义制度情感认同度较高

大学生对中国特色社会主义制度的认识是逐步深入的，在对其有较高的认知度和关注度后，对该制度的态度如何？通过问卷调查发现，在被问及"您觉得中国特色社会主义制度具有制度优势和治理效能吗？"时，选择"坚定"的学生占94.64%，这说明虽然中国发展还存在如房价高、就业难、社会道德滑坡、环境污染较严重等问题，但制度优势明显，大学生对中国制度有深厚的情感。

4. 大部分大学生能践行中国特色社会主义制度自信

在大学生对当前制度有较高认同度后，他们能否将其转化为行为实践？通过调查问卷发现，在被问及"在日常生活中，您是否能自觉践行制度自信？"时，有93.02%的受访者认为能自觉践行制度自信，能够自觉运用制度进行权益维护、抵制不良思想，遇到制度污蔑、贬低行为时会主动站出来据理力争。可见，多数大学生能自觉践行中国特色社会主义制度自信。

5. 大学生对制度自信教育活动有较高参与度

为全面了解大学生参与制度自信教育程度的情况，调查小组在调查问卷中设计了相关问题。在调查中，针对"您参加了学校开展的有关制度自信教育的大型集体活动吗?"问题,分别有 37.04%、41.70%、16.90%、4.36%的学生选择"经常参加""根据需要参加""很少参加""从不参加"。从以上数据可看出,多数大学生参加学校组织的相关教育实践活动较正常,他们对参与制度自信教育活动有较高的热情,但仍有五分之一同学没有参与,这需要在以后继续加强制度自信教育,提高其参与相关活动的积极性。

### 三、制度自信教育融入高校思政课教学中存在的问题

基于广泛调研发现,部分高校思政课开展的制度自信教育在取得一定成果的同时,也存在一些问题。

(一) 对制度自信缺乏学理性分析

任何一个理论的形成和发展都有它的理论基础、内在规律和形成逻辑等。要想全面掌握一个理论,我们必须对其进行全面的学理分析。对制度自信进行全面的学理分析,深入掌握其理论基础、生成逻辑等,是推动其融入高校思政课教学中的重要前提。

1. 现行思政课教材对制度优势和制度自信理论体系阐释还不够系统全面

在现行高校思政课教材中,其对中国特色社会主义制度的形成过程、生成逻辑和本质内涵等还缺少系统阐释。高校思政课教材对现行制度优势虽有相应的描述,多直接原文引用党的文件,没有很好转化为教材体系,缺乏对其内在结构、逻辑思路和形成过程等方面的全面论述;对制度自信只提及提出时间和内涵等,但对制度自信的形成背景、理论基础、内在逻辑等内容缺乏深入的学理分析。教材对制度优势和制度自信理论体系阐释的不系统性,在很大程度上影响制度自信教育效果。

2. 思政课教师缺少对制度自信理论进行有效的学理分析

部分高校思政课教师没有将实际教学和科学研究紧密联系起来,有自

己既定的学术兴趣和专攻方向，没有密切关注制度自信的研究最新动态。在问及"能不能密切追踪中国特色社会主义制度自信的学术前沿?"时，仅有 58.80% 的人回答"完全能"和"能"。这些严重影响了思政课教师对制度自信的理论基础、内在规律和逻辑进行学理性分析，使其制度自信教育缺少深厚的理论支撑。一方面，这会导致教师在制度自信教学中，通常只是对制度自信相关理论和知识进行浅层介绍，不能深入讲透、讲活其中的道理。另一方面，教师会难以找到制度自信教育融入思政课教学中的融入点，无法做到有效融合，仅在内容上做简单嫁接，使制度自信教学与思政课教学存在"两张皮"现象。制度自信教学失去了思政课教学方法的指导，极大地影响了制度自信教育的效果。

（二）制度自信融入不足，教学内容分散，整体性不强

制度自信教学内容不仅需要提炼，而且还要与思政课教材的编排内容有机融合，在融入中注重整体性。

1. 制度自信最新理论成果未能全面融入高校思政课教学中

人们当前对制度自信理论关注度越来越高，制度自信理论不断得到丰富和发展。这为制度自信融入高校思政课教学中提供了鲜活的理论来源。[①]但是，在思政课实际教学中，制度自信内容还没有全面融入高校思政课教学中。一方面，对制度自信最新理论成果融入高校思政课教学中的具体内容缺少系统梳理和审视。系统梳理制度自信最新理论成果是将其全面融入思政课教学中的重要前提。在回答"您对制度自信最新理论成果融入思政课的具体内容进行过很好梳理吗?"时，思政课教师选择"很好梳理"和"较好梳理"的仅占 32.66%。这导致思政课教师对融入的具体内容、融入的具体路径等问题不够清楚，影响融入效果。另一方面，缺乏面向高校思政课教师的有关制度自信最新理论成果的专项培训。学校虽然针对思政课

---

① 刘园园. 中国特色社会主义制度自信融入高校思政课教学的意义、挑战和路径 [J]. 高校马克思主义理论研究，2021（01）：110.

教师有关课程的培训有不少，但不够系统，特别是针对制度自信培训的内容很少。在问及"是否接受过中国特色社会主义制度自信最新理论成果的系统培训"时，77.39%的教师选择"否"。这在很大程度上影响高校思政课教师对制度自信理论的掌握。

2. 制度自信教学内容分散，整体性不强

在制度自信教育上，高校思政课各门课程教育功能缺乏相互协调和配合，课程间协同性不足。在横向上，以本科思政课协同情况为例，制度自信在毛泽东思想和中国特色社会主义理论体系概论与习近平新时代中国特色社会主义思想概论课中主要涉及制度基本理论和具体优势，在中国近现代史纲要课中主要涉及制度的发展等，这三门课融入较多，而在马克思主义基本原理和道德与法治课中融入较少。各门课程间缺少有效分工和密切合作，协同性有待进一步加强。在纵向上，本科、硕士、博士思政课对制度自信教育内容也缺少一体化设计，整体性有待加强。① 一方面，本、硕、博思政课中制度自信教育内容零散。在问及"大学思政课教材中涉及制度自信教育内容安排如何？"时，有34.17%的教师回答"内容零散，整体性不强"。另一方面，本、硕、博思政课中制度自信教育内容存在重复现象，在内容上没有做到层层递进、螺旋上升。可见，相关制度自信教学内容和教学资源没有得到有效整合。

（三）教学方法使用中协同性不足，教学手段单一

教学方法和教学手段是实现教学目标的最主要方式。教师能否合理使用教学方法和教学手段直接影响教学目标的实现。

1. 教学方法使用中协同性不足

一是理论教学与实践教学协同不足。学校目前偏重理论教学，弱化实践教学倾向较明显。思政课教师多采用传统的理论讲授教学方式，教学往

---

① 刘园园. 中国特色社会主义制度自信融入高校思政课教学的意义、挑战和路径［J］. 高校马克思主义理论研究，2021（01）：111.

往止于书本，只注重讲授教材知识，又因知识本身的抽象，这使多数学生只学到了制度自信一些表面知识，进而不利于学生情感的升华、制度自信的培育。在问及"思政课上进行制度自信教育时，您常采用的教学方法有哪些?"时，教师回答主要使用讲授法的占72.86%。合理的实践教学可以增强学生的感性认识，使他们获得强烈的情感体验，使其更好地实行知行合一。提高大学生的制度自信还需要加强实践教学，高校通过开展制度自信教育的实践教学，能使学生更利于了解当前制度具体运行机制，更好体验现行制度带来的巨大成就，更能感受到现行制度的显著优势，从而更易激发其情感共鸣，进而使学生向制度自信行为转化，达到知行合一。不少教师比较重视实践教学的重要作用，组织实践教学活动的积极性较高，但当前一些高校制度自信教育教学实践环节开展受时间、空间和经费等影响，没有形成常态化，缺乏一套规范标准和详细的计划。在对学生的调查中，针对"您所修的思政课开展相关制度自信教育的课外实践活动吗?"，回答"经常开展""根据需要开展""很少开展""不开展"的比例分别为18.83%、34.41%、38.97%、7.79%。在教师调查中，问及"您所在学校思政课教学中关于制度自信教育的课外实践活动开展如何?"时，回答"几乎没有课外实践活动"占7.53%，回答"有少数课外实践活动，但都形式大于内容"占27.64%。在问及"影响开展制度自信教育实践教学的因素有哪些?"时，选"时间限制""资金短缺""场地限制""安全原因"分别占32.66%、72.86%、50.75%、57.79%。可见，由于外在的客观因素的限制，不少教师难以及时、有效地组织相应的制度自信教育的校外实践活动。据样本调查，大学生每学期参与思政课课程实践多在2次及以下，超过3次的比例低于10%，课程实践教学活动严重不足。

二是教师主导性和学生主体性协同不足。思政课教师目前普遍采用传统的满堂灌的教学方式，重灌输轻互动，教师主导性有余，学生主体性发挥不足。与单纯理论教育不同的是，作为情感教育的制度自信教育，更需要学生从心灵深处去感知、认同制度，进而践行制度，其中学生能否充分发挥其自身的主动性，主动学习与参与，会直接影响教育效果的好坏。可见，从制度认知、情感的形成到实践的付诸实施，都需要充分发挥学生的自主性与自觉性。在当前教学中，多数思政课教师还是多以单向度的知识讲授为主，学生多被动地接受知识输入，缺乏反向度的对知识的主动探究，其自主性得不到充分发挥，这不利于制度自信教育的有效开展。

三是线上教学与线下教学协同不足。目前，制度自信教育主要通过线下的现场教学来展开，但由于受课时、线下教学资源等的限制，线下教学效果还有待提升，因而要注重线上线下教学同时开展。目前，一方面，多数学校有关制度自信教育的线上教学资源开发不够，制度自信教育在网络阵地上扎根不深；另一方面，线上有关制度自信教育的视频资料、网上展馆等没有被充分利用。

2. 教学手段单一

一是传统教学方式仍然存在。部分高校由于思政课教师配备较少和教室资源缺少，仍实行传统的大班制教学方式，课堂人数在100~300人之间，甚至更多。在受访的山东的10所高校中，只有5所高校大体将思政课课堂班额控制在100人以下。教学仍是以课堂教学为主，以教材为中心，思政课教师仍然习惯于按照教材体例进行讲授，进行单纯的理论灌输，师生互动不足。

二是信息技术手段还没得到充分利用。调研中发现，大部分思政课教师虽然在开展制度自信教学时，能运用现代多媒体技术，但是多媒体课件在内容上不够丰富。思政课上图文并茂、有创新性和趣味性的内容较少，使教学内容吸引力不够，不利于学生及时有效学习制度知识。

由于教学方法协同性不足和教学手段单一性的限制，学生难以很好地体认制度优势，形成制度自信。

（四）考核评价方式和内容有待完善

考核评价是对制度自信教育效果的衡量，对制度自信教育具有导向作用。考核评价方式合理与否和评价内容是否全面直接决定着考核评价质量的高低。

1. 考核评价形式和标准单一

第一，考核评价形式单一。当前的高校对学生制度自信学习效果的考查大都采用闭卷笔试的方式进行。这一方式虽然比较实用，能很大程度上考查学生对相关知识的掌握程度，但也存在一些弊端，会有应试教育、知行脱节等问题。第二，考核评价指标单一。考核评价指标是教与学的风向标，特别是对学生学习具有直接的导向作用。同时，考核评价指标合理直接影响评价结果。调研中，在问及"思政课教师通常以什么指标来评价您的制度自信教育学习效果？"时，受访学生选"考试成绩情况"占比达到90.89%。这可看出，多数教师还是采用考试分数的形式进行量化评价，单纯以分数论英雄，而对学生是否真正认同制度、是否真正坚定制度自信则关注不够。制度自信教育，本质上属于情感教育，单纯的考试分数不能很好地衡量学生内心情感的变化，无法评价学生在实践活动中的表现等。单一的评价形式和指标无法形成科学的评价体系，导致考核评价无法很好地衡量学生制度自信效果，也无法对制度自信教育教学的进一步完善提供有效参考。

2. 考核内容不利于制度自信教育效果的提升

现有多数高校制度自信教育考核内容仍以考查制度发展历程、制度体系构成、制度具体优势等中国特色社会主义制度基础理论知识为主，缺乏与实践中的热点、焦点问题相结合，这必然引导学生死记硬背相关基础知识。制度自信教育效果不能单纯以分数来衡量，教育效果主要体现在大学生制度认同感和具体实践行动中，这大大影响了制度自信教育的实际效果。

（五）部分教师对制度自信教育重视度不够，学术素质有限，语言亲和力有待提升

教师作为制度自信教育的主体。其主观能动性的发挥、个人学术素养

和教学能力直接影响制度自信教育效果。

1. 部分教师对制度自信教育缺乏使命感和责任感

部分思政课教师对实施制度自信教育的重要性认识不够，缺乏使命感和责任感，未对制度自信教育开展深入研究，这使他们在教学中对中国特色社会主义制度的科学内涵、本质、逻辑体系、制度选择的必然性以及制度自信的生成机理等内容难以详细阐释，对制度自信教育缺少总体设计和详细规划，教育整体性不够，启发性不强，在教育教学过程中，这使学生的积极性和主动性没有很好地被调动起来，学生难以感受到学习的乐趣。

2. 部分教师学术素养有限

近年来，高校思政课教师队伍增长较快。一方面，不少思政课教师是从校内行政管理岗位转任而来的，有的学校缺少严格的转任考核机制。另一方面，思政课教师队伍学科背景多元化，不少是理工科出身。据调研，样本教师中，专业背景为马克思主义理论及相关专业的占 62.31%，比例偏低。这使部分教师学术素养不高，影响正常教学和研究的开展。

3. 部分教师话语创新不够

以中央领导人讲话、党政文件等形式呈现的有关制度自信的论述是制度自信教学的主要内容，这些论述的优点在于具有权威性，但这些论述是以文件话语来表达的。这些论述要真正进课堂，还需要将文件话语转化为适合学生成长特征和知识水平的教学话语，这样才能便于学生接受，真正实现制度自信入脑、入耳、入心。① 在实际教学中，部分思政课教师没有对文件话语进行有效转化，以至于把讲课变成了宣读文件，难以集中学生的注意力，课堂教学效果无法得到保证。

4. 部分教师语言亲和力不够

部分教师在课堂教学中没有灵活运用教材，没有实现从教材体系向教

---

① 刘园园．中国特色社会主义制度自信融入高校思政课教学的意义、挑战和路径 [J]．高校马克思主义理论研究，2021（01）：112.

学体系的转化，只是按部就班地将教材内容简单灌输到学生头脑中，语言亲和力不够，无法引起学生的学习兴趣，满足其诉求，直接影响学生思政课学习的获得感和幸福感。

（六）部分大学生被动学习还较突出，主动学习动力不足

新时代高校开展大学生制度自信教育，就是要通过系统的教育，让大学生认识到社会主义思想的先进性和制度的显著优势，使他们认同制度，树立制度自信，并在实践中维护好制度权威。大学生作为自我教育的主体，应该在接受制度自信教育中发挥主观能动性，主动去学习制度知识，感知制度优势，不断提升分析和解决问题的能力，把自己锻炼成能担负重任的时代新人。然而，在问卷调查和访谈中，我们发现少数大学生看不透西方民主制度的本质，轻信西方国家所鼓吹的西方民主的优越性，对社会主义制度优势和未来光明前景产生怀疑。少数大学生受西方个人主义价值观的影响，信奉自我实现的利己主义，还有一些学生在我国社会经济发展及社会矛盾转变等问题上出现认识偏差，看不到我国现行制度在促进社会经济发展等方面的积极作用。这些使当前仍有少部分同学对我国社会主义制度缺乏自信，学生被动学习的现象还较突出。

**四、制度自信教育融入高校思政课教学中的影响因素**

上述这些问题需要进一步通过深入高校调研，进行甄别和补充，还需要通过调研资料来分析和归纳上述问题产生的影响因素。

（一）课程目标把握不到位导致教育目标不明确

制度自信教育课程目标是让大学生学习知晓我国各项制度的历史由来、优势所在、实施现状及发展趋势，明白中国特色社会主义制度的选择逻辑，让广大学生从源头上厘清中国特色社会主义制度归因的认知倾向，使大学生从情感上认同制度，最终增强大学生对中国特色社会主义制度的自信。这一课程目标是通过教育实现大学生对制度认知、认同、信念和践

行的有机统一。在问卷调查中，对"您觉得制度自信教育主要是让学生对制度达到哪些要求？"这个问题，96.48%的教师认为，应实现制度认知和认同，仅61.31%教师选择了包括制度信念和践行在内的四项具体培育要求。党的十九届四中全会提出，要"充分认识中国特色社会主义制度的本质特征和优越性，坚定制度自信"。① 这意味着，制度自信教育更需要引导学生掌握我国国家制度的本质特征和显著优势等深层次内容，这样才能实现坚定制度自信的目的，但部分教师过于重视制度知识的传授，缺乏对制度形成的机理、内在本质等进行全面阐释，这不利于学生政治素养的提升。这些问题存在的主要原因在于教师对课程目标中关于制度自信培育的要求认识不到位，没有从"制度认知、认同、信念和践行"四位一体的角度把握制度自信教育课程目标。

（二）对教材中制度自信教学内容整合、资源挖掘不够，影响教育效果

一方面，思政课教材蕴含着中国特色社会主义制度优势等较丰富的制度自信教学内容，但相关内容比较分散，对内容整合不够。在对教师调查中，针对"您认为思政课中进行大学生制度自信教育主要存在哪些问题？"这一问题，27.64%的教师提到，对思政课教材还不够熟悉，有关制度自信内容较零散，对制度自信教育内容整合不够。高校思政课新版教材于2023年开始使用，使用时间不长，一些教师对新教材的内容体系、知识体系、教学重难点等掌握不够深入、全面，难以充分整合制度自信内容。另一方面，挖掘、运用制度自信教育教学资源不足。在调查中了解到，不少教师没有很好重视教材中相关资源在制度自信培育中的作用，对课外制度自信相关知识的拓展较少。例如，教师对时政资源、网络资源的融入性不强，对海外中国特色社会主义制度优势和当代西方资本主义制度缺陷评论等有欠缺，这也影响了制度自信教育的效果。

---

① 本书编写组. 党的十九届四中全会《决定》学习辅导百问［M］. 北京：党建读物出版社，学习出版社，2019：33.

（三）协同育人机制不健全致使教育合力不强

大学生制度自信培育是一项系统的、长期的工程，需要构建协同育人机制，有效调动各方面的积极性，实现思政课和专业课教师协同发力，才能实现既定的目标。在调查中了解到，不少学校制度自信教育单纯依赖思政课教学来实现，在专业课程教学中制度自信融入和渗透不强。在问及"其他课程进行制度自信教育的情况如何？"时，23.08%的受访者回答"较少"或"几乎没有"。一些专业课教师对培育学生制度自信重要性和必要性认识不够，认为这只是思政课教师的任务。一些学校协同育人机制不完善，各门课程各自为阵，没有有效发挥制度自信培育的合力作用。除了在课堂上开展有关制度自信的相关教育之外，校园文化隐性教育助推制度自信教育也很重要。不少学校在校园文化中开展制度自信教育不足，如校园文化石刻、碑刻、雕塑、园林等标识的建设滞后，文化气息不足，未能体现制度自信教育内容；学校未能利用办公楼、教学楼、食堂等液晶大屏幕显示相关标语，宣传中国特色社会主义制度优势等。

（四）教学评价反馈机制不完善造成教育动力不足

教学评价反馈机制是否完善以及在此基础上建立的奖惩机制是否完善会在很大程度上影响制度自信教育是否具体开展。一方面，不少高校制度自信教育效果的评价反馈机制不健全。在问及"您认为思政课中的制度自信教育效果的评价反馈机制健全程度如何？"时，31.16%的教师回答"基本健全""不健全"。可见，当前一些高校对学生制度自信的培育情况缺乏有效的评价反馈机制，这使学生对制度自信教育效果难以全面掌握。另一方面，评价结果没有得到很好利用，没有建立完善的奖惩机制。在建立评价反馈机制的高校中，一些高校对评价结果也没有得到很好利用。在问及"您认为思政课中的制度自信教育的奖惩机制完善程度如何？"时，41.21%的教师回答"不完善"。没有完善的奖惩机制，这使教师开展制度自信教育的动力不足。

第五章

# 制度自信教育融入高校思政课
# 教学中应遵循的原则与导向

制度自信教育融入高校思政课教学中会涉及教学具体目标的确定、主要内容的选择、具体组织的实施、相关保障机制的落实等问题，因而需要明确制度自信教育融入高校思政课教学中应遵循的原则与导向。

## 一、制度自信教育融入高校思政课教学中应遵循的原则

制度自信教育融入高校思政课教学中应在充分掌握制度自信生成规律和大学生思想政治教育一般规律的基础上，明确教学中应遵循的原则。

### （一）以马克思主义为指导

制度自信教育的目的在于培养理想信念坚定的社会主义现代化建设主力军和肩负民族复兴重任的时代新人。这要求制度自信教育要立足马克思主义的立场、原则和要求，制度自信教育内容要体现马克思主义理论及其中国化的最新成果，制度自信教育方式要以马克思主义为指导。我们只有坚持以马克思主义为指导，才不会偏离制度自信教育的方向。

### （二）紧跟社会热点

在制度自信教育融入思政课教学中，思政课教师应注重提升制度自信教育的针对性和实效性，应时刻关注国内外社会热点，以"贴近社会热点"为原则，将社会热点问题作为制度自信教育的生动教材，对此赋予制度层面的解读，在课程教学中及时疏导学生在面对社会现实时存在的思想

困惑，对其价值取向加以正确引领，进而使学生实现制度自信的理性提升。

（三）贴近学生实际

制度自信教育教学内容和方式要从学生的可接受度出发来确定。制度自信教学只有符合学生成长成才的规律，在学生能力和知识可接受范围内，才能引起学生的共鸣，才能激发学生学习的热情、兴趣，提升其教育效果。为此，在思政课中开展制度自信教育时，一方面，教师要结合学生学习和生活的实际，找准学生关注点，把制度自信的相关知识融入与学生日常生活相关的教学素材中，激发学生学习的兴趣。比如，在讲授我国现行分配制度时，教师可以创设某一家庭的收入情境，列出这一家庭收入的具体明细，让学生分析收入中哪些部分分别来自初次分配、再次分配和第三次分配，引发学生对分配制度知识的学习兴趣。另一方面，教师要做到深入浅出，重点突出，启发性强，引导学生深刻掌握我国制度体系的具体构成和显著优势，进而提升学生的制度自信。

（四）做到全覆盖全融入

制度自信教育融入高校思政课教学中要求制度自信教育作为一条主线贯穿所有思政课课程教学的全过程。制度自信是一个长期认知、信念养成的过程，只有了解了现行制度的理论来源、发展历程、具体构成、显著优势、现实价值等，才能从根本上形成对我国现行制度的全方位认知，去真正认同制度，坚定制度自信。它需要对马克思主义基本原理、中国化马克思主义发展、中国近现代历史发展、思想道德养成规律等做全面掌握，为其提供理论支撑。这意味着，单靠某一门思政课的学习是无法全方位掌握上述关于制度的形成、本质等内容的，也不可能通过一两次专题的讲解就能树立制度自信。[①] 制度自信教育应贯穿于习近平新时代中国特色社会主

---

① 严向远. 制度自信融入高校思想政治理论课教学路径研究 [J]. 高教学刊, 2021 (19): 157.

义思想概论等六门高校思政课教学中，并且大学生应经过系统学习，才能使制度自信得以形成。

（五）坚持理论和实践相结合

一方面，学生对中国特色社会主义制度有充分全面深入的了解是产生制度认同的前提。因而，大学生进行系统的制度理论学习是必要的。这要求在制度自信教育中，高校思政课教师要注重制度理论系统讲授，讲清楚中国特色社会主义制度体系的具体构成、具体优势、内在逻辑等。另一方面，思政课教师进行制度自信教育要坚持实践导向，增强大学生制度自信教育的实效性。在具体教学中，思政课教师注重实践教学的开展，引导学生参与体验式教学、社会考察等，并对我国现行制度有真实感知、体验，进而可形成更深刻的认识和感悟，使形成的制度自信更坚定、更稳固。①

（六）实现显性教育与隐性教育双效并举

显性教育是一种注重对教育对象进行知识的系统传授、理论的有效阐释和规范的精准传达的育人过程；隐性教育则是一种充分利用各类有效教育资源，将相关价值观等渗透进教育对象日常学习生活中，在潜移默化中塑造其品格的育人过程。显性教育和隐性教育在教育方式上有差别，但可互为补充、相互融合，最终都能达到为党育人、为国育才的目的，在教育教学中都不可或缺。"我们办中国特色社会主义教育，就是要理直气壮开好思政课"②。在制度自信教育中，学校同样需要注重显性教育与隐性教育并举。一方面，依托课堂教学，实施显性教育，向学生讲授中国特色社会主义制度基本理论、具体优势等，突出制度自信教育价值导向，帮助学生树立制度自信。另一方面，大学生作为有思想、善思考的主体，一味地进行灌输性教育，反而会激起大学生内心的逆反心理，会让其丧失对相关制

---

① 严向远. 制度自信融入高校思想政治理论课教学路径研究 [J]. 高教学刊，2021（19）：156.

② 习近平. 习近平谈治国理政：第三卷 [M]. 北京：外文出版社，2020：329.

度知识学习的积极性和主动性。这需要通过外部环境营造、文化熏陶等方式创设教育情境，充分调动学生的视觉、听觉等感官系统，激起他们接受制度自信教育的积极性，使大学生在日常工作和生活中知晓中国特色社会主义制度建设取得的巨大成就和呈现的显著优势，依此渗透制度自信教育因素，开展隐性教育，让学生不动声色地接受制度自信教育。①

### 二、制度自信教育融入高校思政课教学中应遵循的导向

制度自信教育融入高校思政课教学中的导向为今后制度自信教育教学明确了方向，是开展制度自信教育的风向标。

（一）教学目的的明确性

教学目的是整个教学活动的指南。制度自信教育融入高校思政课教学中要确保教学目的的明确性。这一教学目的就是要使大学生在制度情感方面形成对中国特色社会主义制度的主动了解、自愿接受、自觉传播的意愿，培养大学生理想信念，促进大学生制度自信的养成，最终落实到"行"上，形塑大学生自觉的制度自信行为，使大学生积极推崇制度的执行。具体来说，大学生要积极带头严格执行制度，自觉监督制度的实施，敢于提出制度在实施中存在的问题，为促进制度的完善建言献策，要自觉维护制度的权威，尊重和捍卫制度公正合理合法执行后的结果。制度自信教育的实际成效就是使制度自信入耳入心入脑，做到制度自信教育内化于心、外化于行。因而，在把制度自信教育融入高校思政课教学中，思政课教师要始终紧紧围绕教学目的来开展教学工作。

（二）教学内容的侧重性和整体性

高校思政课总体教学目标是为了实现立德树人的目标，但其中的各门课程在具体教学目标和内容等方面有各自的侧重点和优势。围绕制度自信

---

① 梅景辉，杨芷涵．"四史"教育融入思政课的现实挑战与策略探析［J］．学校党建与思想教育，2023（03）：70.

教育，各门思政课应充分发挥各自的优势和特有功能，如马克思主义基本原理课重视制度内涵、形成机理和价值等历史唯物主义分析，夯实制度自信的思想基础；毛泽东思想和中国特色社会主义理论体系概论、习近平新时代中国特色社会主义思想概论课重视制度实践成效呈现，是讲好制度自信的动力之源；中国近现代史纲要课注重制度发展历程剖析，探索制度自信的历史必然；道德与法治课重视理想信念的养成和制度规范意识的培育，为大学生树立制度自信提供思想引领和行为规范准则。同时，制度自信教育融入高校思政课教学中是一项系统工程，注重各门课程的紧密配合。教师具体可以拟定制度自信教育大纲，对制度自信教育教学内容进行整体性设计，一方面，避免简单重复性现象；另一方面，避免碎片化、教育内容的不完整，最终达到对大学生的知识、能力的系统性培养的目的。

（三）教学方法多元性和实用性

制度自信教育内容需要通过恰当的教学方法转化到实际教学活动中去，教学方法也是实现课程目标的重要手段。一方面，要在继承思政课传统教学方法的基础上，积极使用专题式、案例式、问题链、议题式、互动式、情感教学、现场体验、虚拟仿真实验等新式教学方法，体现教学方法的多元性，不断推进教学方法创新，增强思政课教学的实效性。另一方面，教学方法从根本上是为了传授好教学内容，提升制度自信教学效果，因而教学方法选择要以提升教学效果为导向，注重实用性，注意避免教学形式化、娱乐化等倾向，不能华而不实。

（四）教学进程梯度性

大学生制度自信的形成要经历制度认知、认同，形成信念，最后去践行等过程。制度自信教育应依据自身特性，结合思想政治教育教学规律，按照从感性到理性、从理论到实践的顺序开展思政课教学，注重教学进程的梯度性，循序渐进地开展教学，让学生在轻松的环境中接受制度自信教育。① 具体来说，教师通过对中国特色社会主义制度内涵、形成过程、产生必然性、具体特征等方面的教育提高其制度认知；通过对其具体优势讲解等培养其制度认同；在对其理论渊源、发展趋势的阐释中，培养大学生的制度信念；在与质疑社会主义制度的言论和行为的斗争中，捍卫社会主义制度，用实际行动去践行大学生制度自信。

（五）教学载体协调性

教学载体是实现教学目标的重要手段，具体包括教育教学中所使用的各种物质和非物质手段。思政课教学载体一般包括语言文字、视频、语音、图片、课堂教学、网络媒体、实践活动等载体形式。在将制度自信教育融入思政课教学中，教师要综合运用各种有效载体资源，并实现这些载体的融合共生。例如，在教学中，教师既要充分利用文字表达清晰的优势，又要重视视频、语音等感官冲击的作用，采用线上与线下相结合的教学方式，有效发挥各自的长处，注重课堂教学与实践教学两者的结合与协调。学校只有实现这些教学载体的协调性，才能确保制度自信教育的顺利开展。

（六）教学工作协同性

将制度自信教育融入高校思政课教学中涉及教材编写与选用、师资配备、课程建设、实践基地建设等环节，其中高质量的教材建设是前提，优化师资队伍是根本，加强课程建设是基础，搞好实践基地建设是保障。这些环节相互联系、相互影响，只有各环节做到及时到位、紧密配合，才能产生协同效应。若任何一个方面出现问题或者短板，这都将影响最终的制度自信教育效果。

---

① 罗健，罗恒锋. 制度自信教育贯穿高校思政课教学全过程的三维厘析 [J]. 思想政治课研究，2021（06）：112.

第六章

# 制度自信教育融入高校
# 思政课教学中的实现理路

制度自信教育融入高校思政课教学中最终需要依靠具体路径加以有效落实。基于前期调研存在的问题，我们拟从厘清生成机理、整合教学体系、创新教学方法、提升教学主体素养和调动教学客体能动性等角度，提出制度自信教育融入高校思政课教学中的实现理路。

## 一、厘清制度自信的生成机理是切入点

制度自信不是凭空产生的。它是在多种因素共同作用、多种力量合力下而形成的，其形成遵循着一定的生成机理。要使制度自信教育有效融入高校思政课教学中，我们首先要对制度自信的生成机理进行学理分析，为开展制度自信教育提供理论切入点。恩格斯曾指出，"现代社会主义必获胜利的信心，正是基于这个以或多或少清晰的形象和不可抗拒的必然性印入被剥削的无产者的头脑中的、可以感触到的物质事实"。① 从中可以看出，他认为，树立社会主义信心要经历"可以感触到的物质事实""清晰的形象""不可抗拒的必然性"等环节，这明晰了社会主义自信的生成逻辑，也揭示了社会主义制度自信的生成机理。

---

① 中共中央马克思恩格斯列宁斯大林著作编译局. 马克思恩格斯文集：第九卷［M］.
北京：人民出版社，2009：165.

（一）制度自信萌发于中国特色社会主义制度"可以感触到的物质事实"

唯物史观认为，从事"物质生产和物质交往的人们，在改变自己的这个现实的同时也改变着自己的思维和思维的产物"。① 作为人的思维和意识的产物，制度自信是个体在长期处于某一制度的环境中对该制度的现实反应。思维观念中的制度自信是随着物质现实中制度实践的开展和丰富而形成并逐步深化的。对制度自信的树立，我们如果仅有"关于正义和非正义的观念"② 等价值理念，而没有"可以感触到的物质事实"，则将缺乏第一手感性资料，致使其很难有很强的说服力、感召力。中国特色社会主义制度自建立以来在政治、经济、社会、文化、生态等方面取得丰硕的成绩，即创造了举世瞩目的"两大奇迹"。人民群众把这些"可以感触到的物质事实"看在眼里、记在心里，深深感受社会主义制度的优越性，并在心中形成中国特色社会主义"行"的价值信念，为中国特色社会主义制度自信的萌发奠定有力的感性基础。

（二）制度自信生发于中国特色社会主义制度"清晰的形象"

作为客观社会存在的"可以感触到的物质事实"，从认知深化的角度来看，它还需要一个抽象、深化的过程，即要求超越其经验表层，抵达其本质层面，形成"清晰的形象"，这是更深层次的要求。因而，制度自信生成和发展还需要剥离纷繁杂多的表象，深入制度本质的内核中，提炼系统化的概念体系，勾画出制度"清晰的形象"，才能促进制度自信不断生成和发展。党的十九届四中全会明确勾勒出以党的领导制度为统领，以根本、基本、重要和具体制度等为主要构成的科学有效、系统完备、逻辑严谨的中国特色社会主义制度体系，这为明晰中国特色社会主义制度"清晰

---

① 中共中央马克思恩格斯列宁斯大林著作编译局. 马克思恩格斯文集：第一卷［M］. 北京：人民出版社，2009：525.

② 中共中央马克思恩格斯列宁斯大林著作编译局. 马克思恩格斯文集：第九卷［M］. 北京：人民出版社，2009：165.

的形象"，进而为深化制度自信提供了可靠的依据。①

（三）制度自信形成于中国特色社会主义制度"不可抗拒的必然性"上

坚定的制度自信建立在对制度"不可抗拒的必然性"的确信之上。于中国特色社会主义制度而言，制度的"必然性"体现在其确立的历史的客观必然性与人民群众自觉选择性的统一上。因而，制度"清晰的形象"形成后，还应有一个提升的过程，要对其进行逻辑抽象，明晰其历史、理论、实践逻辑，为坚定制度自信确立了科学的理论根据。它形成于中国具体历史实践中，经历漫长的历史演进，与经济政治社会发展相交融，凝聚深厚的历史文化底蕴。它是在坚持把马克思主义基本原理同中国特色社会主义实践相结合中创立与发展的，是由党领导人民在长期革命、建设、改革的实践探索中产生的。中国特色社会主义制度历史、理论、实践逻辑的有机统一决定了其"不可抗拒的必然性"，进而明晰了坚定制度自信的终极归因。②

上述三个环节揭示了制度自信生成的内在机理，为开展大学生制度自信教育提供了基本遵循，也为制度自信教育融入高校思政课教学提供了切入点。

**二、整合与构建制度自信教学体系是关键**

思政课教师坚持制度自信教育整体性原则，以实现大学生对制度自信感知、体悟为线索整合教学内容，重构制度自信教学体系，实施递进式制度自信教学。这是制度自信教育融入高校思政课教学的关键环节。

---

① 汪旭，郑福雪.制度自信教育融入高校思政课教学的实现理路 [J].黑龙江工业学院学报（综合版），2023（09）：12.

② 李忠军，刘怡彤.制度自信的生成逻辑与宣传教育路径 [J].思想教育研究，2020（04）：45-47.

（一）树立制度自信教育整体观思想

制度自信教育融入思政课教学中需要立足思政课的整体性，坚持系统观念，与各门思政课教学同频共振、共同发力，只有这样，才能做到相互融合、相得益彰。

1. 根据课程的具体教学任务和特点，确定各门课程进行制度自信教育的各自教学侧重点

从理论原理角度，马克思主义基本原理课基于唯物史观的一般规律，从学理上阐述了"两个必然"的著名论断，并进一步向学生论证了中国特色社会主义制度产生的历史必然性，为制度自信教育提供本源层面理论支撑，帮助学生树立对制度自信的理论自觉。从实践角度，毛泽东思想和中国特色社会主义理论体系概论课和习近平新时代中国特色社会主义思想概论课结合当前中国发展实际，向学生讲述中国故事，展示中国成就，总结中国经验，引导学生坚定制度自信。中国近现代史纲要课可以从制度选择的必然性角度进行制度自信教育，结合中国近代以来的屈辱史和抗争史，让学生认识到中国的农民阶级、封建地主阶级、民族资产阶级都没有找到适合中国国情的正确的发展道路，只有中国共产党带领中国人民长期探索、反复比较建立起来的中国特色社会主义制度才是符合中国国情的社会制度，这一制度来之不易，为此我们要维护好其权威，不断推进其完善。从道德修养角度，思想道德与法治课可以把坚定信仰信念信心、培育和践行社会主义核心价值观等有关知识点与制度自信教育紧密结合，增强大学生对共产主义的信仰，增强对中国特色社会主义的信念和实现中华民族伟大复兴的信心，进一步坚定制度自信。形势与政策应注重以时政热点为切入点，通过关注改革开放以来在脱贫攻坚与乡村振兴推行、全过程人民民主推进等方面的成就和经济、政治、民生和生态领域建设还存在的一些问题，引导学生认识到我国制度具有显著优势。完善中国特色社会主义制度任重道远，我们要持久不懈，始终肩负历史使命，坚定信心，开拓创新，

为实现中华民族伟大复兴的中国梦贡献力量。①

2. 注意各门课程内容间的横向协调与各个学段课程内容间的纵向衔接

高校思政课是一个完整的课程体系，各门课程、各个学段之间紧密联系、相互衔接，共同承担立德树人的任务。一方面，注意不同思政课之间的横向融通。教师要注重本科六门课程教学与制度自信教育的统筹对接，不仅要做到应融尽融，还要避免内容重复，确保教学的整体性和有效性。另一方面，做好各个学段课程内容间的纵向贯通。在本科和研究生不同学段，关于制度自信教育教学中体现层次性和上下学段的衔接性，在本科阶段，教师应侧重制度自信基本概念和原理的讲解，让学生对其有全面的认知，而在研究生阶段，教师则应要在本科教学的基础之上，注重对制度自信进行学理剖析，明晰其生成逻辑与本质特征等，增强学生的分析、判断和解决问题的能力。②

（二）优化高校思政课教材体系

思政课教材是实施制度自信教育的最重要载体。通过教材，大学生可以系统了解和掌握制度自信的相关内容。

1. 用好高校思政课统编教材

高校思政课使用的是"马克思主义理论研究和建设工程"统编教材，具有很强的权威性。思政课教材是大学生进行思想政治理论知识学习的最主要参考书，但这并不意味着思政课完全拘泥于教材，不进行拓展延伸。在思政课教学中，教师要通过多种多样、灵活生动的形式用好、用活高校思政课统编教材。

第一，按照制度自信"是什么""从何而来""为何坚持""怎样坚持"的思路，系统梳理教材中的相关知识点，弄清楚制度自信教学内容融

---

① 黎海波，田安雯. 将制度自信教育贯穿高校思政课教学全过程［N］. 中国民族报，2020-09-22（005）.

② 潘学良. 关于"四个自信"教育贯穿高校思想政治理论课教学全过程的思考［J］. 思想理论教育导刊，2016（10）：106-107.

入高校思政课教材中的现状，制定制度自信教育融入高校思政课教学中的教学总纲，明确教学的重点和难点。第二，全面梳理党的十八大以来党中央关于制度自信及制度自信教育的最新相关论述，并将其融入教材的相关章节中去，来进一步完善制度自信教学总纲，确保制度自信教育教学形成一个完整、丰富的教学体系。第三，追踪学术界关于制度自信、制度自信教育及其融入高校思政课教学的最新学术观点，对其进行系统整理并将其有机融入教材中，来进一步优化和完善教材内容。①

2. 编写高校思政课教学辅助教材

统编教材受篇幅限制，很多制度自信内容没有详细介绍，所以可以考虑编写辅助教材，拓展教学内容。

第一，编写案例类教学辅助教材。教学案例源于现实生活和社会实践，是学生"可以感触到的物质事实"②。生动的教学案例可以使枯燥理论更加形象化，在学生心中形成"清晰的形象"，便于学习者更好地理解和掌握，有效激发制度自信的形成。因此，我们要收集与现实密切联系的案例，编写案例类教学辅助教材，确保在制度自信教育中实现"以案说理"。我们可以编写制度科学理论教育、制度历史选择与发展教育、制度实践成效教育、制度目标信念教育等方面的案例，为学生更形象地了解制度、认同制度等提供条件。第二，编写中外制度比较类教学辅助教材。中国特色社会主义制度是党结合中国国情在四十多年改革开放的实践中不断探索而形成的一套制度体系，在制度形成、制度本质、制度特性和制度具体内容等方面表现出了与西方国家制度的不同。为此，我们可以从中外政治、经济、文化、社会和生态制度等五个层面编写中外制度比较类教学辅助教材，全方位对比中西方制度，通过全面对比让学生更好认识中国特色

---

① 刘园园. 中国特色社会主义制度自信融入高校思政课教学的意义、挑战和路径 [J].
高校马克思主义理论研究，2021（01）：112.
② 中共中央马克思恩格斯列宁斯大林著作编译局. 马克思恩格斯文集：第九卷 [M].
北京：人民出版社，2009：165.

社会主义制度,感知当前我国的制度优势,深信中国特色社会主义制度是具有明显制度优势的先进制度。

(三)丰富教学素材,初步感知制度优势

高校思政课坚持"导向为魂、内容为王、创新为要",没有新鲜、准确、丰富的教学素材作为支撑,很难提高制度自信教育的实效。在高校六门思政课教学中,我们要注重收集制度自信教学素材。

1. 利用好正面素材

素材具有形象性、表象化的优势。利用好正面素材可以帮助学生加深对中国制度的认知,便于学生感知制度优势。

一方面,展示辉煌成就,彰显制度优势。中国共产党带领中国人民实现民族独立、国家富强,尤其是改革开放后中国经济快速发展,国家的国际地位和国际影响力显著提升,人民生活水平快速提高。生活在社会主义现代化建设火热实践中的大学生能深切感受到这些成就,进而充分感知中国特色社会主义制度优势。另一方面,以现实重大事件为素材,展现在重大事件处理中体现的制度优势。例如,收集抗击新冠疫情的素材,让学生感知"中国共产党的领导""集中力量办大事"的制度优势;以精准扶贫脱贫为素材,让学生体会到,正是基于我国的"全国一盘棋""以人民为中心"的制度优势,才能确保我国取得脱贫攻坚战的全面胜利,解决了困扰中国多年的难题。点面结合的素材能让大学生有效感知中国特色社会主义制度的优势。

2. 利用好反面素材

反面素材主要是围绕近代中国制度的落后性和西方对我国制度的不良言论的批判来展开的,它可以澄清大学生思想的迷惑,对制度自信教育的作用同样不可忽视。

第一,收集中国近代史上贫穷、落后挨打的相关素材,从中分析制度层面的因素。具体来说,我们可以利用鸦片战争、甲午战争、中法战争等的失败，最终导致割地赔款等素材。这些素材可以引导大学生思考，让学生感知落后挨打的制度层面的原因。

第二，收集西方对中国制度的不良言论，揭露其实质，坚定制度自信。网络上各种信息鱼龙混杂，历史虚无主义现象不时冒头，"中国威胁论""中国崩溃论"成为西方国家攻击中国特色社会主义制度的高频词汇。这些不良言论有意夸大我国社会主义建设过程中存在的一些问题和国家制度有待完善之处，并在重要时间节点进行恶意炒作，妄图丑化和歪曲中国特色社会主义制度，借机宣扬资本主义制度的优越性。在课堂教学中，思政课教师要善于向学生展示反面的案例并进行分析，揭露网络错误思潮和西方不良言论的本质和真相，有效应对学生的思想困惑，排除不良思想影响，引导学生自觉抵制境内外错误信息的影响，坚定制度自信。

（四）丰富实践教学，体悟制度自信

实践出真知，实践锻炼品德，实践锤炼心智。实践是思想转化为素养和行为的有效中介，只有在实践中体验、体悟制度自信，才能实现知、信、行的高度统一。因此，推动制度自信融入高校思政课教学中，需要重视实践教学，通过实践教学给学生更加触动心灵的体验，引发学生情感共鸣，使其真正地将制度自信内化为自身的价值观念和思想品德。实践教学可以从校内校外两方面着手。

1. 开展实地考察

实地考察是直接感受和体验社会主义建设重大成就的一种重要方法。学校组织学生走出校门，到改革开放的前沿阵地、新农村建设示范基地、乡村振兴示范村、革命老区等地方进行实地考察，让学生感知新中国成立以来，中国发生的翻天覆地的巨大变化，体认社会主义制度的优势，进而从内心自发产生制度自信。

2. 深入社会实践

社会实践是体验式教学的重要形式。为了提升制度自信教育效果，学校开展社会实践非常有必要。为此，学校应建立健全制度自信教育的实践性教育机制，切实开展一些与制度自信教育相关的社会实践活动，推动课堂教学与课外教学的对话，使大学生在实践中体验和学习社会主义制度的相关知识。

（五）理论阐释，及时引导，深化制度自信认同

在初步感知和体悟制度自信的基础上，教师对制度自信进行理论阐释，包括中国特色社会主义制度自信的基础、依据和历史进程等。

1. 加强阐释制度自信的基础，提升大学生的制度认知

阐释制度自信的基础即要求学生弄明白中国特色社会主义制度"原"和"源"等，帮助学生建立正确的制度认知。具体来说，教师要阐明中国特色社会主义制度的深刻内涵、体系构成、战略定位等，让学生明确它不是照抄照搬的"模板"制度，也不是修正改良的"翻版"制度，而是具有中国特色的制度①。教师要讲清楚中国特色社会主义制度的建立历程，让其知道，它是全国人民付出巨大代价、通过艰苦奋斗取得的结果，也是历史长期选择的必然结果，最终让学生形成正确的制度认知。思政课教师在教学过程中必须把制度自信的基础理论融进教材、教案和教学中，讲清楚我国制度的真实面目，进而使学生深知我国制度"来之不易"，应倍加珍惜，为增强制度自信奠定基础。

2. 阐释制度自信的依据，为大学生制度自信提供支撑点

明晰制度自信的依据即弄清楚我们为什么可以有制度自信，使学生更加坚定制度自信。我们为何对制度充满自信？答案就是制度具有的优越性对我们具有吸引力和制度自信的说服力。"制度优势是一个国家的最大优势"②，党的十九届四中全会将中国特色社会主义制度优势凝练成党的领

---

① 乌兰，曲展. 制度自信教育融入思想政治理论课教学的三个维度 [N]. 鄂尔多斯日报，2020-04-13（003）.

② 习近平. 坚持和完善中国特色社会主义制度 推进国家治理体系和治理能力现代化 [J]. 求是，2020（01）：1.

导、以人民为中心、坚持全国一盘棋等十三个方面，这些制度优势集中体现了我们党在治党治国治军方面的制度成就。开展制度自信教育要着重讲授这些显著优势的具体体现，以此为基础，让大学生深切感受我国制度体系的独特优势，坚定对制度的信心。思政课教师在教学中必须讲清讲透为何制度自信，深化制度自信的依据。①

3. 明确制度自信的历史进程，使大学生认清制度自信的本质

制度自信是一个不断超越、与时俱进的开放的历史进程。从马克思恩格斯、列宁、中国共产党对社会主义制度的设想、实践和探索中，这些都能够充分体现出马克思主义政党对社会主义制度的高度自信，尤其是我国社会主义制度建立以后，历届党的领导集体都对我国社会主义制度的必然性、合理性和优越性有深刻的把握，对其都充满着高度的自信，从而能够在错综复杂的环境下，始终坚持社会主义基本方向，坚定推进中国特色社会主义制度的丰富和完善。② 大学生通过对制度自信历史进程的掌握，能使自己认清制度自信的本质。思政课教师在教学过程中必须把制度自信历史进程融进教材、教案和教学中，讲清我们的制度自信是历来已久的。③

**三、创新制度自信教学方法和手段是核心**

多样化教学方法和合理有效教学手段的运用是提升制度自信教育融入高校思政课教学质量水平的重要保障。

**（一）创新课堂教学方法**

为了让学生对制度优势和制度自信等基本理论理解清楚、透彻，思政课教师需要利用好课堂教学的主渠道，不断进行教学方法革新，将制度自

---

① 汪旭，郑福雪. 制度自信教育融入高校思政课教学的实现理路［J］. 黑龙江工业学院学报（综合版），2023（09）：14.
② 贾绘泽. 中国特色社会主义制度自信研究［M］，北京：人民出版社，2018：58.
③ 汪旭，郑福雪. 制度自信教育融入高校思政课教学的实现理路［J］. 黑龙江工业学院学报（综合版），2023（09）：14.

信阐释得既易理解又有趣，让课堂教学更精彩、更富吸引力。

1. 开展问题链教学激发学生制度自信学习的兴趣

问题链教学法是教师基于教学大纲和教学目标，充分考虑学生的认知能力和知识储备，挖掘可能产生的难点并设计相应的问题，并将其按照一定逻辑串联成既相对独立、层次分明，又环环相扣、层层深入的问题链的一种教学方法。它以"问题"驱动教学过程，通过不断的探讨和解决问题，激发学生探求知识的兴趣和动力，引导学生深入思考，提升课堂教学的效果。问题链教学可以直面学生困惑、社会热点、生活所需，激发问题意识，整合理论体系，联系实践体系，做到知、情、意、行相统一。① 问题链教学法的核心在于问题的设计，问题的质量决定了教学质量。

第一，教师巧妙设疑。教师采用问题链教学首先要巧妙设计问题，而设计出恰当问题的前提是对教学内容有深刻认识和对学生的学情要充分掌握。因此，思政课教师在授课前既要备教材，又要备学生。在此基础上，教师结合教材，根据教学实际要求设计引发学生情感、认知和价值冲突的层层推进的系列问题，然后围绕授课主题引导学生逐一思考问题，并在学生给出答案的基础上，进行合理引导，达到教学目标。比如，在讲授中国特色社会主义制度的优势时，教师可以开场设置引发学生价值冲突的问题"为什么在新冠疫情暴发中，中国人口多，感染比例小，死亡人口比率最低?"让学生带着问题去明确社会主义中国有完善的疾病疫情防控机制。② 然后，教师进一步设置问题"同一历史时期世界发达国家也有发达医疗设施和完善预防机制，为什么却出现疫情失控的情况?"通过学生的回答明确中国共产党有超强的动员能力，能快速、高效动员人民群众，凝聚起共同抗疫的强大合力。这些层层递进的问题可以引导学生步步深入思考，在

---

① 宋婷. 构建大中小学思政课一体化育人格局 [J]. 思想政治课教学，2020 (05)：5.

② 汪旭，郑福雪. 制度自信教育融入高校思政课教学的实现理路 [J]. 黑龙江工业学院学报（综合版），2023 (09)：14.

对问题成功"解链"中逐步让学生明确"全国一盘棋"的制度优势。

第二，学生探索解答。问题链教学的一个重要特点是要体现学生的主体地位。因而，设计问题要注重与现实紧密相连，一定要体现开放性、灵活性，充分调动学生的思维，发挥他们的实践能动性，鼓励他们从不同视角提出不同答案，使学生发自内心地愿意学习、探索，真正让学生成为课堂的"主人"。比如，在讲授基层群众自治制度时，教师可以设计如下问题："你参与过村（社区）基层治理吗?""群众如何参与基层治理?""当地基层治理状况如何，你认为该如何改善当地的基层治理?"等。教师可以建议学生分成小组去城乡社区调研，最终形成"基层民主治理的调研报告"。通过探索这一问题的答案，学生把教学内容转化为对社会现实问题的有效回应，这培养了学生思考、探索和解决问题的能力，使学生真正做到学以致用，知行合一。

第三，教师引导学生反思，升华问题。问题链教学法不仅要注重问题的解决，还要对问题进行升华，这种升华不仅有理论的升华，还要有情感的升华，紧扣制度自信教育教学的目标，在探索问题答案过程中将制度自信的种子深埋在学生的心中，提升思想境界、坚定理想信念。比如，在讲到制度自信的目标信念教育这部分内容时，最后的问题设计一定要将目标上升到中华民族伟大复兴中国梦层面。

2. 运用议题式教学法强化学生制度自信认知

议题式教学法是一种以问题或议题为中心，强调学生的主体性，引导其主动分析与探寻解决问题的教学方法。这一教学法能够激发学生的兴趣和积极性，提高学生的学习效果和能力。思政课教师在制度自信教育中，运用议题式教学法有助于强化大学生对制度自信认知。教师在运用议题式教学法时开展制度自信教育需要做到以下几点。

第一，注意议题的选择。一方面，教师需要把握好制度自信教育中议题设置的高度和深度，提升大学生对制度自信认知的高度和深度。具体来说，议题设置不是单纯知识的传授，要有价值引领的高度，通过议题探究，引导学生学习和践行社会主义核心价值观，形成积极向上的价值观。议题要能够经得起学生深度思考，在思考中提升分析和解决问题的能力。另一方面，教师要使制度自信教育中设置的议题具有思辨性、时代性，给学生充分的想象空间，来加深他们对制度自信的理解。具体来说，议题设置让学生在价值冲突、观点碰撞的议题中探寻中国特色社会主义制度的巨大力量，感悟制度的独特优势。这也要求议题要拔高思考层次、深入思考和拓宽思路。

第二，注意议题的过渡。一方面，思政课教师在设置制度自信教育相关议题时，要由浅入深、循序渐进。具体来说，教师要根据学生的理论水平、思维方式和实践经验，设置由易到难、由浅入深的议题，驱使学生主动探究，从不同角度探讨制度自信教育的议题，让他们能在层层递进的思考议题中深化对制度自信的领悟与理解。例如，在习近平新时代中国特色社会主义思想概论课"收入分配制度"教学中，教师可以先设计"中国收入分配方式面面观"这一议题，让学生探讨按劳分配与生产要素分配等分配方式各自的优势和适用范围，在此基础上，再设计"从收入分配中品味获得感"这一议题，让学生了解不同国家的收入分配政策和实践，通过分析和比较不同国家的做法，并结合自己的体会，感悟社会主义分配制度的优越性，从而让大学生的制度自信更加成熟和理性。另一方面，思政课教师在议题转换时要巧妙衔接、自然过渡。议题内容要充实，现实意义强，与制度自信教育内容关联性大，并且要具有严密的内在逻辑关系。

3. 运用情境教学法涵育大学生制度自信情感

教育教学是一个情感交流的过程，创设适合的情景，会有效提高教育教学效果。制度自信教育教学课堂可以设置有利于教学的情景，开展教学。制度自信教育的情境设置要求思政课教师基于教学内容，利用多媒体、网络、实物等手段，为学生创设生动形象的制度自信教育教学情境，寓情于景，借景抒情，让学生沉浸式感知、体验、思考、探究中国特色社会主义制度，从而增强对我国制度优势的认知和信心。

在制度自信教育实践中，情境教学法的应用关键在于把握好问题创设。以"中国特色社会主义经济制度"相关知识教学为例，思政课教师可以采用电影片段、VR 虚拟仿真等方式展示经济体制改革过程与成就，将学生带入我国经济制度发展的场景中，增强学生对中国特色社会主义经济制度的理性认同和情感认同。为帮助学生更好理解我国现行经济制度，思政课教师以"疫情之下的市场调节"为主题创设了一系列情境。首先，创设情境一：2020 年新年伊始，疫情突然来袭，口罩、酒精等防疫物资奇缺，普通的医用外科口罩一度卖到 2~3 元一个甚至更贵。针对这一情景，教师可设置"你当时买的口罩多少钱？""为什么口罩等防疫物资价格会上涨？"等问题。经历过疫情的学生对"口罩贵"的问题深有感触，通过这一情境的设置能立刻调动学生探究的兴趣。通过真实经历，学生感悟市场调节的力量，理解市场经济中的供需关系、价格机制以及竞争对资源配置的决定性作用。其次，在明确防疫物资上涨的原因后，创设情境二：由于药店缺货，小张通过微信从个人手里高价购买了一批口罩，到货后发现这些口罩全部都是假货。教师可设置"为什么小张高价还会买到假货？"等问题，学生在此情境中通过探究出现假货的原因，明白单纯依靠市场调节供求存在的缺陷与社会主义市场经济体制的优势。最后，针对口罩等防疫物资的价格过高的情况，党和政府通过鼓励口罩等生产企业加大产能以及优化口罩的销售渠道等，最终使口罩等防疫物资的价格恢复到正常状态。教师可设置"为什么口罩等防疫物资能恢复到正常价格？"等问题，并引导学生探究其中的原因，让学生明白之所以防疫物资会恢复到正常状态，主要是发挥了中国社会主义经济制度中宏观调控的作用，让学生明白我国现行经济制度中宏观调控的优势。通过层层深入的情境探究，学生可以更深入、更全面认识到我国现行经济制度的本质特征和显著优势，有利于其培育制度自信情感，坚定制度自信。

在制度自信教育中利用情境教学法，教师可以把抽象的制度自信知识与现实紧密联系起来，便于学生更深入地理解制度自信内容和更有效地培育制度自信情感。

4. 运用案例教学法增强大学生制度自信践行能力

制度自信教育案例教学法是一种思政课教师通过展示与制度有关的案例并引导大学生对其进行有效分析，注重分析和总结其中规律，引导案例主题升华，最终培育大学生制度自信的教学方法。在制度自信教育教学中，教师运用案例教学法需要做到以下几点。

第一，精心选取适当的案例。高质量的教学案例是实施案例教学的前提保障。制度自信教育选取的案例必须要具有相关性、真实性、吸引性和启发性等特征。相关性是指选择的教学案例要与制度自信教育教学内容密切相关，有效起到帮助学生对制度自信教育相关内容理解的作用。真实性是指教学案例虽然经过一定程度的加工，但要确保案例中的事件和数据资料等必须真实，只有具有真实性，才能有说服力。吸引性是指选取的案例内容新颖，贴近学生生活，对学生有吸引力。案例教学法旨在提升对学生的吸引力，让学生与案例中的人、物、事同频共振，触动他们内心深处的制度自信，进一步增强他们践行制度自信的行动自觉。启发性即选取的案例不仅能让课堂"活"起来，而且更主要在于能启迪大学生智慧，引发他们思考，让他们感知制度优势，最终引导他们树立制度自信。

中国制度的显著优势不仅体现在宏观层面的巨大成就上，还可体现在微观层面上一个个形象鲜活的典型事例中。思政课教师可以多渠道搜集、整理这些案例，并恰当地放置于教学中，精彩讲述中国制度故事，并以此向大学生展示中国制度旺盛的生机活力和显著优势。① 例如，疾驰的红果

---

① 陈杰. 思想政治理论课讲好中国制度故事的有效策略［J］. 哈尔滨学院学报，2021（12）：126.

高铁丈量大国前行的步伐，惊艳世界。载人航天、探月工程、大飞机制造、量子信息、超级计算机、生物医药等一批重大原创科技成果令国人骄傲、世界叹服。这些都可以作为教学中的极有说服力的案例来使用。

第二，做好教学实施的充分准备。一方面，高校思政课教师在开展教学前需要认真研读和全面分析案例，合理预判大学生对案例理解的难点和疑点，做好答疑准备，并进一步引导大学生对案例进行深度分析和延展性思考。另一方面，思政课教师有必要指导学生预习制度自信的相关理论，为案例分析打下一定的理论基础。这些准备工作能有助于提高学生的参与度和互动性，从而有效确保案例教学的效果。

第三，注重案例展示技巧。思政课教师可根据教学需要，采用口头叙述、观看视频、学生表演等多种形式展示典型案例。在案例讲述中，教师要注重语言表达，要通俗易懂，有感染力、吸引力，同时搭配恰到好处的表情还能起到锦上添花的效果；视频讲述时，要注重选取符合案例特点、时代特征和大学生兴趣的视频，长短要适宜。此外，条件允许的情况下，教师可以鼓励学生通过情景剧表演的方式再现英雄人物、重大历史事件、典型案例，将大学生代入其中，在潜移默化中形成强烈的制度自豪感和自信心。

第四，注重案例主题的升华，强调实践。在学生充分的案例讨论和分析后，教师要及时点题，引导他们将理论知识运用于实践当中，让大学生自觉践行制度自信，为建设、捍卫中国特色社会主义制度做出自己的贡献。具体来说，教师向学生进行全方位、立体化展示和介绍，并引导学生认识到，当代中国取得举世瞩目的成就正是中国制度生机和活力的体现。中国制度是凝聚中华儿女、建设现代化强国的重要依托；中国制度是社会主义事业蓬勃发展的重要保障，最终增强大学生制度自信。

5. 注重互动教学法的运用，提高学生课堂参与度

教师通过课堂互动式教学，可以有效调动课堂气氛，激发大学生主观

能动性，引发学生深入思考坚持制度自信的实质。互动教学可以通过课堂讨论、课堂主题演讲和读书报告会等方式展开。

第一，课堂讨论是互动教学中最常用、最便捷的方法。课堂讨论具体要求是在学生已有知识储备的基础上，结合制度自信教育教学目标，设置讨论问题，通过讨论以头脑风暴的形式获取问题的答案，它可以调动学生去思考，加深学生对某个具体问题的认识。例如，在课堂讨论上，教师可以先布置讨论题"谈谈中国近代史上仁人志士为争取民族独立，而探索建立过的各种政治制度模式及其结果"，基于这一讨论题，引导学生去探究近代中国人民为争取民族独立进行抗争与探索的历程。在课堂上，学生分组进行交流讨论，互相启发，从中找到各种制度模式，最终均未取得成功的具体原因。最后，教师对交流内容进行总结并指出，各种政治势力提供的民主制度方案因其阶级局限性和革命的不彻底性，均不能在中国得以实施，在中国实行的社会主义制度，才是中国人民彻底改变自己命运的必然选择。①

第二，课堂主题演讲是课堂互动教学的又一种形式。课堂主题演讲是指学生就某一主题展开演讲。课堂主题演讲能加深学生对具体问题的认识，抒发感情，提升教学效果。例如，教师可以让大学生结合青年在抗击疫情中的责任担当和对抗击疫情中显现出的制度优势，开展以"绽放战疫青春 坚定制度自信"主题演讲，让大学生进一步坚定制度自信。

第三，读书报告会也属于课堂互动教学的一种形式。读书报告会是通过阅读相关书目，汇报感受的形式，来展开互动教学。它是提高学生的文献检索能力、拓宽学生知识面、提升学生逻辑思维和创新能力的重要手段。活动中，学生在教师的带领下，结合制度自信教育内容选择《中国制度面对面》等相关经典书目进行阅读。在教师的指导下，各小组成员分别

① 徐福康．站在学生立场培育制度自信——以"我国基本制度"教学为例 [J]．思想政治课教学，2018（09）：37．

阅读，做好读书笔记，并在小组内部讨论的基础上形成读书报告。各小组还推选代表在班级进行读书汇报活动，分享交流经典阅读内容、感悟与启示。

（二）拓展实践教学方法

实践是思想政治教育的基本途径，也是人的思想品德形成与发展的基础。① 受限于学时安排，大学生在思政课堂中获取知识量也有限，难以充分掌握制度基本理论，获得很好的情感体验，这需要改变大学生学习方法，运用课内外学习相结合的方法。制度自信教育的性质决定了其不仅需要课堂理论教学，还需要实践教学的强化。实践是制度自信教育的重要环节，能对制度自信的相关知识进行延伸和验证，提高大学生学习兴趣，增强其说服力和教育力，使其真实地感受到中国特色社会主义制度的强大优势，引发情感共鸣，从而坚定其自信心。它是提升学生认知、深化学生情感、强化学生认同的最有效途径。实践教学法能使大学生在实践中体验和学习社会主义制度的相关知识。实践教学可以从校内校外两方面着手。

1. 丰富校内实践活动

在校内，通过思政课教师的有效指导，大学生可以有组织、有针对性地开展制度自信教育校内实践活动。

第一，思政课教师拟定相关实践主题，在此基础上举办制度自信的读书交流会、辩论赛、摄影比赛、短视频比赛、演讲比赛等活动，从单向教导到双向交流，有效拓展大学生学习制度知识的渠道，提升制度自信教育的教学效率，增强大学生制度自信。

第二，思政课教师通过组织开展青年论坛，让学生以制度自信为主题，收集与制度相关的资料、汇编资料，提炼与制度相关的内容，形成文稿，参与论坛交流。学生参与其中，有助于提升自己的理论水平，使自己更加深刻地领悟中国特色社会主义制度的巨大优势，坚定不移地走中国

---

① 张耀灿，陈万柏．思想政治教育学原理［M］．北京：高等教育出版社，2001：92.

道路。

第三，思政课教师指导学生组建宣讲团，将中国特色社会主义制度确立以来取得的重大理论创新成果和现实成就等以喜闻乐见的故事、报告会等方式进行宣讲，用精彩的故事征服人，用榜样的力量激励人，用正能量感染人，让广大学生对我国现行制度的优越性更加信服。例如，学校通过成立宣讲团，邀请参与新冠疫情防控的医务人员、社区工作者、党员干部以各种形式讲述亲身经历，从他们讲述疫情防控的经历中，让学生感悟党的统一领导、"全国一盘棋"等制度优势。

2. 开展校外实践活动

中共中央、国务院提出要将思政小课堂和社会大课堂相结合，完善思政课实践教学机制，① 让大学生走向社会，通过实地观察、问卷调查、参与基层治理等多种形式的社会实践活动，加深他们对现有制度的理解，增强他们的政治认同感。

第一，进行红色历史遗迹考察。新民主主义革命和社会主义革命取得的胜利为中国特色社会主义制度的建立奠定了基础，改革开放以来中国发展的不断探索与实践是制度取得历史性成就的直接来源。这一制度的建立和发展会留下清晰的历史印记，具有极强的现场教育意义。高校可围绕"强国复兴"主题，充分利用革命遗址、爱国主义教育基地等当地历史文化和革命文化资源开展现场体验式教学，让学生体验国情社情民情，深刻感受各项建设取得的巨大成就，倍加珍惜今天来之不易的制度成果，学生在亲身感受与实践过程中增强民族自豪感与主人翁意识，将理论由"知信"向"行"转化，进一步提升家国情怀。②

第二，开展社会调研。教师可利用真实可感、生动具体的开放型实践

---

① 中共中央办公厅，国务院办公厅．关于深化新时代学校思想政治理论课改革创新的若干意见 [M]．北京：人民出版社，2019：17.

② 高翠．坚持思政课一体化建设导向 [J]．社会主义论坛，2020（07）：34.

素材，如实地考察改革开放典型区域、脱贫攻坚示范村、经济发展先进村、优秀企业等，让大学生从现实发展的角度感受我国改革开放取得的显著成效，让他们体会国家扶贫政策、基本经济制度等给社会带来的变化，让他们真正了解中国社会主义制度与西方社会制度的区别和社会主义制度的优越性，从而更好地投入我国社会主义现代化建设实践中去。教师课下组织学生开展"家庭生活变迁研究"，通过纵向比较，让他们感知几十年来家庭生活条件的巨大变化，从一个普通老百姓的视角体悟中国道路与中国模式的优势，更加坚定制度自信。高校开展"我与人大代表面对面"访谈的活动，号召学生走访本地人大代表，深入具体的政治生活，了解他们的主要职责，帮助学生深入社会实际生活中去认识人大代表，让大学生与我国政治制度实践"零距离"接触，加深学生对政治制度的理解，使大学生从中获得情感体验，引起情感共鸣，形成制度自信。

第三，参加基层治理实践。一方面，大学生利用寒暑假参与基层治理，鼓励大学生进行政治参与，将增强制度自信与政治参与结合起来，使大学生在实践之中切身体会我国的制度优势。另一方面，组织大学生投身到社会主义现代化建设的具体社会实践中去。例如，积极引导大学生参加"三下乡"社会实践活动，结合其不同的专业特点，有针对性地解决农民实际的生产生活问题，使大学生从内心深处认识到我国制度在国家繁荣富强、人民安居乐业、民族振兴中的重要作用，从而提高他们的制度自信，鼓励大学生积极参加家乡的走访贫困户、支教、敬老等志愿服务，使他们感受党的领导的制度优势，增强其对社会主义制度的真切认同感。

（三）改进教学手段

教学手段是开展教学活动得以落实的直接依据。教学手段的恰当选择是保障制度自信教育效果的重要保障。

1. 广泛利用线上和线下相结合的混合教学模式，优化传统教学手段

传统线下教学方法具有教学方式灵活、课堂易于掌控等特点，便于师

生面对面地进行语言和眼神等交流，便于教师切实感受学生心理变化，更易促成师生情感共鸣等优点，通过"老师讲、学生听"的传统模式，能较系统地向学生灌输系统的制度自信的相关理论知识，但受时间、材料展示等限制，无法向学生提供更生动的课堂，这在很大程度上影响了教学效果。微课和慕课等作为一种新型的教学资源或教学模式，具有时间短、实效性强等特点，可以有效提高思政课教学效果。教师将微课、慕课等新课程形态与课堂教学相融合进行制度自信教育，可极大地延长教学时间，拓展教学空间。需要注意的是，微课、慕课的内容要有吸引力和感染力，要根据课程变化、学生特点、时代发展等因素不断创新，切忌一劳永逸。同时，将知到、学习通等教学软件嵌入混合式教学中，及时发布教学课件、扩展性阅读材料、练习题，组织学生讨论，回答学生提出的问题，这样可以大大提升教学的机动性、互动性、针对性，提升大学生制度自信教育教学效果。

2. 充分利用新媒体技术，推动教学手段的革新

"00后"大学生是移动互联网时代的原住民，以互联网为平台的微信、微博等新媒体与大学生日常学习生活紧密联系。新媒体技术的运用既能使严肃的制度自信教育内容变得生动有趣，也能使制度自信教育随时随地都可开展。它已成为制度自信教育教学中不可或缺的一种教学手段。教师要充分利用新媒体的优势，优化制度自信教育方法，激发大学生学习兴趣，提升教育效果。首先，要重视新媒体应用广泛性的特点，扩大制度自信教育覆盖面。高校应充分利用微信、微博、抖音等新兴社交媒体的广泛性，结合制度自信教育的要求，构建相关的宣传教育平台，为学生提供各类时事政治、理论小文、热点视频等内容，随时随地向学生传播社会主义主流文化和价值观，发挥对大学生进行思想引导、观点传播等作用，潜移默化地进行制度自信教育。同时，高校可以在学生干部中培养一些宣传精英，利用他们在社交媒体中的影响力提高制度自信教育的效果，从而把握信息

化背景下制度自信教育的主动权。其次，充分利用新媒体资源丰富性的特点，增强制度教育的吸引力。新媒体能便捷地提供大量的图片、音频、视频等素材，能够创设一个声像皆有、能动会变、立体直观的教学情境，将学生带入一个沉浸式学习场景中，增强教学的吸引力，调动学生学习的积极性。思政课教师可通过短视频展示、微博话题讨论、微信公众号推文、抖音直播等方式把制度理论知识讲明白、讲生动，增强学生对社会主义制度的认知和尊崇，使他们坚定对社会主义制度的自信。例如，各个高校在每年"全国两会"期间，可制作、转载有关"两会"的短视频发布在微信公众号、微博校官方账号上，以更加新颖、更加受大学生喜爱的方式进行制度自信培育，发挥隐性教育功能。最后，要重视新媒体互动性特点，增强制度自信教育的互动性。具体来说，高校利用新媒体平台开展线上专家讲座、经典阅读、在线辅导等，实现即时性互动交流，这样可以对大学生制度自信教育中有关问题进行答疑解惑，通过新媒体，让学生便捷地参与评论，提高大学生对相关制度问题的关注度，教师可以及时了解学生的思想反馈，能更加及时地深入了解大学生的思想动态和需求。

3. 通过大数据技术推动制度自信教育方法的创新

大数据技术的发展为制度自信教育方法创新带来了新机遇，主要体现在推动制度自信教育认识方法创新方面。

一是大数据技术能帮助了解学生的学习状态，为精准开展制度自信教育提供重要依据。借助大数据技术，线上制度自信教育可以对学生学习痕迹进行全程记载，如可以记载学生观看网络学习平台中有关制度自信视频资料的时间、时长、次数、答题情况等，使之"有据可查"。同时，利用大数据技术，对这些数据进行挖掘、分析，让教育主体更好地掌握学生的兴趣偏好、学习状态、成长情况等，进而促使教育主体对大学生制度自信教育学习情况有更客观全面的理解。二是大数据技术可以拓展制度自信教育信息的广度。基于大数据技术，高校进行词频分析、聚类分析等，能及时发现、收集鲜活的教学资源，为大学生提供许多始料未及的众多教育信息，有效拓宽了制度自信教育信息的广度。三是大数据技术可以实现制度自信教育模式创新。大数据在制度自信教育中的应用，打破教学的时空限制，从"限定时间""必须在场"到"随时随地""云端学习"。大学生可以根据自己的情况自主选择学习时间、学习资源、学习进度，并随时随地和"云"教师、"云"同学进行互动、交流，学习更加自主、自由。

### 四、改进制度自信教学考核方式和内容是导向

教学考核方式和内容的改善对转变制度自信教学考风学风、促进教学改革、改进教学方法、提高教学质量等有十分重要的意义。

（一）探索改进考核方式

教学考核是对制度自信教育效果的检测，也为后期的制度自信效果明确了方向。改进教学考核方式是提升思政课制度自信教育效果的重要措施。

一方面，创新考核方式，综合考核制度自信教育成效。传统的笔试考试着眼于知识点的考核，主要考查学生对理论知识的掌握情况。这一方式过于单一、教条，可能会引导一些学生只为应付考试而"死读书"，偏离制度自信教育的目标。制度自信教育不仅是向学生灌输理论知识，而且更多的是对学生进行价值观教育，引导他们知行合一，发自内心认同中国特色社会主义制度，而单纯的理论考核无法达到这一教育效果。基于此，高校有必要改变单一的考试模式，优化大学生制度自信教育考核形式，使评价的结果更接近学生的真实情况，进而更高效地增强制度自信的培育效果。在实施考核中，高校可考虑采用"理论+实践"的模式，在通过闭卷考试对理论知识进行考查的同时，可适当加入一些分析解决实践问题的题目，如案例分析题、综合探究题等；在过程性评价中重视学生的实践考核，要把学生参与校园活动、社会调查、志愿服务和实习实训中的表现纳

入评价范围中，把握学生在真实场景中表现出的"知、情、意、行"。简言之，理论+实践的考核方式不仅能考查学生掌握知识的情况和理论运用的能力，还能将制度自信的种子播撒进大学生的心灵中，增强学生的政治参与热情和政治认同感。另一方面，高校根据学生不同专业性质，探索采用分类考核方式。例如，艺术类（包括音乐类、舞蹈类、美术类等）大学生可以通过创作与社会主义制度相关的歌曲、舞蹈、绘画的形式进行考核，用专业技能表达对社会主义制度的认同；人文社会科学类学生可开展对某一制度的实地调研并撰写调查报告，深化对制度的理解，培养对制度的情感等。理工农医类学生可开展对我国科技进步、工程建设、"三农"发展、医疗卫生体系建设等方面的调研，深刻把握我国社会主义建设取得的成就，从内心生发对中国特色社会主义社会和社会主义祖国的热爱。考核方式与所学专业相结合，既可发挥学生的特长，也有效地融入了课程思政因素，能有效提高考核效果。当然，这些与专业知识相结合的考核方式不能"生搬硬套""一刀切"，要在实践中不断摸索。

（二）优化考核内容

高校注重考核内容要多元化，要全面化，既注重制度自信相关理论的考核，又要重视制度自信实践层面的考核。

一方面，要注重制度自信基本理论和知识的考核。制度自信基本理论的掌握是形成制度自信的基础。为此，高校要着重考查大学生对中国特色社会主义制度的科学内涵、产生历程、具体构成、具体优势、内在逻辑等内容的掌握。另一方面，高校应注重制度自信在实践行动中的考核，即看在生活和学习中能否真正践行制度自信。教师组织学生参加一些与制度自信有关的实践活动，引导他们在实践中不断思考，强化他们对理论的认知，使他们进一步提升制度自信。同时，高校还需要通过分组评议、同学间互评、学生自评等方式来全面考查大学生践行制度自信的实际情况，为进一步改善大学生制度自信教育方式提供参考。

**五、提升思政课教师自身素质，发挥其主导作用是保障**

高校思政课教师开展制度自信教育，不仅要对大学生进行知识传授，而且还要对其进行价值引领。为胜任好知识传授者与价值引领者的角色，思政课教师要在政治、学术、教学、心理等方面具有过硬的素养，这需要其用政治要强、情怀要深、思维要新、视野要广、自律要严、人格要正①来严格要求自己，提升政治与学术素养、创新教学观念、提升教学技能、养成良好的心理素质等，不断提高制度自信教育课堂教学的学理性、生动性和实效性。

（一）提高政治素养与学术素养

1. 提升政治素养

习近平在 2019 年全国学校思政课教师座谈会上提出对思政课教师的六点要求，其中"政治要强，情怀要深"就是对思政课教师提出的政治素养要求。思政课教师如果缺乏鲜明的政治原则，就有可能偏离思想政治理论教育的正常轨道，容易将学生带入歧途、误人子弟。

第一，思政课教师需要锤炼坚强的政治品质。思政课教师在进行制度自信教育时，能够坚定政治信仰，站稳政治立场。首先，思政课教师要做到对马克思主义真懂、真信。形成的制度自信绝不是一种外在强加的自信，而思政课教师对社会主义制度是发自内心的认同。为此，思政课教师要加强理论学习，充分研读教材，并主动走进波澜壮阔的伟大社会实践中，把马克思主义内化于心、外化于行，真正做到"懂马信马""传马护马"。其次，教师在教学中，应该持坚定的政治立场。教师应深信我国社会主义制度具有显著的优势，在"立德树人"这项重大使命中应保持清醒、坚定，从而在教学中潜移默化地影响学生，使其在制度自信这个问题

---

① 习近平主持召开学校思想政治理论课教师座谈会 [EB/OL]. (2019-03-18) [2023-06-09]. https：// www. gov. cn/xinwen/2019-03/18/content_ 5374831. htm

上，能做到政治立场坚定。最后，教师要始终坚持社会主义方向，只有社会主义的理想信念在思政课教师心中落地生根，才能在学生心中发芽结果。在制度自信教育过程中，教师要将坚持社会主义方向全面扎实地落实到教学的全过程中，并通过学生能听得懂的话语体系表达和传播出去，引导学生增强中国特色社会主义制度自信。

第二，思政课教师要有明辨是非的能力。当前在网络和自媒体上充斥着各种关于中国特色社会主义制度的看法，对这些信息进行有效鉴别，有效引导学生思想认知，这必然要求思政课教师增强明辨是非的能力。一方面，思政课教师不断砥砺自我，保持理论学习的积极状态，提升对热点问题的关注度和分析力、信息的筛选能力、社会思潮的辨别力、社会问题的判断力。另一方面，思政课教师要敏锐地捕捉贴合学生生活的案例，及时融入教学中，纠正大学生对我国制度的一些不当看法，润物无声地对学生进行制度自信教育。只有这样，思政课教师才能抵制不良思想的影响，保持立场坚定，为学生提供积极、正能量的素材，帮助学生提升对中国特色社会主义制度的认同感，形成制度自信。

第三，思政课教师要具有较高的政治水平。思政课教师需要深入学习和理解我国社会主义制度演进的历程、背景及相关会议决议等，掌握制度的精神实质，并在教学中有针对性地讲解，确保能够准确、全面地阐释我国社会主义制度，让学生明白中国特色社会主义制度是什么，怎么来的，有什么优越性。此外，思政课教师还可以结合课程内容和学生实际情况，运用案例分析、情境模拟、社会实践等方法，将中国特色社会主义制度以更加生动、直观的方式呈现给学生，帮助学生更好地理解中国特色社会主义制度，进而让大学生对中国特色社会主义制度坚信不疑，深信不疑。

2. 提升学术素养

高校思政课教师不是简单的理论"传声筒"和"复读机"，而是政治理论的教育者与传播者。他们需要具备扎实的理论素养和较高的学术造诣。否则，他们就讲不明白中国特色社会主义制度的有关理论知识，难以让大学生对目前制度产生信服。特别是，当前高校不少思政课教师并非专业出身，教师自身学术素养不断地修炼和提升尤为重要。[①] 为此，一方面，思政课教师要注重自学，不断研读马克思主义经典著作，把品经典、悟经典当作生活习惯和精神追求，掌握马克思主义的基本原理、基本观点、基本判断和基本提法等，夯实自身的理论知识体系，加强中国制度和制度自信的研究，懂得中国特色社会主义制度的来龙去脉，提高对制度自信问题的理论认识。另一方面，教育行政部门和高校可以通过举办专题研修班、青年教师培训班、骨干研修班、实践研修活动、"周末理论大讲堂"、网上备课会等培训活动，进一步提高思政课教师的理论水平，让教育者先受教育。只有这样，思政课教师才能够在学生面前动之以情，晓之以理，才能让学生信服。

（二）转变与创新教学观念

教学活动是一项创造性活动，需要依据时、势、人的变化而不断调整教学活动，即教学活动要因时而新，因势而变。这对制度自信教育同样适用，需要根据制度自信教育形势的变化而不断创新教学活动。具体来说，高校思政课教师要与时俱进，及时转变教学观念，突破定势思维而不故步自封，不断进行教学改革，不断学习，向书本学，向实践学，还要向学生学。只有这样，教师讲课才能接地气，有底气，才能真正把"制度自信"带进课堂、融入学生的心田中。

（三）提升教学技能

教学活动是一项创造性的活动，且有规律可循。教师掌握良好的教学技能能有效提升教学效果，因而教学工作不仅要求教育者有丰富扎实的理论基础，还要求教育者具备传道、授业、解惑的能力，能高效地传授知

---

① 汪旭，郑福雪．制度自信教育融入高校思政课教学的实现理路［J］．黑龙江工业学院学报（综合版），2023（09）：15.

识，指导大学生树立正确的政治信仰、人生观、价值观。

1. 教师需要具备一定的教学机智

教学机智是教师重要的专业能力之一，主要体现于教师对课堂突发、偶发事件的处理能力，缺乏教学机智的教师很难成为一名真正的好教师。一方面，教育活动是面对人的一项活动，如何引导好学生学习，并激发他们的学习兴趣，需要教师具有一定的教学机智。另一方面，课堂教学是一个动态的过程，教学过程中可能会出现一些难以预料而又必须特殊对待的问题，教师充分发挥教学机智，巧妙地处理课堂事件，完成教学目标。大学生思维活跃，有各种各样的想法不足为奇。教师在进行制度自信教育过程中，要掌握和不断提高教学智慧和教学技巧，在面对课堂突发事件时，根据课堂情况做到瞬间的判断和迅速的决定，并根据当时的特殊情境随机生成课堂，变被动为主动，不仅能推动教学活动的顺利进行，还能对教学起到烘托、补充和增效的作用。

2. 教师要不断提高课堂把控能力和指导学生学习的能力

一方面，教师要不断提高课堂把控能力。教师是课堂教学的组织者。思政课教师只有具有很好的把控能力，课堂教学才能有条不紊地进行，才能实现预定的教学目标。另一方面，教师要进一步提升指导学生学习的能力。思政课教师要了解和掌握学生的知识储备、兴趣爱好、思维习惯等基本情况，引导学生主动去学习和参与社会实践活动，提高教学效果。例如，在讲授"中国的政党制度"的相关知识时，教师要组织学生查阅相关资料，并通过 VR 虚拟仿真（条件允许的话可以访问民主党派人员）呈现各党派在中国共产党领导下参政议政的场景，了解各民主党派是如何履职的，让学生从心底真正认同中国共产党领导的多党合作和政治协商制度，提升学生的制度自信。

3. 教师要有一定的运用现代教学技术的能力

教师利用直观鲜活的案例、新颖活泼的教学形式可以活跃课堂气氛，激发学生的学习兴趣，从而提升制度自信教育的实效性，强化学生对我国国家制度的认同。高校开展生动多样的教学需要教师掌握现代教学技术，主动开发教学资源，为此应加强教师的现代教学技术能力。第一，提升思政课教师新媒体运用能力。教师应充分认识到运用新媒体进行制度自信教育的重要性，积极参加新媒体运营培训，掌握网文写作、推文制作、短视频制作等技能，通过微信公众号、微博、抖音等社交媒体，利用碎片化时间对学生进行制度自信教育，积极掌握新媒体阵地的主导权、话语权。第二，教师要在教学中充分运用现代教育技术。思政课教师要结合自己的教学实际，灵活运用网络语言、图片、视频、表情包、VR 技术等，把严肃的理论知识浅显化、形象化、生动化，调动学生的积极性、主动性，进而有效提升教学效果。第三，学校要加强管理，多组织一些关于教学方法的创新、多媒体运用等方面的讲座和经验交流会，切实帮助教师提升教学技术。

### 4. 教师要注重教学语言创新

教学语言是传播教学内容的主要手段。教师教学语言在很大程度上影响制度自信教育的实际效果。

第一，教学语言要坚持政治性与思想性的统一。思政课教师在思政课中开展制度自信教育是学校开展对学生进行意识形态教育的一种重要形式，这必然要在内容上体现政治性，其教学语言也要体现政治性。国家统编思政课教材在内容上体现党和国家的意志。教材语言也具有政治性，这使教材具有严肃性，对大学生没有吸引力和亲和力，不适合直接用作教学。广大思政课教师在充分吃透教材的基础上，结合学生实际，将教材语言经教师内化转变为学生愿意听、听得懂的教学语言，将教材所包含的思想鲜活地呈现给学生，将教材走向教学。教师对教学语言赋予思想性，确保教学话语的价值指向性和政治导向性，是确保制度自信教育教学内容具有理论深度和说服力的重要保障。也就是说，教师要使制度自信教育真正实现教育的目的，必然要坚持教学语言的政治性与思想性的统一。

第二，教学语言坚持创造性与趣味性相结合。语言是承载制度自信教育的中介或桥梁。传统抽象、刻板、枯燥的思政课教学话语体系缺乏新鲜感、干干巴巴，学生不感兴趣，教学过程成为教师一个人的"独角戏"，只有让教学语言"新"起来、"活"起来，才能架起教师与学生互动的纽带。思政课教师只有坚持教学语言创造性，赋予制度自信教学"旧内容"以新的质料，让教学语言"雅"起来、"活"起来、"动"起来，才能激起学生"重新学习"的兴趣，使学生愿意学习，并内化于心、外化于行。具体来说，教师可以在思政课教学中使用古诗文、典故等，让魅力四射的中华文化精粹"惊艳"思政课；可以收集学生感兴趣的"热搜"，并基于这些"热点"设计教学案例，直面热点、解剖难点，给予思政课堂以"温度"；可以善用、活用趣味性的网络语言来讲抽象的理论，同时使用弹幕、投票等方式让学生充分参与课堂教学，让制度自信教育的课堂"动"起来。①

当然，教师如果单纯追求语言的趣味性、新鲜度而将制度自信教育"娱乐化"，必将失守制度自信教育政治性和思想性的底线，背离思政课"立德树人"的根本任务，这是不可取的。

（四）养成健全的人格和良好的心理素质

思政课是立德树人的课程，注重显性教育与隐性教育相结合。教师是学生的榜样。有人格魅力的教师往往能取得更好的教育效果，会对学生的人格培育起到潜移默化的作用。教师良好的心理素质可以为学生学习提供指导。人格和心理的培养是一个长期的过程，要在自身理论素养足够的基础上，不断参加实践活动，在实践中总结升华，并要求时刻能保持积极乐观的态度，长此以往，健全的人格及强大的心理素质会慢慢形成。

---

① 周洲. 试论新时代高校思想政治理论课教学语言创新［J］. 思想理论教育导刊，2019（11）：102-103.

1. 健全教师人格修养

习近平总书记指出，教师"要成为塑造学生品格、品行、品位的'大先生'"①。思政课教师良好的人格修养能帮助他们在学生中树立威信，最大限度地感染学生、赢得学生。因此，思政课教师要把教书育人和自我修养相结合，健全自身的人格修养，在日常生活中，注重自己的日常言行，处处为学生树立榜样。在教学中，教师要公平公正对待每个学生，尊重学生、关心学生，用正能量激励学生，用自己的一言一行影响学生。教师面对大是大非时要保持政治清醒，面对危险危机时要以身示范，身先士卒，面对歪风邪气时要敢于作斗争。教师教书育人、为人处世、于国于民所持的价值观和呈现的鲜活的人格形象潜移默化地感染着学生，学生会自然地亲近、信赖、尊敬甚至崇拜教师，从"亲其师"到"信其道、学其理"。在"向师性"氛围中，教师以自身的人格魅力进行制度自信教育，学生更容易接受，可以取得事半功倍的效果。

2. 加强教师心理素质

教师坚定制度自信，不仅需要强化理论功底和提升能力素养，还要拥有强大的心理素质。良好的心理素质不仅有助于教师缓解心理压力、提升心理健康水平，从容地应对各种复杂的现实情况和突发事件，还能为学生的心理或现实问题提供建议和指导。一方面，高校重视对思政课教师心理素质的培养。高校要设置心理咨询中心并聘请专家及时疏导教师的压力，组织教师参加歌唱、跳舞、书画等有益于教师身心健康的活动。另一方面，教师需要充分了解和掌握思政课教师职业的实际情况，克服心理障碍，用积极的心态去看待所有的困难，不断提升情绪控制能力、沟通能力、自我认知能力、应对压力的能力、自我调适能力，培养良好的心理素质。

① 习近平首次点评"95后"大学生 [EB/OL]. (2016-12-07) [2017-01-03]. http：//cpc. people. com. cn/n1/2017/0103/c64094-28993285. html

综上可见，高尚的政治与学术素养、良好的专业技能、健全的人格及强大的心理都是高校思政教师必不可少的素质，并且在学习与实践中要不断促使其发展进步。

**六、调动大学生学习的主观能动性，凸显学生的主体地位是基本要求**

著名教育家叶圣陶曾说："教任何功课，最终目的都在于达到不需要教。"① 大学生具有强烈的成长愿望，他们渴望通过自己的实践和思考，探索人生的深度和意义，形成对社会的理解和认知。在大学阶段，学生思想道德修养水平的提升不仅依靠学校、家庭、社会的教育，而且重要的是要学会通过主动学习来促进自身的发展。主动学习与接受教育是内外因关系，内因是主要原因，外因是次要原因，外因最终要通过内因起作用。对制度自信教育来说，学校、家庭和社会多种形式的制度自信教育均为外因，最终落脚到大学生个人的学习主动性上。学生只有足够的学习主动性，才能真正达到教育的效果。因而，教师调动学生学习的主动性和自觉性成为制度自信教育的重要目标之一。

（一）回应现实需求，提高大学生制度自信教育教学的针对性

满足大学生现实需求是大学生学习的内在动力，也是高校教育教学的指南针。大学生进行制度自信教育学习的动力也是在于满足大学生现实需求，即满足大学生内在道德情操提升和外在利益、爱好等方面的需求。一方面，大学生道德情操的提高能增加其对思想政治和制度自信教育的需求。高尚的道德情操能提升个人的民族自豪感和主人翁责任感，激发个体对国家和人民的情感，因而大学生有提升道德情操的需求和动机。另一方面，大学生的接受需求与自己的切身利益、兴趣爱好、心理等有重要关系。高校思政课开展制度自信教育要在整体教育原则基础上，尽量与大学

---

① 叶圣陶. 叶圣陶教育文集 2 ［M］. 北京：人民教育出版社，1994：477.

生学业成绩、毕业、工作等方面的利益直接挂钩，如加大制度自信教育在评优评先、就业等方面的分量，激发大学生的接受需求。基于内外层面的需要，思政课教师优化制度自信教育内容，提高教学的针对性，调动大学生制度自信教育的积极性。

（二）进行有效性引导，增强大学生学习的目的性

思政课教师要充分尊重学生的主体地位，创新教学方法（包括但不限于参与式教学方法、启发式教学方法、体验式教学方法等），为学生营造民主、积极、和谐的学习环境，让学生发自内心地愿意参与学习，化被动为主动，提升制度自信教育的实效性。同时，他们鼓励大学生独立阅读制度自信教育的相关文献，主动分析研究相关的社会现象，自觉走向社会开展社会实践，来提高大学生的自我教育能力，将制度自信内化于心，外化于行，真正做到知与行的统一，内化与外化的统一，最终实现大学生制度自信教育的学习目标。

（三）拓展主动学习的途径，确保大学生主动学习渠道畅通

1. 充分运用网络平台进行自主学习与交流

网络技术飞速发展为制度自信教育的教学方法改革提供了有利条件。高校要适应新形势，充分运用网络平台，拓宽大学生制度自信学习的渠道，调动他们进行制度自信自主学习的积极性和主动性。一是建立与完善制度自信教育网络学习平台。高校可以依托思政课网络教学平台，建立制度自信教育网络学习平台。思政课教师、辅导员等依托此平台，不时地向大学生传送相关制度自信教育素材，提升他们的学习兴趣，吸引他们自主学习。教师对网络上的各种错误言论进行分析，让大学生看清一些错误思潮的本质，提高其鉴别能力，纠正大学生对我国制度的不当认知。二是加强师生在新媒体平台上的互动。与传统媒体相比，网络新媒体在提升人与人之间沟通互动的便捷度上具有显著优势。高校思想政治教育工作者要充分运用微信、微博、抖音等网络新媒体平台与学生互动，在良好互动中对

学生进行制度自信教育，还可以利用大数据分析学生在教学管理系统、图书借阅系统、网页浏览、购物消费等方面的行为，发现学生的不解与困惑，及时准确判断学生的思想动态，并采取针对性措施，引导其辩证、理性地看待网络社会中的各种言论。

2. 通过书籍、广播电视等途径进行学习

一方面，制度自信书籍具有系统性强、理论性强的特征。因此，学生要重视书本，坚持向书本学习。我国要出版图文并茂、可读性强的制度自信教育读本，让学生系统明确中国特色社会主义制度的具体优势，进而坚定制度自信。另一方面，学生要通过广播电视等途径学习。广播电视的传播力强，广播电视开设制度自信教育相关栏目，系统传播制度自信相关知识，大学生借此渠道，进行学习。

3. 引导学生在实践中学习

青年大学生是建设中国特色社会主义的生力军，肩负的使命无比光荣，责任重大而神圣。大学生要担负光荣使命、实现人生价值必须要深入到社会主义现代化建设实践中去。思政课教师要引领大学生认识到中国特色社会主义事业不是夸夸其谈，更不是空中楼阁，而是需要用辛勤的汗水来浇灌。学校要协调各方力量，通过寒暑假"乡村"观察、暑期"三下乡"社会实践、见习实习等广泛生动的社会实践活动，让大学生走出大学校门，走进祖国广阔天地，走到热气腾腾的社会主义现代化建设中去，用脚步丈量祖国大地，用眼睛发现中国精神，用心贴近人民群众，在实践中切实感悟制度的优势，增强主动学习的动力。

（四）引导自评，促进大学生学习践行的自觉自省

学生学习效果如何，不能仅依靠外部评价，还要通过大学生自身的评价，来明确学习效果。自评可以让学生自我反省、自我评价，促进大学生学习践行的自觉自省，可提高制度自信教育教学效果。学生自评是指学生依据一定的标准对自己在理论掌握程度、社会实践、制度自信程度等方面

的情况进行自我评价和反思。学生自评的要点包括能否按时、认真上好思政课；能否掌握中国特色社会主义制度的基础理论；是否对中国特色社会主义制度充满信心；能否坚决抵制危害中国特色社会主义制度的行为。教师引导学生对上述内容进行自评，促进学生自我认识和反思，激发其学习制度理论、参与政治生活的积极性和主动性，最终提高大学生制度自信教育的效果。

大学生制度自信教育融入高校思政课教学中是一项系统工程。高校通过厘清制度自信的生成机理、整合与构建制度自信教学体系、创新制度自信教学方法和手段、改进制度自信教学考核方式和内容、提升思政课教师自身素质、调动大学生学习的主观能动性等路径，实现"六维"并举，使大学生主动学习、乐于接受、自觉传播中国特色社会主义制度，实现制度自信入耳入心入脑，实现制度自信教育内化于心、外化于行，坚定大学生理想信念，使大学生为实现中华民族伟大复兴中国梦而努力。

第七章

# 构建制度自信教育融入高校
# 思政课教学中的保障机制

制度自信教育融入高校思政课教学中的全过程是一个系统的、复杂的工程，需要教育行政部门、学校、社会和家庭等多主体从制度自信教育组织领导、方案设计和实施、资金投入、队伍建设、校内外氛围营造、检查督导等多方面提供有效保障，构建制度自信教育融入高校思政课教学中的保障机制。

## 一、构建组织领导、方案设计和实施的多部门协同联动机制

制度自信教育既要坚持正确的发展方向，又要有效整合各部门资源，协调处理资金、师资、场地等问题，还要监督教育效果。为此，我国需要建立多部门协同联动机制。

### （一）学校党委部门做好制度自信教育总体规划和领导

学校党委是负责意识形态工作的第一责任部门，党委要注重制度自信教育的总体规划和组织领导，对教学实施中存在的问题进行协调，同时，还应注重教学效果的监督工作。为此，在校级层面，学校党委牵头成立"制度自信教育领导小组"，负责人由学校主要党政领导同志担任，领导小组成员由校党委宣传部、校教务处和马克思主义学院等部门领导组成，领导小组常设机构可以放在校党委宣传部，领导小组负责该项工作的整体规划和全面协调，把稳制度自信教育融入高校思政课程中的基本航向。

## （二）高校思政课教学部门要做好教学方案设计

各高校马克思主义学院是大学生制度自信教育的具体组织实施部门。各校马克思主义学院可成立"制度自信教育工作小组"，具体负责此项工作方案的实施，成员主要由高校思政课领域的专家、思政课专任教师、学工人员等组成。工作小组密切关注制度自信理论的最新动态，建立常态化的集体备课制度，按照思政课的课程体系和教材体系对制度自信理论进行梳理和分类，做好制度自信教育融入高校思政课教学方案中的具体设计，进而将制度自信教育的相关内容融入马克思主义基本原理、毛泽东思想和中国特色社会主义理论体系概论、习近平新时代中国特色社会主义思想概论、中国近现代史纲要、道德与法治等课程相应的章、节、目中。在此基础上，工作小组以课程或章节为单元进行分工，组织相关教师，发挥各自特长，写出教学详案，为制度自信教育融入课堂中奠定基础。

## （三）多方主体参与制度自信教学与保障

一方面，学校要确保多方主体参与并将制度自信教育融入思政课的具体教学工作中。具体来说，学校发挥思政课教师和辅导员等各高校制度自信教育主力军的作用，积极做好地方领导干部、学校书记校长、道德英雄模范、教学名师等进校园、进讲堂，依托思政课、形势政策教育、开学第一课、专题党团课、道德讲堂、专家论坛等形式，形成制度自信教育的强大合力，做到理论教学与实践教学并重，切实提高制度自信教育效果。另一方面，群团组织负责制度自信教育中社会实践活动的组织，学校信息中心负责媒介管理及网络技术支持，为制度自信教育教学提供坚实的保障。

学校最终建立党委宣传部门、教务部门、马克思主义学院、思想政治工作者、群团组织、信息中心等多部门协同联动育人机制，为制度自信教育融入高校思政课教学中提供领导机制保障。

## 二、建立制度自信教育资金有效保障机制

制度自信教育融入思政课教学中是一项复杂的、艰巨的系统工程，需

要投入大量的人力、物力，要消耗大量的时间，需要投入充足的经费来保证制度自信教育工作的顺利开展。

（一）确保制度自信教育开展所需基本设施和设备供给的经费支持

基本设施和设备的配备是开展大学生制度自信教育的基本物质保障，是开展大学生制度自信教育必不可少的物质条件。具体来说，学校需要为思想政治教育工作部门、学生心理咨询工作、学生群体活动等提供场所，提供包括专题图书、教学资料、计算机、多媒体设备等基本的教学硬件，开发提供包括课程教学课件、教学网站、信息发布和质量检测平台等教学软件。软硬件的配备都离不开一定经费的支持。学校应根据大学生制度自信教育教学的实际需要情况，提供充足的经费支持，不断改善和优化与教学有关的基本设施和条件。

（二）确保制度自信教育社会实践活动开展的经费支持

提高制度自信教育的效果最为重要的途径是增加实践教学方式。社会实践能促进大学生了解国情、世情，提升他们分析和解决问题的能力，增强他们的社会责任感，这对促进他们对制度来源、制度优势等的理解具有不可替代的作用，可以大大提升制度自信教育效果。开展社会调查、考察红色教育基地、参观博物馆等社会实践活动可能需要支付交通费用、食宿费用以及购买研究资料、器材等所需要的其他费用等，这需要学校和相关部门给予相应的经费支持。为此，学校要严格按照教育部关于思政课专项经费的配套要求，配足配齐相关经费，为制度自信教育的开展提供资金保障。

（三）确保对思政课教师待遇、教学与培训所需经费的支持

大学生制度自信教育的关键在于建设一支精干、高效的思政课教师队伍，为思政课教师提供必要的制度自信培训和研究的专项经费支持则是建设高素质思政课教师队伍的物质保障。为此，高校要设立思政课教师岗位津贴，确保思政课教师待遇不低于专业教师待遇，落实思政课专项经费，

为教师进行课程改革、培训研修、实践锻炼等活动提供经费保障。

### 三、建立高校思政课教师队伍优化机制

高校思政课教师是实施制度自信教育的主力军。他们的政治信仰、专业素质水平直接影响制度自信教育的效果。

（一）增强思政课教师理想信念教育

理想信念是指引一个人不断前行的灯塔。对担负教书育人的教师来说，他们具有崇高理想信念更为重要。习近平总书记提出："正确理想信念是教书育人、播种未来的指路明灯。"① 坚定的理想信念是高校思政课教师开展制度自信教育的思想基础。为此，一是要坚定高校思政课教师的马克思主义信仰。思政课教师要全面学习马克思主义理论，不仅要知道马克思主义是什么，还要理解为什么、怎么样，在理解的基础上做到真正信仰马克思主义，坚定中国特色社会主义的理想信念，真正做到有能力、有底气讲好中国制度自信故事。二是深入开展学术研究，弄清楚中国特色社会主义制度来源、特征、内涵等理论，提高对中国特色社会主义理论融会贯通的能力，增强明辨是非的能力，在思想认识上自觉地同党中央保持高度一致。三是通过实地考察与深入调研，教师可以近距离感受中国特色社会主义建设的伟大成就，深刻体会中国特色社会主义制度的魅力所在。

（二）提升思政课教师理论素养

第一，注重思政课教师自主学习，提升教师的理论水平。马克思强调，"理论只要说服人，就能掌握群众；而理论只要彻底，就能说服人。"② 制度理论要说服大学生，被大学生所掌握，作为制度理论传播者的思政课

① 习近平. 做党和人民满意的好老师——同北京师范大学师生代表座谈时的讲话 [N]. 人民日报，2014-09-10（002）.

② 中共中央马克思恩格斯列宁斯大林著作编译局. 马克思恩格斯选集：第一卷 [M]. 北京：人民出版社，2012：9-10.

教师应具有深厚的理论素养。思政课教师只有不断锤炼中国特色社会主义理论功底，把握当前制度的现状与本质、特征、优势及制度绩效，做到"说得清""问不倒""难不住"，才能有效实现对学生的思想引领和价值塑造。为此，思政课教师必须加强理论学习。一方面，要扎扎实实、原原本本地研读马克思主义经典文献，做到认真读、系统学、深入思、努力悟，做到学思用贯通；另一方面，要不断提升"理论指导实践"的能力，用马克思主义理论分析问题、解决问题，用透彻的理论讲清道理，用真理的力量感染学生。

第二，加大对思政课教师的培训力度。在新时代，知识更新的速度比任何时候都快。制度自信融入思政课教学中需要面向大学生传授马克思主义最新理论成果、党的最新方针政策以及中国特色社会主义建设实践经验等，这要求教师不断更新知识体系，提高教学能力。为此，学校需要采取以下措施：一是组织教师进行以中国特色社会主义制度自信为主题的专题培训，增强教师在教学中的说服力和引领力；二是注重教师实践锻炼，组织教师开展红色研修、社会调查等实践活动，使教师获得课堂教学的鲜活资料；三是鼓励教师参加各类教学比赛，在比赛中锻炼教师队伍，提升教师的教学能力。

（三）健全思政课教师准入和退出机制

思政课既是一门知识性课程，又是一门德育课，担负着立德树人的重要任务，这对思政课教师提出了更高的要求。高校思政课教师不能因为要达到数量的要求，而降低其质量要求。

第一，严把入口关，建立思政课教师录用和选拔机制。为此，学校健全思政课教师准入机制，设置高校思政课教师准入条件，对其准入严格把关，通过公平公正合理的方式按需引进，确保高校思政课教师具有相应素质、坚定的立场、专业对口。第二，健全不合格思政课教师退出机制。为激活思政课教师活力，学校要破除教师终身聘用制，完善不合格思政课教师退出的渠道。学校对政治立场不坚定、师德考核不合格、专业素质不胜任教学、出现重大教学事故的思政课教师坚决给予退出或转岗建议，充分保证各学段思政课教师队伍的质量。①

### 四、建立健全制度自信教育环境优化机制

制度自信教育是一个长期润物细无声的过程，从某种程度上，也是一种隐性教育。因而，校内外制度自信教育氛围的营造也非常重要。

（一）建设良好的校园环境，营造浓厚的校园制度自信教育氛围

校园环境是大学生制度自信教育环境的主要组成部分。它主要包括物质层面、制度层面和文化层面。为此，学校可以从以下三方面着手营造浓厚的制度自信教育氛围。

第一，营造良好的校园物质环境，为进行制度自信教育提供物质依托和基本前提。物质环境也可以叫做有形环境，由所有的有形建筑、设施设备等组成，包括教室、实验室、图书馆等校园建筑，运动场地、健身房、游泳馆等体育设施，礼堂、音乐厅、琴房、画室等艺术设施，宣传栏、电子屏、纪念馆等宣传设施等。学校尽管运用这些有形设施进行制度自信教育没有立竿见影的效果，但对学生长期的浸染与熏陶将实现滴水穿石。名人名言、校训院训、宣传条幅、校园路牌、名人大家雕塑、特色建筑等校园设施形成独特的育人环境，潜移默化感染和教育着学生，这样可以更好地发挥制度自信的政治导向作用，使大学生在一次次的视觉体验中感知中国特色社会主义制度，制度自信的自豪感油然而生。基于此，高校要高度重视校园物质环境建设，在硬件设施设计上要让历史文化和时代特色融为一体，营造积极向上、和谐友好的氛围。例如，学校利用宣传栏宣扬中国特色社会主义制度的优越性，在教室和走廊上张贴社会主义制度标语，在

---

① 郭亚红，张洪霞. 大中小学思政课教师一体化建设路径［J］. 思想政治课教学，2021（02）：85.

图书馆开辟专门的读书角宣传中国特色社会主义制度供大学生进行学习等，在全校形成浓郁的制度自信学习氛围，也为思政课教学营造良好的制度氛围，对大学生形成制度自信产生潜移默化的影响。

第二，营造制度层面的校园环境，助推学生树立制度意识、维护制度权威，培养其管理能力。制度层面校园环境主要是指学校制定的规章制度、政策法规等方面的整体环境，包括校（班）规校（班）纪、奖惩制度、教学管理制度、校内社团章程等形式。这些制度的出台为学校的正常教学和学生顺利开展活动提供有力保障。建立完善、协调的校园规章制度，使学校各个部门管理各环节都有规可循、按章办事，能够帮助大学生从身边感知制度的力量。高校制度作为我国社会主义制度影响下的产物，能使大学生切身体会到制度效能，有利于大学生从实际生活中感知制度权威，便于树立制度意识，更深入地认同我国社会主义制度。同时要注意的是，学校规章制度不能设置过细，管理过严，而要在指明具体方向、划定底线的基础上充分发挥学生的主体作用，给学生充分发挥自主性、创造性留下足够空间。

第三，营造文化层面的校园环境，让大学生在文化浸润中树立制度自信。校园文化是一种隐性教育力量，它无形却强大，无声却清晰，不仅能触动大学生心灵和净化学生思想，而且能激发学生强烈的向心力、凝聚力和集体意识。文化层面校园环境主要体现在校园文化活动上。具体到制度自信教育，校园活动可以鲜活地呈现中国特色社会主义制度的发展历程与成就，渲染制度的科学性和优越性。比如，在每年的抗日战争纪念日，学校举办纪念英烈活动、集体观影活动、图片展览活动、歌咏比赛等，加深大学生对战争历史的了解，让学生不忘那段民族争取独立的艰难历史，让他们感知新中国来之不易，让他们坚定走中国特色社会主义道路的信心。学生可以在国庆假期走进爱国主义教育基地、厂矿企业、学校医院，一起感受祖国翻天覆地的变化，提升大学生对社会主义制度的认同感。学校可以在"12·4国家宪法日",大力弘扬法治精神,宣传依法治国制度优势,可以在改革开放纪念日,宣传对外开放的制度优势,在港澳回归纪念日,宣传"一国两制"政策,让学生体认国家统一制度的优势。

（二）优化社会教育环境,营造良好的制度自信教育社会氛围

社会是最大的教育场所,社会环境的好坏也在很大程度上影响了制度自信教育的效果。社会环境的营造可以从以下四方面着手。

第一,净化校园周边的环境。社会环境的营造首先要从校园周边的环境抓起。学校要依托政府管理净化校园周边环境,对干扰学校教学、影响学生生活的校园周边环境加强监管,对侵害学生身心健康及合法权益的事件要及时严肃处理。学校周边环境的净化不仅能促进学校环境的建设,还能提升教学的说服力。

第二,要为大学生社会实践提供便利。学校要注重加强与红色文化教育基地等联系,为学生提供更多更可靠的制度自信教育社会实践场所,让学生在社会实践中对制度理论知识理解、升华和学习,只有如此,理论学习才能结合实践,学生才能不断进步,促进制度自信的养成。

第三,完善大学生的社会资助机制。大学生在学习生活中会遇到很多自身无法解决的困难,这就要求学校及社会给予支持和帮助,社会资助机制的确立会增加大学生面对困难的决心和勇气,同样也能切实解决一些现实问题,对大学生的发展进步具有理想及现实的双重价值。

第四,注重发挥家教家风育人和家长引导作用。拥有优良的家教家风的家庭必定是和谐友爱的家庭。优良的家教家风有助于从小培养孩子积极向上、乐观活泼的品格,在成长中塑造优良的品格修养,树立远大的理想目标,促使其坚定理想信念。同时,家长的政治素质、道德素养和行为举止是大学生思想行为的示范。家长通过自主学习、主动求知以及自身经历的社会巨大变迁来感知我国制度优势,提升对中国特色社会主义制度的认同度,做好子女心中的榜样和示范,提高大学生制度认同感,使大学生坚

定制度自信。

### 五、建立制度自信教育检查督导机制

教育教学检查督导是提升教育教学质量的重要保障。对制度自信教育来说，建立和完善检查督导机制同样重要。

（一）建立高校制度自信教育的监督体制

高校对制度自信教育进行有效监督是保障大学生制度自信教育顺利开展的重要保障。高校要建立和完善有效的监督体制，精准有效发现制度自信教育工作中的问题与不足，不断改进创新方法策略，来推动教育工作的有效展开。一方面，学校应及时建立制度自信教育教学的监督和评估机制，及时监督和反馈思政课开展制度自信教育的实施情况，发现制度自信教育工作中的不足，并根据实施情况，提出教学调整和完善的建议，确保制度自信教育工作的有序、有效展开。另一方面，完善对校园网络的监管和控制，高校网络信息部门应该成立专门监管小组，筛选以及处理网络中的不良信息，减少网络不良信息对制度自信教育的负面影响。同时，高校应提高大学生的网络媒介素养，培养学生科学、理智的辨析舆论信息的能力，使大学生杜绝不良网络行为，保证大学生制度自信教育效果。

（二）善于运用督导反馈信息，建立激励机制

一方面，运用精神、物质等手段最大限度地激发思政课教师教学的积极性。对在制度自信教育实践中，取得显著教学效果的教师给予提高绩效津贴等物质方面的奖励和给予评优树先等精神方面的奖励，充分调动其教学积极性。另一方面，根据大学生实际情况，对大学生进行分类鼓励，鼓励其朝着正确的方向积极进取。具体来说，教师对优秀学生的激励，从精神奖励上着手，颁发奖杯、奖章或通报表扬，发挥其在制度自信教育中的榜样、示范作用，还可以给予奖金、奖品等物质奖励；对中等学生要注重情感沟通，倾听其反馈，了解其知识盲区和理论困惑等，并有针对性地采

取措施来激发其学习热情；对后进生，要充分用好"谈心谈话"工作法做好教育引导工作，既让其感受到自己的闪光点，又让其看到自己的不足，激发他们学习的勇气和决心。

（三）完善制度自信教育的问责机制

学校党委通过充分调研，出台《制度自信教育工作问责实施办法》等相关文件，对制度自信教育问责的主体、问责的具体程序、问责的具体情形以及承担的相应责任等做出具体规定。作为高校制度自信教育的基层执行机构与人员的各院系党委、基层党组织及思政课教师、辅导员，要明确自己的责任并严格履责，为大学生制度自信教育做好保障。

第八章

# 制度自信教育融入高校
# 思政课课程中的具体教学

制度自信教育融入高校思政课中的教学研究，不仅需要有融入高校思政课教学的总体规划，而且还要有融入高校思政课具体课程的详细且有可操作性的教学建议，只有这样，才能对制度自信教育教学有具体实践指导意义。依据 2020 年中共中央宣传部、教育部《关于印发〈新时代学校思想政治理论课改革创新实施方案〉的通知》规定，高校本科思政课必修课课程体系由思想道德与法治、马克思主义基本原理、中国近现代史纲要、毛泽东思想和中国特色社会主义理论体系概论、习近平新时代中国特色社会主义思想概论和形势与政策等 6 门课程构成。制度自信教育融入高校思政课课程教学中，既要确定好各门课程与制度自信教育各自的结合点，注意根据课程性质和任务明确各自的教学侧重点，又要注重各课程之间协调沟通。以下结合本科思政课 2023 版"马工程"教材，分析制度自信教育具体要点如何融入各门思政课教材中去，以期为实际教学提供参考。

## 一、制度自信教育融入思想道德与法治课教学中

### （一）思想道德与法治课中的制度自信教育取向

思想道德与法治课应注重从道德修养和法律约束的角度，讲清楚树立正确的道德观、法治观是中国特色社会主义制度的本质体现，引导大学生行动自觉，进而坚定其制度自信。在教学过程中，教师要找准学生情感的共鸣点，引导其自主思考，从个人日常学习生活变化中感受国家制度的显

著优势，坚定走社会主义道路的信心，在行为上自觉体现社会主义建设者和接班人、民族复兴担当者的姿态。① 具体来说，思想道德与法治课要把制度自信教育贯穿到理想信念、爱国主义、人生观和价值观等教育中，讲清楚爱党、爱国和爱社会主义的统一性和重要性，为大学生全面了解中国特色社会主义制度注入情感因素，便于他们更好地认同当前的国家制度，坚定制度自信。思想道德与法治课引导大学生对中国特色社会主义法治体系的认知，使大学生注重中国特色法律制度的系统学习，使他们更明确掌握中国特色法律制度的巨大优越性，进一步增强制度自信。

（二）制度自信教育融入思想道德与法治课中的要点

思想道德与法治课教学中主要把制度科学理论教育中"中国特色社会主义法治体系""社会主义制度优势"和制度目标信念教育中"中国特色社会主义信念""中华民族复兴中国梦""共产主义理想"等融入其中。

1. 制度科学理论教育中"中国特色社会主义法治体系"融入"第六章学习法治思想提升法治素养第二节坚持全面依法治国"中

在第六章第二节坚持全面依法治国教学中，教师要让大学生认识到建设中国特色社会主义法治体系的重要意义，了解其主要内容，明确其具体要求，使大学生对如何完善中国特色社会主义法治体系有明确的方向，最终帮助大学生树立对中国特色社会主义法治体系的信心。

2. 制度科学理论教育中"中国特色社会主义法治体系"融入"第六章学习法治思想提升法治素养第三节维护宪法权威"中

宪法是一切国家活动的总指南，是国家政治、经济、社会等方面的基本准则，其中对国家各项制度作出明确规定。大学生没有树立对宪法的自信，就难以有真正的制度自信，依法治国战略也难以得到有效实施。在"基础"课教学中，要做好宪法基本内容的教学，向学生讲清楚《中华人

---

① 王伟. 将制度自信贯穿于思政理论课教学体系始终 [J]. 高教学刊, 2022（25）: 183.

民共和国宪法》（以下简称《宪法》）中国家根本领导制度、根本政治制度、基本政治制度、基本经济制度等基础知识，特别是要让他们理解《宪法》中的一系列制度安排在保证人民有效政治参与、维护社会稳定、坚守独立自主的和平外交方针等方面起到的重要作用，最终引导学生坚定宪法自信。

3. 制度科学理论教育中"社会主义制度优势"融入"第二章追求远大理想坚定崇高信念第二节坚定信仰信念信心、第四章明确价值要求践行价值准则第一节全体人民共同遵守的价值追求、第五章遵守道德规范锤炼道德品格第一节社会主义道德的核心与原则"中

坚持共同的理想信念、价值理念、道德观念是中国特色社会主义制度的优势之一。理想信念优势可以融入第二章第二节坚定信仰信念信心中，明确大学生要信仰马克思主义，使大学生树立中国特色社会主义共同理想，胸怀共产主义远大理想，时刻做到理想信念坚定。价值理念可以融入第四章第一节全体人民共同遵守的价值追求中，使大学生深刻理解社会主义核心价值观的具体内涵，明确要遵守和践行社会主义核心价值观。道德观念可以融入第五章第一节社会主义道德的核心与原则中，使大学生明确社会主义道德观念，坚持为人民服务和集体主义。

4. 制度目标信念教育中"中国特色社会主义信念"融入"第二章追求远大理想坚定崇高信念第二节坚定信仰信念信心和第三章继承优良传统弘扬中国精神"中

第二章第二节坚定信仰信念信心第二部分"增强对中国特色社会主义的信念"提出，树立科学的中国特色社会主义共同理想信念，确立马克思主义的科学信仰等内容，这为制度自信目标信念教育融入高校思政课教学中的内容提供了结合点。在思想道德与法治课开展理想信念教育中，教师要引导学生主动将全面建成小康社会、建成社会主义现代化强国、中国梦等与大学生个人理想结合起来，增强大学生实现中国特色社会主义的信

念，激励他们为建设中国特色社会主义而努力学习，使他们拥有过硬的本领，时刻准备投入到实现社会主义现代化强国建设中去。

第二章第二节第三部分提出增强对实现中华民族伟大复兴的信心。实现中华民族伟大复兴是中华民族长期以来的梦想，也是中国特色社会主义制度的最重要目标。大学生通过这一部分学习，让其进一步明确中国特色社会主义制度自信信念教育的目标指向。

在第三章继承优良传统弘扬中国精神中，教师通过教学，让学生明白制度自信目标信念——实现中华民族复兴中国梦，必须弘扬中国精神，以中国精神为指引和纽带，凝聚全体人民的力量，久久为功，方可实现。

5. 制度目标信念教育中"共产主义理想"融入"第二章追求远大理想坚定崇高信念第二节坚定信仰信念信心"中

第二章第二节第一部分提出增强对马克思主义、共产主义的信仰。树立崇高的理想信念，确立马克思主义的科学信仰等是大学生理想信念教育的重要目标，也是制度自信目标信念教育的重要内容，两者契合度高，为融入教育提供了良好条件。为此，在开展理想信念教育过程中，教师要引导学生主动将共产主义社会的实现与大学生个人崇高理想结合起来，明确大学生的责任感、使命感，激发他们建设社会主义的热情，坚定他们走社会主义道路的信心，增强他们的共产主义理想信念。

（三）制度自信教育融入思想道德与法治课中的路径

1. 制度自信教育融入思想道德与法治课中的课堂教学

教师围绕具体的融入要点，可以设计相关的专题教学，更好地实施制度自信教育，具体在思想道德与法治课中可设计以下专题教学。

专题教学一：中国特色社会主义法律和法治体系。中国特色社会主义法律体系是中国特色社会主义制度体系的重要组成部分，是制度优势的重要体现。通过专题教学，教师让学生明白中国特色社会主义法律体系的具体构成和完善该体系的重要性（保障中国特色社会主义社会得以有效运行的法治根基、全面依法治国的重要内容、建设中国特色社会主义法治体系的前提和基础），在此基础上，让学生认识到建设中国特色社会主义法治体系的必要性和具体要求。最终通过这一专题教学，教师让学生明白我国具有完备的法律与法治体系和依法治国的制度优势。

专题教学二：社会主义没有辜负中国。在中国近代史上，面对国家蒙辱、人民蒙难、文明蒙尘，资本主义、改良主义、自由主义、无政府主义等西方政治思潮纷纷涌现，中国人民试图寻求救国之路，但实践证明，这些思想都没能使中国摆脱落后挨打的局面，最终是马克思主义引导中国人民走上社会主义道路，是中国特色社会主义使中国富起来、强起来。一百多年来，中国共产党人筚路蓝缕，始终不忘初心、牢记使命，带领人民为实现中华民族伟大复兴中国梦而不懈奋斗，创造了经济快速发展和社会长期稳定的"两大奇迹"。通过一系列发展成就的展示，让学生明白了社会主义创造了人间奇迹，社会主义改变了中国人民的命运，社会主义没有辜负中国。

专题教学三：中国梦。教师要全面介绍中国梦的科学内涵、具体特征、实现路径，让学生明确实现中国梦是中国特色社会主义制度发展的最终目标，而中国特色社会主义制度则是实现中华民族伟大复兴中国梦的保证。

专题教学四：共产主义理想。教师要阐释共产主义社会的内涵和基本特征，让学生明确实现共产主义是历史发展的必然，是长期的历史过程。让学生明白，实现共产主义是中国特色社会主义制度发展的最高目标，坚持和发展中国特色社会主义是向着共产主义社会迈进的坚实努力，是实现共产主义远大理想的必由之路。

2. 思想道德与法治课的制度自信教育学习材料

第一，学习《法学概论》，学生要全面掌握中国特色社会主义法律体系，有助于他们明确全面依法治国的制度优势。

第二，学生要阅读《社会主义没有辜负中国》①，深刻理解坚定社会主义理想信念的重要性和中国选择社会主义道路的必然性。

第三，学生要阅读《在实现中国梦的生动实践中放飞青春梦想》② 明确自己在新时代的历史使命和责任担当，笃定人生奋斗目标，即为实现中华民族伟大复兴中国梦而奋斗终身。

第四，学生要阅读《共产党宣言》和《共产主义原理》，对共产主义社会特征、一般原则、实现过程做全面掌握。

第五，学生要观看大型电视政论片《百年潮·中国梦》，它包括《百年追梦》《中国道路》《中国精神》《中国力量》《筑梦天下》等 5 集。通过收看，学生可以全面掌握中国梦的具体内涵和实现中国梦的具体路径，进一步坚定实现中国梦的信心。

3. 思想道德与法治课的制度自信教育社会实践

学生通过参观考察，了解社会主义中国的巨大变化，感受社会主义制度的优越性，拥有民族自豪感，坚定实现中华民族复兴梦的信心。

**二、制度自信教育融入中国近现代史纲要课教学中**

（一）中国近现代史纲要课中的制度自信教育取向

中国近现代史纲要课应注重从历史发展角度，从我国革命、建设、改革的历史进程中，通过追根溯源深化学生对制度的认知，探索制度选择的历史必然性，来坚定大学生的制度自信。具体来说，在中国近现代史纲要课教学中，教师可以结合中国近代以来中国人民的抗争史和奋斗史、中国共产党一百多年来的奋斗历程，尤其是新中国成立 70 多年和改革开放 40 多年以来的建设和改革取得的成就，讲清楚落后挨打的制度弊症与大国崛

① 宣言：社会主义没有辜负中国 ［EB/OL］. (2021-06-06) ［2023-05-08］. https：//www.gov.cn/xinwen/2021-06/06/content_ 5615797. htm.

② 习近平. 习近平谈治国理政：第一卷 ［M］. 北京：外文出版社，2018：49-55.

起的制度动因。教师结合中国近现代社会变迁的历史事实，探究中国社会制度形成的历史渊源，引领大学生认识到中国特色社会主义制度是植根中国国情、反映时代主题的制度。教师要理解我国建立社会主义制度的历史必然性、可能性以及重要意义，最终引导大学生坚定制度自信。

（二）制度自信教育融入中国近现代史纲要课中的要点

中国近现代史纲要课在制度自信教育中，主要注重制度历史选择教育、制度历史发展教育和制度实践成效教育等方面内容的融入。

1. 制度历史选择教育融入"第二章不同社会力量对国家出路的早期探索和第三章辛亥革命与君主专制制度的终结"中

制度历史选择是中国人民历史上"四个选择"之一。教师要讲清楚制度历史选择的可能性，即制度选择的历史背景。科学社会主义理论的形成和丰富为中国走社会主义道路、建立社会主义制度提供科学理论指引。俄国十月革命的胜利使社会主义由理论走向现实，苏联的国家建设历程为社会主义国家建设提供实践经验。党的正确领导是选择社会主义道路，建成并不断完善社会主义国家的重要保障。

教师要讲清楚制度历史选择的必然性。学生结合教材第二、三章，通过对太平天国运动、洋务运动、维新运动和辛亥革命等一系列探索救国运动失败原因的分析，得出中国选择社会主义道路、建立社会主义制度的历史必然性。

2. 制度历史发展教育中"社会主义制度确立"融入"第八章中华人民共和国的成立与中国社会主义建设道路的探索第二节党在过渡时期的总路线及其实施和第三节初步确立社会主义基本制度"中

在第八章第二节党在过渡时期的总路线及其实施中，教师要讲清楚中国为什么要进行社会主义改造、改造取得的成就以及让学生明白社会主义改造的胜利完成标志着社会主义制度在中国的确立；在第三节初步确立社会主义基本制度中，教师要讲清楚社会主义基本政治、经济等制度是如何确立的以及社会主义制度在中国确立的中国意义和世界意义，让学生明晰社会主义制度确立的历程和确立的重要价值。

3. 制度历史发展教育中"社会主义制度的曲折发展"融入"第八章中华人民共和国的成立与中国社会主义建设道路的探索第五节社会主义道路的艰辛探索与曲折发展"中

这部分，一方面，让学生了解20世纪50至70年代我国社会主义建设取得的一系列成就，明确这些成就的取得主要归功于中国社会主义制度的优势。另一方面，学生要总结社会主义制度在发展中遭遇曲折的原因和深刻教训，进而有助于明确20世纪70年代末进行拨乱反正的原因和推进改革开放的动力。

4. 制度历史发展教育中"改革开放和社会主义现代化时期制度的发展"融入"第九章改革开放与中国特色社会主义的开创与发展"中

重点介绍20世纪70年代以来，党及时进行拨乱反正，在此基础上，党带领人民通过不断探索，实施改革开放，最终使中国特色社会主义制度得以确立、发展、完善，其显出勃勃生机，进而让大学生更加坚定制度自信。

5. 制度历史发展教育中"新时代中国特色社会主义制度的发展"融入"第十章中国特色社会主义进入新时代"中

这部分重点介绍党的十八大以来，新时代中国特色社会主义制度的确立过程，总结新时代中国特色社会主义制度取得的巨大成就，感知新时代中国特色社会主义制度显现的巨大伟力，使大学生进一步坚定制度自信。

6. 制度实践成效教育融于第八章至第十章中

教师通过纵向比较，把新中国成立以来社会主义制度在各个时期实践取得的具体成就以具体数字、图片、表格、音频和视频等形式融入第八章至第十章的相关章节教学中，让大学生直观地认识到社会主义制度建立和发展给国家带来的巨大变化，进而树立对制度的认同和自信。

（三）制度自信教育融入中国近现代史纲要课中的路径

1. 制度自信教育融入中国近现代史纲要课中的课堂教学

教师围绕具体的融入要点，可以设计相关专题教学，来更好地实施制度自信教育，具体在中国近现代史纲要课中可设计以下专题教学。

专题教学五：中国社会主义制度是历史的必然选择。从鸦片战争以来，中国人民探索国家出路的一次次失败历程的学习中，学生明白中国社会主义制度的建立是历史选择的结果。中国特色社会主义制度是基于中国国情的现实选择，诞生于中国的社会土壤中，只有扎根于本国土壤的制度，才能枝繁叶茂，推动国家发展、社会进步、人民富裕。我们如果不顾本国国情，照搬他国的制度会造成水土不服，使制度效能无法得到有效发挥，最终会把国家前途命运葬送掉。

专题教学六：中国社会主义制度的前世今生。教师要全面介绍中国社会主义制度的建立、发展和完善的过程以及中国特色社会主义制度体系的发展与完善过程，让学生对中国社会主义制度有全面深入的掌握，让学生明白中国社会主义制度和中国特色社会主义制度是一个完整的制度体系，经历了不断发展完善的过程。

2. 中国近现代史纲要课的制度自信教育学习材料

第一，阅读《中国选择社会主义的历史必然》①，学生全面认知中国选择社会主义的历史必然性。

第二，阅读《中国特色社会主义制度为什么好?》②，该书以马克思主义理论为指导，基于世界各国实际，总结了世界各主要国家的具体制度现状与国家治理教训的得失，在此基础上探讨了坚持和完善中国特色社会主义制度的总体目标和具体要求。阅读《中国特色社会主义制度为什么

---

① 孟鑫. 中国选择社会主义的历史必然 [N]. 学习时报，2021-04-19（006）.
② 陈纪兰，靳文泉，张绍元. 中国特色社会主义制度为什么好? [M]. 北京：红旗出版社，2020.

好?》①，该书通过历史—理论—实践等维度的透视，揭示了中国特色社会主义制度体系如何从中国土壤里萌发、成长、壮大，如何在中国治理中彰显优势，提出继续坚持和完善这一制度体系的必要性与若干思路。通过对两本著作的系统学习，学生真正体认到中国特色社会主义制度的优越性，国家要坚持和完善这一制度的具体方向，有利于引导大学生坚定制度自信。

第三，阅读《中国特色社会主义制度为什么管用》②，该书展示了中国特色社会主义制度的发展成就，从经济、政治、社会、文化、生态等多维度揭示了现行制度的优越性，论证了制度自信的形成与发展、科学内涵、优越性及现实要求等，指出中国特色社会主义制度是人民的选择，为实现中国梦保驾护航，有助于提升大学生对实现中华民族伟大复兴中国梦的信心。

第四，观看国家博物馆网上"复兴之路"基本陈列的展览，让学生全面掌握中华民族为争取国家独立、民族复兴的波澜壮阔的奋斗历程，感知社会主义制度的来之不易。观看庆祝新中国成立70周年大型成就展网上展馆和国家博物馆网上《伟大的变革——庆祝改革开放40周年大型展览》，学生全面了解以来，特别是改革开放以来，我国取得的辉煌成就，认识到社会主义制度的显著优势。

3. 中国近现代史纲要课的制度自信教育社会实践

学校组织学生就近参观近代以来的革命历史遗迹，从革命历史遗迹中还原历史事件，让学生明白社会主义制度建立的历史必然性和社会主义制度完善发展的过程。

---

① 张博颖. 中国特色社会主义制度为什么好？[M]. 天津：天津人民出版社，2020.

② 人民日报社理论部. 中国特色社会主义制度为什么管用 [M]. 北京：人民出版社，2018.

### 三、制度自信教育融入马克思主义基本原理课教学中

（一）马克思主义基本原理课中的制度自信教育取向

马克思主义基本原理课主要是传授马克思主义基本理论的课程，主要为制度自信进行理论溯源。在制度自信教育教学中，教师结合马克思主义基本原理课中对辩证法和历史唯物主义部分的学习，注重从理论原理的角度，用马克思主义科学理论阐述制度自信的理论基础，让学生弄清楚制度自信的理论渊源，使其对制度自信有更深入的认识，进而进一步坚定制度自信。① 具体来说，教师从辩证唯物主义角度，阐释马克思主义科学体系的基本理论和范畴，让大学生认识到马克思主义的真理性、科学性和当代价值。教师从历史唯物主义角度，通过揭示资本主义制度的实质，让学生正确认识资本主义与社会主义制度的差异性，增强对中国制度的理性认识教师通过对人类社会和社会主义发展规律的全面阐释，明确中国特色社会主义制度的理论基础——科学社会主义理论的科学性，进而让大学生认识到中国特色社会主义制度的进步性和科学性，为学生树立制度自信提供了有力的思想指引。

（二）把制度自信教育融入马克思主义基本原理课的要点

马克思主义基本原理课主要注重中国特色社会主义制度的理论基础以及资本主义制度与社会主义制度本质对比等方面的融入。

1. 制度科学理论教育中"中国特色社会主义制度的理论基础：科学社会主义"融入"第六章社会主义的发展及其规律第一节社会主义五百年的历史进程"中

科学社会主义是中国特色社会主义制度的理论基础。制度科学理论教育"制度的理论基础科学社会主义"融入马克思主义基本原理课第六章中

---

① 黎海波，田安雯. 将制度自信教育贯穿高校思政课教学全过程［N］. 中国民族报，2020-09-22（005）.

"社会主义五百年的历史进程"这一部分教学内容中，明确社会主义在世界的诞生、发展和壮大的历程，彰显了社会主义制度的活力。从社会主义传入中国的发展历程来看，中华民族在革命、建设、改革的实践中，克服了一个个困难，解决了一个个问题，取得了一系列成就，这些都是党选择了正确的道路、建立了适合我国发展的正确制度的结果，这充分彰显了制度优势。教师将"制度的理论基础科学社会主义"融入"社会主义五百年的历史进程"中开展教学，可以让学生感受制度的理论基础源远流长且充满活力，也使其更深刻地理解了马克思主义理论是发展的、科学的理论，有利于进一步坚定制度自信。

2. 制度科学理论教育中"中国特色社会主义制度的理论基础：科学社会主义"融入"第六章社会主义的发展及其规律第二节科学社会主义基本原则"中

科学社会主义基本原则是科学社会主义思想的最核心内容。它是在社会主义革命、建设和改革中形成的具有普遍意义的科学真理，是社会主义事业发展规律的集中体现。掌握科学社会主义的基本原则及其主要内容，便于更深刻掌握中国特色社会主义制度的理论来源，加深对社会主义制度和中国特色社会主义制度的理解。

3. 制度的现实成效教育中"西方资本主义制度本质及其实践成效"融入"第四章资本主义的本质及其规律"中

通过与资本主义制度的对比，学生才更能理解中国特色社会主义制度的建设成效。马克思主义基本原理课第四章资本主义的本质及其规律对资本主义经济制度和政治制度进行了全面分析，明确资本主义经济制度是建立在私有制基础之上的，其本质是资本剥削雇佣劳动的制度，有着难以克服的缺陷。资本主义政治制度是为资产阶级利益服务的，其本质是资产阶级统治的工具。从与资本主义经济制度和政治制度的本质对比中，学生看出社会主义制度的优越性。

4. 制度自信的目标信念教育中"中国特色社会主义共同理想和共产主义理想信念"融入"第七章共产主义崇高理想及其最终实现第三节共产主义远大理想与中国特色社会主义共同理想"中

中国特色社会主义共同理想和共产主义远大理想是制度自信的目标信念教育的主要内容。在第七章第三节共产主义远大理想与中国特色社会主义共同理想教学中，教师阐明远大理想与共同理想是最终理想和阶段理想的关系，实现共同理想是最终实现远大理想的必由之路，两者都是制度自信的目标信念教育的重要内容。教师引导大学生运用马克思主义基本观点和方法去指导中国特色社会主义实践，坚定中国特色社会主义共同理想，投身中国特色社会主义事业中，在中国特色社会主义事业节节胜利中，树立共产主义远大理想，进一步增强制度自信。

（三）制度自信教育融入马克思主义基本原理课中的路径

1. 制度自信教育融入马克思主义基本原理课中的课堂教学

教师围绕具体的融入要点，可以设计相关专题教学，更好地实施制度自信教育，具体在马克思主义基本原理课中可设计以下专题教学。

专题教学七：资本主义制度本质与社会主义制度本质比较。教师通过对资本主义制度本质的揭示和社会主义制度本质的彰显，让学生明确资本主义制度的虚伪性、资本主义制度被社会主义制度代替的历史必然性，坚定中国特色社会主义的自信。

专题教学八：科学社会主义原理。教师全面介绍科学社会主义的产生背景、科学内涵、一般原则，进一步让学生明确科学社会主义是制度自信的理论基础。

2. 马克思主义基本原理课的制度自信教育学习材料

第一，阅读《资本论》等马克思主义经典著作，深入了解资本主义的本质特征。学生观看西方资本主义国家"次贷危机""占领华尔街运动"等一系列事件的文字和视频资料等，分析当代资本主义的本质。

第二，观看《社会主义 500 年》专题纪录片。该纪录片让学生全面了解社会主义由空想到科学、由理想到现实的演变过程，让学生掌握社会主义的前世今生，感受社会主义的勃勃生机。

3. 马克思主义基本原理课的制度自信教育社会实践

在实践教学中，教师让学生查找资本主义国家经济危机、国家领导人选举、典型社会动乱事件等相关文字、图片、视频等资料，使学生通过具体历史事实，认清资本主义制度的本质让学生学习和领悟改革开放以来中国所取得的成就，从中体验中国发生的历史性巨变，感受我国现行制度的显著优势，让制度自信理论有现实成就的验证，使制度自信理论具有更强的说服力和活力，便于学生进一步坚定制度自信。

## 四、制度自信教育融入毛泽东思想和中国特色社会主义理论体系概论课教学中

（一）毛泽东思想和中国特色社会主义理论体系概论课中的制度自信教育取向

毛泽东思想和中国特色社会主义理论体系概论课应注重从理论角度，讲好我国社会主义制度的发展过程和社会主义的本质特征等，让学生对社会主义制度有全面的认识。教师从实践角度，用中国革命、建设、改革取得的巨大成果讲好制度自信的动力之源，来坚定大学生的制度自信。具体来说，该课引导学生认识到毛泽东思想和中国特色社会主义理论体系两大理论体系成果为我国制度建设奠定了理论基础，使学生弄清楚中国特色社会主义制度的内容结构及制度体系中各项制度的内在逻辑。它结合中国发展阐述新中国成立 70 多年来在各领域取得的巨大成就，让学生明白中国特色社会主义制度符合中国国情，具有巨大的优越性，引导他们认同制度，坚定制度自信。

（二）制度自信教育融入毛泽东思想和中国特色社会主义理论体系概论课中的要点

当前，坚定大学生制度自信就是坚定其对中国特色社会主义制度的自信。毛泽东思想和中国特色社会主义理论体系概论课主要介绍马克思主义中国化两大理论成果，因而将制度自信融入毛泽东思想和中国特色社会主义理论体系概论课中的要点主要涉及社会主义制度和中国特色社会主义制度在中国的确立，中国特色社会主义制度完善和发展、呈现的具体制度优势和实践成效等内容。在毛泽东思想和中国特色社会主义理论体系概论课教学中，教师要注重融入以下教学要点，增强大学生的制度自信。

1. 制度科学理论教育中"中国特色社会主义制度概况"融入"导论三、习近平新时代中国特色社会主义思想是完整的科学体系"中

教师通过对社会主义改造发起的背景、具体内容、实施成果和意义等的全面介绍，使学生明确社会主义改造的完成使我国在经济、政治和文化等领域具备社会主义特征，标志着社会主义基本制度在我国正式确立，让学生认识到社会主义基本制度确立的重大意义。

2. 制度科学理论教育中"中国特色社会主义制度优势"融入"第二章新民主主义革命理论"中

第二章新民主主义革命理论关于武装斗争的介绍，强调革命斗争的重要经验"坚持党对军队的绝对领导"，明确长期以来形成的"党指挥枪"的制度优势。

3. 制度科学理论教育中"中国特色社会主义制度优势"融入"第五章邓小平理论第二节邓小平理论主要内容"关于"一国两制"与祖国统一中

第五章邓小平理论中重点介绍邓小平理论重要内容之一的"一国两制"与祖国统一思想，明确"一国两制"构想内涵、优势、实施的可行性与必要性，让学生认识到"坚持'一国两制'，推进祖国统一"的制度

优势。

4. 制度科学理论教育中"中国特色社会主义制度优势"融入"第五章邓小平理论第二节邓小平理论的主要内容"关于改革开放和中国特色外交中

教师在第五章第二节邓小平理论的主要内容中介绍社会主义改革开放的理论，明确对外开放的历程和重要意义，让大学生认识到"对外开放"的制度优势。教师在介绍中国特色社会主义外交和国际战略中，掌握邓小平的独立自主外交政策，让大学生认识到"独立自主"的制度优势。

（三）制度自信教育融入毛泽东思想和中国特色社会主义理论体系概论课中的路径

1. 制度自信教育融入毛泽东思想和中国特色社会主义理论体系概论课中的课堂教学

教师围绕具体的融入要点，可以设计相关专题教学，更好地实施制度自信教育，具体在毛泽东思想和中国特色社会主义理论体系概论课中可设计以下专题教学。

专题教学九：党对军队的绝对领导。教师结合党在创建、领导和发展壮大人民军队历程中的经验与教训，通过史料多角度分析和总结党对军队绝对领导的重要性和必然性，使学生明确党对军队绝对领导的具体内涵，让学生掌握"党指挥枪"的制度优势。

专题教学十："一国两制"形成、实践与成果。教师通过对"一国两制"具体内涵、从提出到具体实践的过程、取得的成果、建立的意义等全方位介绍，让学生感受坚持"'一国两制'，争取祖国统一"的制度优势。

2. 毛泽东思想和中国特色社会主义理论体系概论课中的制度自信教育学习材料

第一，阅读《邓小平文选》，全面掌握中国特色社会主义制度的建立与发展的历程。

第二，阅读《始终做到"三个代表"是我们党的立党之本、执政之基、力量之源》，全面掌握加强党的制度建设相关理论。

第三，阅读《科学发展观学习读本》掌握胡锦涛对制度优势与制度自信的认识。

第四，学习党的十三大、十四大、十五大、十六大、十七大报告，全面掌握中国特色社会主义制度形成的历程和具体优势。

第五，观看电视剧《大江大河》《希望的大地》，感受改革开放以来，中国方方面面发生的巨变，体悟中国特色社会主义制度带来的"两个奇迹"，感知制度优势。

3. 毛泽东思想和中国特色社会主义理论体系概论课的制度自信教育社会实践

学校组织学生参观红色教育基地，使学生明确党的奋斗历程，体认党的统一领导的制度优势。学校组织学生考察改革开放先行区等，让大学生真正感受国家的极大变化，体认改革创新、与时俱进与对外开放的制度优势。

**五、制度自信教育融入习近平新时代中国特色社会主义思想概论课教学中**

（一）习近平新时代中国特色社会主义思想概论课中的制度自信教育取向

习近平新时代中国特色社会主义思想概论课应注重从理论角度，讲好中国特色社会主义制度在新时代的发展；从实践角度，用全面深化改革、创新发展取得的巨大成果讲好制度自信的动力之源，来坚定大学生的制度自信。具体来说，该课讲好新时代以来，中国特色社会主义的领导制度、根本制度、具体制度等具体发展和完善的成果，引导学生认识到习近平新时代中国特色社会主义思想为我国制度创新和发展奠定了坚实基础，中国特色社会主义制度是一个不断完善的制度。教师结合中国进入新时代以来在政治、经济以及文化等领域取得的巨大成就，让学生明白中国特色社会主义制度充满活力，使学生增强对我国制度的认同感和荣誉感，引导大学生树立制度自信。

（二）制度自信教育融入习近平新时代中国特色社会主义思想概论课中的要点

习近平新时代中国特色社会主义思想概论课主要是马克思主义在当代中国的最新理论成果，是回应与关切当代政治、经济、文化、社会、生态、外交、国防军队、党的建设等方面现状的理论成果。因而，制度自信融入习近平新时代中国特色社会主义思想概论课中的要点较多，主要涉及新时代中国特色社会主义的确立、中国特色社会主义制度优势、制度实践成效等内容。在习近平新时代中国特色社会主义思想概论课教学中，教师要注重融入以下教学要点，增强大学生的制度自信。

1. 制度科学理论教育中"中国特色社会主义制度概况"融入"导论三、习近平新时代中国特色社会主义思想是完整的科学体系"中

教师结合习近平新时代中国特色社会主义思想的科学体系，介绍中国特色社会主义制度内涵、特质、具体构成、历史地位等。

2. 制度科学理论教育中"中国特色社会主义制度优势"融入"第三章坚持党的全面领导"中

在第三章第二节坚持党对一切工作的领导教学中，本节内容让学生明确中国共产党的领导地位是历史和人民选择的结果，党的领导是全面的、系统的、整体的，党始终处于总揽全局、协调各方的地位，确保"党的领导落实到党和国家事业各领域各方面各环节，使党始终成为风雨来袭时全体人民最可靠的主心骨"[①]，最终让学生体认"坚持党的集中统一领导"的制度优势。

---

① 习近平. 高举中国特色社会主义伟大旗帜 为全面建设社会主义现代化国家而团结奋斗——在中国共产党第二十次全国代表大会上的报告 [M]. 北京：人民出版社，2022：26.

3. 制度科学理论教育中"中国特色社会主义制度优势"融入"第四章坚持以人民为中心"中

在第四章第二节"坚持人民至上"和第三节"全面落实以人民为中心的发展思想"中，教师应注重介绍党始终把人民利益放在最高的地位，始终同人民同呼吸、共命运，"增进民生福祉，不断实现发展为了人民、发展依靠人民、发展成果由人民共享"①，让学生明白努力为人民创造更美好的生活是党矢志不渝的奋斗目标，最终让学生认识到"坚持以人民为中心的发展思想"制度的优势。

4. 制度科学理论教育中"中国特色社会主义制度优势"融入"第五章全面深化改革开放"中

教师通过全面深化改革内容的讲授，阐释"坚持改革创新、与时俱进"的制度优势，让学生明白改革创新是社会发展的动力，是中国特色社会主义制度的底色。改革创新与时代的发展进步紧紧联系在一起，我们要秉承改革创新精神，不断推进制度体系的完善和发展。

5. 制度科学理论教育中"中国特色社会主义制度优势"融入"第六章推动高质量发展"中

教师在第六章第二节"坚持和完善社会主义基本经济制度"中融入我国基本经济制度的介绍。通过介绍，学生明白，坚持以公有制经济为主体体现了社会主义制度的性质。我国实现多种所有制经济共同发展，是基于非公有制经济在我国长期存在且对促进社会经济发展具有重要作用而做出的理性选择，最终让他们感知"坚持公有制为主体、多种所有制经济共同发展"的制度优势。

---

① 习近平. 高举中国特色社会主义伟大旗帜 为全面建设社会主义现代化国家而团结奋斗——在中国共产党第二十次全国代表大会上的报告 [M]. 北京：人民出版社，2022：27.

6. 制度科学理论教育中"中国特色社会主义制度优势"融入"第八章发展全过程人民民主"中

教师在第八章第一节中介绍"中国特色社会主义政治制度行得通、有生命力、有效率",让学生认识到中国特色社会主义政治制度在实践中显示的巨大优势,能有效保障人民享有更加广泛、更加充实的权利和自由,人民集中力量办大事,有力维护国家主权、安全,这样进而引导学生坚定政治制度自信。教师要在第三节中介绍人民当家作主制度体系,让学生掌握人民当家作主制度体系的内涵与运行机制,体悟"坚持人民当家作主"的制度优势,认识到我国社会主义民主是"最广泛、最真实、最管用的民主"①。在第四节巩固和发展爱国统一战线教学内容中,教师要介绍在社会主义国家制度设计中设立民族区域自治制度,来尊重各民族习惯,保障各少数民族的自治权利,践行民族平等原则,进而让学生感知"坚持各民族一律平等"的制度优势。

7. 制度科学理论教育中"中国特色社会主义制度优势"融入"第九章全面依法治国"中

在"全面依法治国"这一章中,其介绍了全面依法治国的内涵、目标、总抓手、具体路径等,明确依法治国对促进社会公平正义和保障人民权利的作用,让学生真正领悟"坚持全面依法治国"的具体制度优势。

8. 制度科学理论教育中"中国特色社会主义制度优势"融入"第十四章建设巩固国防和强大人民军队"中

在第十四章第三节"加快推进国防和军队现代化"教学中,教师指出党对军队的绝对领导对军队建设的重要性和必要性、党对军队绝对领导的制度保障、新时代军队建设的成就等,让学生进一步明确"党指挥枪"的制度优势。

---

① 习近平. 决胜全面建成小康社会,夺取新时代中国特色社会主义伟大胜利——在中国共产党第十九次全国代表大会上的报告 [M]. 北京:人民出版社,2017:35-36.

9. 制度科学理论教育中"中国特色社会主义制度优势"融入"第十五章坚持'一国两制'和推进祖国统一"中

在第十五章"坚持'一国两制',推进祖国统一"中,教师分析"一国两制"的内涵,介绍在"一国两制"的思想指引下,香港、澳门取得巨大成就,香港、澳门保持长期稳定的发展态势,明确中国政府解决台湾问题的基本方针,展现两岸交往的成果,树立祖国完全统一的信心,让学生坚定"'一国两制'和推进祖国统一"这一制度的优势。

10. 制度科学理论教育中"中国特色社会主义制度优势"融入"第十六章中国特色大国外交和构建人类命运共同体"中

教师在第十六章第三节中介绍人类命运共同体理论的内涵和意义,使大学生掌握对外开放理论在新时代的发展和深化,最终让他们认识到"对外开放"的制度优势,并在第十六章第二节中重点介绍独立自主的和平外交政策,让大学生认识到"独立自主"的制度优势。

11. 制度科学理论教育中"中国特色社会主义制度优势"融入"第十七章全面从严治党"中

在全面从严治党中介绍党的组织工作的"选贤任能原则",这一原则既能保证把优秀的人选任到最合适的岗位上,实现党和国家制度机构运行的高效率,又能从运行机制上更有效防范腐败。这是党对人民负责的具体体现,让大学生认识到"坚持选贤举能"制度的优势。

12. 制度实践成效教育融于"第六、八、十一章"中

从横向角度看,将我国与西方国家经济、政治、社会建设等方面进行对比,重点介绍进入新时代以来,制度建设在经济、政治、社会、文化和生态建设等方面成效。这可以从现实维度上,全面认识中国特色社会主义制度的优越性。

（三）制度自信教育融入习近平新时代中国特色社会主义思想概论课中的路径

1. 制度自信教育融入习近平新时代中国特色社会主义思想概论课中的课堂教学

教师围绕具体的融入要点，可以设计相关专题教学，更好地实施制度自信教育，具体在习近平新时代中国特色社会主义思想概论课中可设计以下专题教学。

专题教学十一：中国特色社会主义制度概况。教师对中国特色社会主义制度的形成过程、具体内涵、体系构成、理论基础等进行系统介绍，让大学生对中国特色社会主义制度有一个总体认知。

专题教学十二：为何而自信——中国特色社会主义制度优势。结合新冠疫情防控、体育强国建设、精准扶贫等案例，全面介绍中国特色社会主义制度的具体优势。

2. 习近平新时代中国特色社会主义思想概论课中的制度自信教育学习材料

第一，阅读《中国制度面对面》，全面掌握中国特色社会主义制度的基本知识。

第二，学习习近平总书记在庆祝中国共产党成立 95 周年、100 周年大会上的讲话，进一步理解制度自信的理论内涵。

第三，观看纪录电影《厉害了，我的国》，从超级工程、协调发展、走向世界等方面感知党的十八大以来的辉煌成就，从影像的角度体认中国制度的优越性。

第四，观看政论片《将改革进行到底》、专题片《不忘初心，继续前进》，深刻领会以习近平同志为核心的党中央带领中国人民进行全面深化改革的故事，领悟新时代以来，党中央提出决策理念、酝酿提出和奋力推进重要顶层设计等治国理政的伟大实践，感受中国经济社会全面发展的实践和成就。

第五，关注《这就是中国》等节目，该节目以新颖的样式、国际化的视野，打破西方话语垄断，用中国话语解读中国奇迹，引导学生从中感知改革开放以来，我国在各领域取得的巨大成就，使学生深刻领会中国特色社会主义的制度优势。

3. 习近平新时代中国特色社会主义思想概论课的制度自信教育社会实践

学校组织学生参观改革开放先行区、脱贫攻坚示范村、脱贫攻坚与乡村振兴衔接示范村等，让大学生真正感受国家的极大变化，体认中国特色社会主义的制度优势。

## 六、制度自信教育融入形势与政策课教学中

（一）形势与政策课中的制度自信教育取向

形势与政策课要把制度自信贯穿于国内外形势的发展变化过程中，引导大学生正确认识中国特色社会主义，并与国际比较，使他们看到我国制度的优势，认识到我国制度是符合我国国情、适应社会发展需求、适应人民对美好生活需要的制度，树立学生爱国爱社会主义的情怀，从而使学生更加坚定制度自信的奋斗目标。我们具体可以考虑，从国内外时政热点事件中，反映出中国特色社会主义的制度优势。

（二）制度自信教育融入形势与政策课中的要点

1. 结合党的最新文件，开展制度自信教育

形势与政策课注重引导大学生对党的十九大、十九届三至六中全会、二十大、二十届二中全会等党的最新会议精神的学习。通过学习，大学生明白"共产党为什么能""马克思主义为什么行""中国特色社会主义为什么好"。

2. 结合社会热点事件，开展制度自信教育

第一，让学生观看新冠疫情防控的新闻报道，学生通过国际新闻报道了

解在疫情期间中西方国家的应对情况。该课通过中西方对抗击疫情的态度、采取的措施和取得的成效的比较，凸显中国特色社会主义制度的优势。

第二，认真学习党的二十大报告，了解近年来中国特色社会主义制度建设取得的成果，体悟制度优势。

（三）制度自信教育融入形势与政策课中的路径

1. 制度自信教育融入形势与政策课中的课堂教学

教师围绕具体的融入要点，可以设计相关专题教学，更好地实施制度自信教育，具体在形势与政策课中可设计以下专题教学。

专题教学十三：在中西抗疫对比中，看中西方制度之别，引领大学生坚定制度自信。教师通过对中西方国家抗击新冠疫情的不同态度和成效的比较，呈现我国制度的优势。中国的成功抗疫彰显了我国制度的显著优势，而西方的抗疫不力则暴露了其制度的短板，中西方制度鲜明的对比使学生认识到社会主义制度的优越性，坚定学生的制度自信。

专题教学十四：青年责任担当与中国特色社会主义制度自信。教师要选取和讲好学生易于理解和接受、能够引起学生共情、给学生以强烈情感体验的制度故事，从这些故事中引导学生坚定制度自信，并让学生认识到，在中国特色社会主义制度下取得的成果不是轻而易举得来的，而是一代代人奋斗而来的，当代青年要有参与现代化强国建设、实现中华民族复兴的责任担当。

2. 形势与政策课的制度自信教育学习材料

第一，形势与政策。

第二，教育部办公厅编的《高校"形势与政策"课教学要点》。

3. 形势与政策课的制度自信社会实践

形势与政策围绕制度自信主题，选取社会热点问题，开展实地参观、社会调查等实践活动，让学生认识到中国特色社会主义制度带来的巨大变化，感知制度的优势，提升制度自信教育效果，坚定大学生制度自信。

# 结　语


　　制度自信教育是思想政治教育的重要组成部分，关乎立德树人目标的实现。制度自信教育融入高校思政课教学中，能使制度自信教育具有系统性、整体性，可以有力地提高大学生制度自信教育效果。本书基于调研，有效分析了制度自信教育融入高校思政课教学中的现状，总结了现有相关教学取得的成就，同时发现制度自信教育融入高校思政课教学中还存在对制度自信教育缺乏学理性分析、教学内容分散和整体性不强、教学方法使用中协同性不足、教学手段单一、考核评价方式有待完善、部分教师对制度自信教育重视度不足、教师学术素质有限、教师语言亲和力有待提升、部分大学生被动学习突出和主动学习动力不足等问题，在坚持以马克思主义为指导、贴近社会发展时代热点、贴近学生实际、全覆盖全融入、理论和实践相结合、显性与隐性教育双效并举等原则上，提出制度自信教育融入高校思政课教学中的实现理路。具体来说，厘清制度自信的生成机理是前提，整合与构建制度自信教学体系是关键，创新制度自信教学方法和手段是核心，改进制度自信教学考核方式和内容是导向，提升思政课教师自身素质、发挥其主导作用是保障，调动大学生学习的主观能动性、凸显学生的主体地位是基本要求。同时，本书提出要构建制度自信教育融入高校思政课教学中的保障机制，即构建组织领导、方案设计和实施的多部门协同联动机制，建立制度自信教育资金有效保障机制，健全高校思政课教师队伍优化机制，营造校内外制度自信教育氛围，建立制度自信教育检查督导机制等。

　　本书是对制度自信教育融入高校思政课教学中进行的一次有益的探索和尝试，但受调研和数据收集的限制，对制度自信教育的现状掌握还不够全面，对存在问题的原因分析还不够透彻，优化措施的针对性还有待加强，我们需要以后继续深化这一方面的研究。

# 参考文献

## 一、著作

[1] 白钢. 制度自信十讲 [M]. 北京：人民日报出版社，2013.

[2] 包心鉴. 制度自信与制度之治 [M]. 济南：济南出版社，2021.

[3] 本书编写组. 党的十八大报告辅导读本 [M]. 北京：人民出版社，2012.

[4] 本书编写组. 党的十九大报告辅导读本 [M]. 北京：人民出版社，2017.

[5] 编写组. 中国共产党第十九届中央委员会第四次全体会议文件汇编 [M]. 北京：人民出版社，2019.

[6] 陈建兵. 中国特色社会主义政治制度自信及其提升研究 [M]. 西安：西安交通大学出版社，2017.

[7] 邓小平. 邓小平文选：第三卷 [M]. 北京：人民出版社，1993.

[8] 邓小平. 邓小平文选：第二卷 [M]. 北京：人民出版社，1994.

[9] 房宁. 新中国政治学研究 70 年 [M]. 北京：中国社会科学出版社，2019.

[10] 葛丽. 坚定中国特色社会主义政治制度自信 [M]. 北京：九州出版社，2019.

［11］黄家慧．大学生坚定中国特色社会主义制度自信研究［M］．沈阳：东北大学出版社，2023.

［12］贾绘泽．中国特色社会主义制度自信研究［M］．北京：人民出版社，2018.

［13］李婧．中国特色社会主义法律体系的完善和发展研究［M］．北京：人民出版社，2016.

［14］列宁．列宁全集：第二十二卷［M］．北京：人民出版社，1989.

［15］列宁．列宁全集：第五十五卷［M］．北京：人民出版社，2017.

［16］列宁．列宁全集：第三十四卷［M］．北京：人民出版社，1985.

［17］列宁．列宁全集：第二十四卷［M］．北京：人民出版社，1985.

［18］列宁．列宁全集：第三卷［M］．北京：人民出版社，1985.

［19］罗国杰．中国伦理学百科全书·伦理学原理卷［M］．长春：吉林人民出版社，1993.

［20］马福运，徐贵相．制度自信：风景为何这边独好［M］．北京：北京联合出版公司出版社，2016.

［21］毛泽东．毛泽东文集：第7卷［M］．北京：人民出版社，1999.

［22］毛泽东．毛泽东选集：第四卷［M］．北京：人民出版社，1991.

［23］毛泽东．毛泽东选集：第二卷［M］．北京：人民出版社，1991.

［24］人民日报社理论部．中国特色社会主义制度为什么管用［M］．北京：人民出版社，2018.

［25］孙来斌．中国制度守正创新之道［M］．长春：吉林人民出版社，2020.

［26］王峰．制度自信教育融入高校思想政治理论课研究［M］．北京：人民出版社，2023.

［27］王宏舟．新时代青少年制度自信教育［M］．上海：上海教育出版社，2021.

［28］习近平．习近平谈治国理政：第二卷［M］．北京：外文出版社，2017．

［29］习近平．习近平谈治国理政：第四卷［M］．北京：外文出版社，2022．

［30］习近平．习近平谈治国理政：第三卷［M］．北京：外文出版社，2020．

［31］习近平．习近平谈治国理政：第一卷［M］．北京：外文出版社，2018．

［32］习近平．习近平著作选读：第二卷［M］．北京：人民出版社，2023．

［33］习近平．习近平著作选读：第一卷［M］．北京：人民出版社，2023．

［34］习近平．习近平总书记系列重要讲话读本［M］．北京：学习出版社，2016．

［35］夏锦文．制度自信［M］．南京：江苏人民出版社，2018．

［36］肖贵清．制度自信：中国特色社会主义制度自信研究［M］．北京：高等教育出版社，2017．

［37］徐锋，王江燕．制度自信：历史文化传承与中国特色社会主义［M］．北京：人民出版社，2022．

［38］杨学龙．中国特色社会主义制度自信研究［M］．北京：人民出版社，2018．

［39］中共中央办公厅，国务院办公厅．关于深化新时代学校思想政治理论课改革创新的若干意见［M］．北京：人民出版社，2019．

［40］中共中央马克思恩格斯列宁斯大林著作编译局．马克思恩格斯全集：第3卷［M］．北京：人民出版社，2008．

［41］中共中央马克思恩格斯列宁斯大林著作编译局．马克思恩格斯

文集：第九卷［M］. 北京：人民出版社，2009.

［42］中共中央马克思恩格斯列宁斯大林著作编译局. 马克思恩格斯文集：第二卷［M］. 北京：人民出版社，2009.

［43］中共中央马克思恩格斯列宁斯大林著作编译局. 马克思恩格斯选集：第四卷［M］. 北京：人民出版社，2012.

［44］中共中央马克思恩格斯列宁斯大林著作编译局. 马克思恩格斯选集：第二卷［M］. 北京：人民出版社，2012.

［45］中共中央马克思恩格斯列宁斯大林著作编译局. 马克思恩格斯选集：第一卷［M］. 北京：人民出版社，2012.

［46］中共中央文献研究室，《国外研究毛泽东思想资料选辑》编辑组，编译. 毛泽东与马克思主义、乌托邦主义［M］. 北京：中央文献出版社，1991.

［47］中共中央宣传部理论局. 中国制度面对面［M］. 北京：学习出版社，人民出版社，2020.

［48］周骏，黄晓波. 制度自信：历史与现实的理性形塑［M］. 桂林：广西师范大学出版社，2019.

［49］［德］托马斯·海贝勒. 中国政治改革的困境［M］//吕增奎. 民主的长征：海外学者论中国政治发展. 北京：中央编译出版社，2011.

［50］［美］布热津斯基. 大棋局［M］. 中国国际问题研究所，译. 上海：上海人民出版社，2010.

［51］［美］道格拉斯·C. 诺斯. 制度、制度变迁与经济绩效［M］. 刘守英，译. 上海：上海三联书店，1994.

［52］［美］富兰克·布朗. 美国的公民教育［M］. 台北：东大图书公司，1988.

［53］［美］罗尔斯. 正义论［M］. 何怀宏，译. 北京：中国社会科学出版社，1988.

[54] ［美］塞缪尔·亨廷顿. 变革社会中的政治秩序 ［M］. 王冠华, 译. 北京：华夏出版社, 1988.

[55] ［美］亚历克斯·英克尔斯. 社会学是什么 ［M］. 陈观胜, 李培荣, 译. 北京：中国社会科学出版社, 1981.

## 二、期刊

[1] 阿什瓦尼·塞思, 谷晓静, 别曼. 中国和印度：不同绩效的制度根源 ［J］. 经济社会体制比较, 2010 （01）.

[2] 白月娇. 论高校思想政治教育中的"三个自信"教育 ［J］. 山西师大学报 （社会科学版）, 2013 （S3）.

[3] 曹明, 顾栋栋. 新时代大学生制度自信教育的四重逻辑 ［J］. 社会科学战线, 2023 （03）.

[4] 常丹, 李晶, 申覃. 推动"四个自信"教育在"概论"课程教学中的实施 ［J］. 思想政治教育研究, 2019 （02）.

[5] 陈金龙, 杨亮. 论制度自信与国家治理现代化的互动关系 ［J］. 思想理论教育, 2020 （01）.

[6] 陈新汉. 自信的哲学意蕴 ［J］. 江西社会科学, 2010 （03）.

[7] 陈岩, 徐日月. 疫情防控背景下大学生制度自信培育路径探析 ［J］. 高校辅导员学刊, 2021 （01）.

[8] 程竹汝. 论坚定中国特色社会主义制度自信的若干依据 ［J］. 中共中央党校 （国家行政学院） 学报, 2020 （01）.

[9] 大木一训, 张利军. 日本学者眼中的中国当前经济 ［J］. 山西师大学报 （社会科学版）, 2005 （03）.

[10] 董振华. 树立"四个自信"的重大意义 ［J］. 中国党政干部论坛, 2017 （09）.

[11] 方世南. 坚定中国特色社会主义制度自信的唯物史观意蕴 ［J］.

思想理论教育，2020（12）.

　　[12] 冯永刚，魏敏武. 制度自信在高校道德教育中的价值意蕴及实现路径 [J]. 武汉科技大学学报（社会科学版），2020（06）.

　　[13] 弗朗西斯·福山. 中国模式的特征与问题 [J]. 社会观察，2011（01）.

　　[14] 高鑫. 论"八个相统一"对加强中国特色社会主义制度自信教育的适用性 [J]. 学校党建与思想教育，2020（07）.

　　[15] 勾英. 将"四个自信"融入高校思想政治课堂教学的有效途径研究 [J]. 开封教育学院学报，2017（05）.

　　[16] 顾钰民. 论坚定中国特色社会主义制度自信 [J]. 思想政治教育，2013（12上）.

　　[17] 郭亚红，张洪霞. 大中小学思政课教师一体化建设路径 [J]. 思想政治课教学，2021（02）.

　　[18] 郝晓凤. 新时代对青少年的"四个自信"教育 [J]. 中学政治教学参考，2018（03）.

　　[19] 胡春林，巩永丹. 论新时代中国特色社会主义制度自信的基础 [J]. 山西师大学报（社会科学版），2022（03）.

　　[20] 黄家慧，谢晓娟. 把握中国特色社会主义制度自信内在依据的三重维度 [J]. 辽宁师范大学学报（社会科学版），2022（01）.

　　[21] 黄亮. 论新时代青年制度自信教育的三个维度 [J]. 中国青年社会科学，2020（05）.

　　[22] 黄希庭. 再谈人格研究的中国化 [J]. 西南师范大学学报（人文社会科学版），2004（06）.

　　[23] 康宗基. 把制度自信的种子播撒进大学生心灵 [J]. 思想理论教育导刊，2020（12）.

　　[24] 郎捷，王军. "信息茧房"对大学生思想政治教育的挑战及应

对分析 [J]. 学校党建与思想教育, 2020 (20).

[25] 李斌, 刘际昕. 论中国特色社会主义制度自信的理论体系构建 [J]. 宁夏党校学报. 2021 (05)

[26] 李辉, 林丹萍. 新时代中国特色社会主义制度优势教育的经验 [J]. 北京工业大学学报 (社会科学版), 2022 (05).

[27] 李琳, 吕幸星, 陈思宇. 制度自信教育在高校思政课教学中的着力点与实施路径 [J]. 衡阳师范学院学报, 2023 (05).

[28] 李忠军, 刘怡彤. 制度自信的生成逻辑与宣传教育路径 [J]. 思想理论教育, 2020 (04).

[29] 刘亮红, 薛华. 中国特色社会主义制度自信教育的实践逻辑 [J]. 湘潭大学学报 (哲学社会科学版), 2023 (06).

[30] 刘希良. 坚定制度自信的三个维度 [J]. 科学社会主义, 2020 (01).

[31] 刘园园. 中国特色社会主义制度自信融入高校思政课教学的意义、挑战和路径 [J]. 高校马克思主义理论研究, 2021 (01).

[32] 龙丽波. 习近平关于制度自信重要论述的生成动力、价值旨归与实践指向 [J]. 学术探索, 2022 (04).

[33] 龙丽波. 新时代大学生制度自信略论 [J]. 学校党建与思想教育, 2022 (14).

[34] 路克利, 罗德里克·麦克法夸尔. 海外学者视野中的中国模式与中国研究——对话罗德里克·麦克法夸尔 [J]. 国外理论动态, 2016 (02).

[35] 罗健, 罗恒锋. 制度自信教育贯穿高校思政课教学全过程的三维厘析 [J]. 思想政治课研究, 2021 (06).

[36] 马佳音. 疫情防控背景下增强大学生制度自信的路径探析 [J]. 现代交际, 2021 (04).

[37] 潘学良.关于"四个自信"教育贯穿高校思想政治理论课教学全过程的思考 [J].思想理论教育导刊,2016 (10).

[38] 彭晓伟.制度自信教育进课堂应讲清的三个基本问题 [J].思想教育研究,2020 (07).

[39] 乔舒亚·库珀·雷默,张达文.从华盛顿共识到北京共识 [J].国外社会科学文摘,2004 (07).

[40] 任平.论现代性的中国道路及其世界意义——习近平新时代中国特色社会主义现代性思想解读 [J].马克思主义与现实,2018 (01).

[41] 萨拉·弗朗德.社会主义基础如何帮助中国抗击冠状病毒?[J].世界社会主义研究,2020 (03).

[42] 桑雷,曾子星.把握中国特色社会主义制度自信四重逻辑 [J].学习月刊,2022 (08).

[43] 孙瑛辉.制度自信:高校思想政治教育工作的中心议题 [J].吉林师范大学学报 (人文社会科学版),2017 (03).

[44] 托尼·安德烈阿尼,赵越.中国融入世界市场是否意味着"中国模式"的必然终结?[J].国外理论动态,2008 (05).

[45] 万姗姗,艾美伶.后疫情时代少数民族大学生制度自信教育研究 [J].西藏民族大学学报 (哲学社会科学版),2022 (02).

[46] 汪峰."四个自信"融入思想政治理论课的教学研究——以"概论课"为例 [J].淮北职业技术学院学报,2019 (01).

[47] 王丁,刘叶.习近平新时代制度自信的实现形式及展望 [J].山西大同大学学报 (社会科学版),2021 (06).

[48] 王广义,胡靖.以党史为重点的"四史"教育融入高校 思想政治理论课路径探析 [J].思想教育研究,2021 (07).

[49] 王宏舟.制度自信教育的逻辑、内涵与理论创新 [J].中国高等教育,2021 (09).

[50] 王宏舟.中国特色社会主义制度自信教育：出场情势、话语建构及意义创生 [J].思想理论教育，2020（12）.

[51] 王政，张军成.中国式现代化进程中大学生制度自信教育的路径研究 [J].重庆文理学院学报（社会科学版），2023（03）.

[52] 温晓年，陈炳权.新冠肺炎疫情防控中加强大学生制度自信教育探析 [J].铜陵职业技术学院学报，2021（01）.

[53] 温晓年.青少年制度自信教育体系的构建与实践研究 [J].山西青年职业学院学报，2020（02）.

[54] 吴鲁平.大学生对中国特色社会主义制度和国家治理体系显著优势认同研究——基于对北京大学生调查的实证分析 [J].中国青年社会科学，2020（02）.

[55] 习近平.坚持和完善中国特色社会主义制度 推进国家治理体系和治理能力现代化 [J].求是，2020（01）.

[56] 肖贵清，周昭成.中国特色社会主义制度自信的学理分析 [J].马克思主义与现实，2013（04）.

[57] 肖迎春."概论"课贯彻坚定"制度自信"要求的教学设计——以"中国特色社会主义的民主政治"为例 [J].思想理论教育导刊，2014（02）.

[58] 谢珍萍，邵雅利.思政课实践教学培育大学生制度自信探究 [J].学校党建与思想教育，2021（08）.

[59] 辛向阳，朱大鹏.坚定"四个自信"，青年不能"缺位" [J].人民论坛，2017（14）.

[60] 薛锋."中国选择社会主义必然性"专题教学内容整合探析——以"四个自信"理论为逻辑依据 [J].思想政治课研究，2019（03）.

[61] 颜晓峰.制度自信的认识进程 [J].思想教育研究，2020

(10) .

［62］杨林香. 大学生"制度自信"的支撑要素及制约因素分析 ［J］. 思想理论教育导刊, 2015 (04) .

［63］宇文利. 中国特色社会主义制度自信教育的基本定位与实践要求 ［J］. 思想理论教育, 2020 (12) .

［64］张帆. 关于制度自信的理论思考 ［J］. 求实, 2015 (09) .

［65］张宏伟, 董树理. 基于社会主义制度自信的思想政治教育创新探析 ［J］. 佳木斯大学社会科学学报, 2017 (01) .

［66］张洁. 疫情防控背景下制度自信教育的契机、着力点和路径选择 ［J］. 思想政治课研究, 2020 (06) .

［67］张艳娥. 论制度自信内涵的三层维度 ［J］. 中共石家庄市委党校学报, 2013 (08) .

［68］赵雷. 制度自信的心理基础与共青团开展青年制度自信教育 ［J］. 中国青年社会科学, 2020 (04) .

［69］郑刚, 杨雁茹. 中国高等教育制度自信的历史底蕴、实践基础及演进逻辑 ［J］. 井冈山大学学报 (社会科学版), 2020 (03) .

［70］郑士鹏. 用理想信念筑牢时代新人精神之基 ［J］. 中国高等教育, 2019 (12).

［71］周前程. 论增强中国特色社会主义道路自信、理论自信、制度自信的主体意蕴 ［J］. 思想理论教育, 2020 (12) .

［72］周洲. 试论新时代高校思想政治理论课教学语言创新 ［J］. 思想理论教育导刊, 2019 (11) .

［73］BANDURA A. Self-efficacy: toward a unifying theory of behavioral change ［J］. Psychological Review, 1977 (84) .

［74］KHADER J. On the "Society individual" Mutual Construction of Socialist Deliberative Democracy in the Context of the New Era ［J］. Advances in

Social Sciences，2020，9（08）．

### 三、报纸

[1] 杜沂蒙，刘攀．把制度自信的种子播撒进青少年心灵 [N]．中国青年报，2023-12-21（001）．

[2] 贺春兰．创设环境，让青少年在实践体验中增强制度自信 [N]．人民政协报，2023-08-09（011）．

[3] 靳红娜．将制度自信教育贯穿于高校思政课教学中 [N]．山西日报，2021-08-10（010）．

[4] 黎海波，田安雯．将制度自信教育贯穿高校思政课教学全过程 [N]．中国民族报，2020-09-22（005）．

[5] 齐峰．把"四个自信"融入思政理论课教学全过程 [N]．光明日报，2016-11-30（016）．

[6] 秦龙．开展制度自信教育的鲜活教材 [N]．天津日报，2020-07-27（011）．

[7] 曲思宇．持之以恒加强青年制度自信教育 [N]．甘肃日报，2020-04-28（005）．

[8] 任理轩．制度自信何以更加坚定 [N]．人民日报，2022-09-28（009）．

[9] 任鹏．把制度自信教育融入高校思政课教学全过程 [N]．辽宁日报，2020-08-04（007）．

[10] 宋雪勤．制度自信教育的战略意义与实践路径 [N]．中国社会科学报，2020-08-19（008）．

[11] 乌兰，曲展．制度自信教育融入思想政治理论课教学的三个维度 [N]．鄂尔多斯日报，2020-04-13（003）．

[12] 习近平．在庆祝中国共产党成立100周年大会上的讲话 [N]．

人民日报，2021-07-02（002）.

[13] 中国推进国家治理体系和治理能力现代化将为世界提供新镜鉴——海外人士热议中共十九届四中全会公报 [N]. 人民日报，2019-11-02（003）.

### 四、网络资源

[1] 胡锦涛. 坚定不移沿着中国特色社会主义道路前进为全面建成小康社会而奋斗——在中国共产党第十八次全国代表大会上的报告 [EB/OL]. （2012-11-17）[2024-10-17]. http：//www. npc. gov. cn/ npc/c2/ c30834/202410/t20241017_ 440084. html.

[2] 中共中央关于坚持和完善中国特色社会主义制度 推进国家治理体系和治理能力现代化若干重大问题的决定 [EB/OL]. （2019-11-05）[2023-1-17]. www. xinhuanet. com/politics/2019-11/05/c_ 1125195786. htm.

### 五、学位论文

[1] 陈琦. 大学生中国特色社会主义制度自信教育研究——以芜湖市四所高校为例 [D]. 芜湖：安徽工程大学，2022.

[2] 陈珍珍. 当代大学生中国特色社会主义制度自信的现状及提升研究 [D]. 长沙：湖南大学，2019.

[3] 储亚慧. 当代大学生中国特色社会主义制度认同现状与对策研究 [D]. 合肥：合肥工业大学，2016.

[4] 丁浩. "00后"大学生中国特色社会主义制度自信的现状、影响因素和提升路径研究 [D]. 成都：西南交通大学，2022.

[5] 耿品. 增强大学生"制度自信"路径研究 [D]. 福州：福建师范大学，2016.

[6] 顾加奇. 大学生制度自信教育研究 [D]. 秦皇岛：燕山大学，

2019.

[7] 韩彪. 中国特色社会主义自信教育研究 [D]. 长春：吉林大学，2016.

[8] 李琨. 中国特色社会主义制度自信研究 [D]. 武汉：武汉大学，2017.

[9] 李湉. 新时代大学生制度自信教育研究 [D]. 贵阳：贵州大学，2021.

[10] 李迎博. 高校思政课讲好中国制度故事 坚定学生制度自信研究 [D]. 郑州：河南工业大学，2023.

[11] 刘红梅. 大学生中国特色社会主义制度自信教育研究 [D]. 重庆：重庆工商大学，2021.

[12] 刘晓恋. 新时代大学生制度自信教育研究 [D]. 济南：山东大学，2022.

[13] 陆贝贝. 新时代增强大学生制度自信教育的对策研究 [D]. 兰州：兰州理工大学，2021.

[14] 童子豪. 新时代大学生中国特色社会主义制度自信教育研究 [D]. 济南：山东师范大学，2023.

[15] 王建超. 中国特色社会主义政治制度自信研究 [D]. 重庆：重庆理工大学，2019.

[16] 王夏杰. 中国特色社会主义制度优势研究 [D]. 成都：电子科技大学，2022.

[17] 徐浩楠. 制度自信教育的基本理论与实践研究——以宁夏高校为例 [D]. 银川：宁夏大学，2022.

[18] 杨彤彤. 习近平关于制度自信重要论述研究 [D]. 大连：东北财经大学，2021.

[19] 袁宇奇. 大学生中国特色社会主义政治制度自信提升研究 [D].

成都：四川师范大学，2021.

[20] 张敏妮. 新时代大学生中国特色社会主义制度自信培育研究 [D]. 桂林：广西师范大学，2021.

[21] 张青. 坚定中国特色社会主义制度自信研究 [D]. 沈阳：辽宁大学，2019.

[22] 章丽娜. 新时代大学生中国特色社会主义制度自信教育研究 [D]. 漳州：闽南师范大学，2021.

# 附 录

## 附录1 制度自信教育融入高校思政课教学中的现状问卷
## （面向教师）

尊敬的老师：

您好！

首先，非常感谢您参与此项问卷调查。此项问卷调查旨在对制度自信教育融入高校思政课教学中的现状进行一个全面了解。调查问卷采用匿名的方式填写，不会显示您的个人信息，请根据实际情况或个人认知选择答案，答案无对错之分。再次感谢您的支持与配合！

1. 您的性别是（　　）

A. 男　　　　　　　　B. 女

2. 您的年龄是（　　）

A. 30 周岁以下　　　　B. 31—40 周岁

C. 41—50 周岁　　　　D. 51 周岁以上

3. 您的政治面貌是（　　）

A. 中共党员　　　　　B. 共青团员

C. 民主党派　　　　　D. 群众

4. 您的学历是（　　）

A. 专科及以下　　　B. 本科　　　　　C. 硕士　　　　　D. 博士

5. 您的职称是（　　）

A. 初级　　　　　B. 中级　　　　　C. 副高级　　　　D. 正高级

6. 您的教龄为（　　）

A. 1—10 年　　　B. 11—20 年　　C. 21—30 年　　D. 31 年以上

7. 您的专业背景是（　　）

A. 马克思主义理论

B. 马克思主义理论相关学科（哲学、政治学、历史学、法学等）

C. 其他人文社会科学类专业　　　D. 理工农医类专业

8. 您主要任教的课程是（　　）

A. 道德与法治　　　　　　　　B. 中国近现代史纲要

C. 马克思主义基本原理

D. 毛泽东思想与中国特色社会主义理论体系概论

E. 习近平新时代中国特色社会主义思想概论

F. 形势与政策

9. 您平时注重中国特色社会主义制度理论的学习吗？（　　）

A. 非常注重　　　B. 比较注重　　C. 偶尔学习　　　D. 从不学习

10. 您会经常与学生分享中国特色社会主义制度的相关知识吗？（　　）

A. 经常分享　　　B. 较频繁分享　C. 偶尔分享　　　D. 从不分享

11. 您对制度自信基本理论是否熟悉？（　　）

A. 很熟悉　　　B. 熟悉　　　　C. 比较熟悉　　　D. 不熟悉

12. 您能不能密切追踪中国特色社会主义制度自信的学术前沿？（　　）

A. 完全能　　　B. 能　　　　　C. 基本能　　　　D. 不能

13. 您觉得大学生目前对中国特色社会主义制度的了解程度如何？（　　）

A. 很熟悉　　　B. 熟悉　　　　C. 比较熟悉　　　D. 不熟悉

14. 您觉得大学生目前对中国特色社会主义制度的态度如何？（　　）

A. 大多很有自信　　　　　　　　B. 部分有自信

C. 少数有自信　　　　　　　　　D. 多数没有自信

15. （多选）您觉得制度自信教育主要是让学生对制度达到哪些要求？
（　　）

A. 制度认知　　　B. 制度认同　　　C. 制度信念　　　D. 制度践行

16. 您接受过中国特色社会主义制度自信最新理论成果的系统培训吗？
（　　）

A. 是　　　　　　B. 否

17. 您认为对大学生进行制度自信教育有必要吗？（　　）

A. 非常有必要　　B. 有必要　　　C. 有一定必要　　D. 没必要

18. 您对制度自信最新理论成果融入思政课中的具体内容进行了很好
的梳理吗？（　　）

A. 很好梳理　　　B. 较好梳理　　　C. 大体进行梳理　D. 没有梳理

19. 您觉得大学思政课教材中涉及制度自信教育内容的安排如何？
（　　）

A. 内容非常完整，整体性很强　　B. 内容完整，整体性强

C. 内容相对完整，整体性较强　　D. 内容零散，整体性不强

20. 您平时在思政课教学中融入制度自信内容的情况如何？（　　）

A. 经常涉及，并详细阐述　　　　B. 有时融入，一带而过

C. 没有融入　　　　　　　　　　D. 不清楚

21. 您平时注重在思政课哪一教学环节融入制度自信教育？（　　）

A. 新课导入　　　B. 新课教学　　　C. 情感升华　　　D. 复习拓展

22. （多选）在思政课上进行制度自信教育时，您常采用的教学方法
有哪些？（　　）

A. 讲授法　　　　B. 互动教学法　　C. 探究教学法　　D. 案例教学法

E. 情境教学法 F. 活动教学法 G. 其他

23. 您觉得制度自信教育的相关课外实践活动有必要开展吗？（ ）

A. 很有必要 B. 有必要 C. 有一定必要 D. 无必要

24. 您所在学校思政课教学中关于制度自信教育的课外实践活动开展如何？（ ）

A. 几乎没有课外实践活动

B. 有少数课外实践活动，但都形式大于内容

C. 课外实践活动开展较正常，效果较好

D. 实践活动有明确的主题和合理的安排，很有意义

25. 您认为影响思政课开展制度自信教育实践教学的因素有哪些？（ ）

A. 时间限制 B. 资金短缺 C. 场地限制 D. 安全原因

26. 您认为高校思政课教学中开展制度自信教育对学生今后个人发展有积极作用吗？（ ）

A. 很有作用 B. 有作用 C. 有一定作用 D. 无作用

27. 您在高校思政课教学中进行相关制度自信教育时，多数学生的学习兴趣如何？（ ）

A. 热情主动 B. 积极性较高 C. 兴趣不大 D. 很不感兴趣

28. （多选）您认为思政课中进行大学生制度自信教育主要存在哪些问题？（ ）

A. 学生学习主动性不强 B. 课堂时间有限，无法深入讲解

C. 理论与实践教学相脱节

D. 教材上制度自信内容零散，没有有效整合

E. 学校、教师重视程度不高 F. 其他

29. （多选）您认为上述问题的主要原因有哪些？（ ）

A. 学校实施保障不力 B. 教师教学理念偏差

B. 学生自身发展特点的影响　　D. 课外实践活动开展不够

E. 国际环境的影响　　　　　　F. 其他

30. 您认为思政课中的制度自信教育效果的评价反馈机制健全程度如何?（　　）

A. 非常健全　　　B. 健全　　　C. 基本健全　　　D. 不健全

31. 您认为思政课中的制度自信教育的奖惩机制完善程度如何?（　　）

A. 非常完善　　　B. 完善　　　C. 基本完善　　　D. 不完善

32. 您对大学生制度自信教育融入高校思政课教学中有哪些建议?

_____

_____

# 附录2 制度自信教育融入高校思政课教学中的现状问卷
## （面向大学生）

亲爱的同学：

您好！

首先，非常感谢您抽出时间参与此项问卷调查。这是一份针对当前高校思政课教学中制度自信教育开展现状的调查问卷，此项调查为无记名方式作答，且所有问题的答案均无对错之分，作答时，请根据实际情况或个人认知情况，选出您认为最合适的选项即可。再次感谢您的参与和支持！

1. 您的性别是（　）

A. 男　　　　　　　B. 女

2. 您的政治面貌是（　）

A. 中共党员（含预备党员）　　　B. 共青团员

C. 民主党派　　　　　　　　　　D. 群众

3. 您所在年级是（　）

A. 大学一年级　　　　　　　B. 大学二年级

C. 大学一年级　　　　　　　D. 大学四年级及以上

4. 您所学专业是（　）

A. 文史管法类　　B. 理工类　　C. 农医类　　D. 其他

5. 您认为我国根本政治制度是什么？（　）

A. 中国共产党领导的多党合作和政治协商制度

B. 人民代表大会制度

C. 民族区域自治制度

D. 基层群众自治制度

6.（多选）您认为我国基本制度包括哪些？（    ）

A. 以公有制为主体，多种所有制经济共同发展的基本经济制度

B. 人民代表大会制度

C. 中国共产党领导的多党合作和政治协商制度

D. 民族区域自治制度

E. 基层群众自治制度

7. 您对中国特色社会主义制度的内涵了解程度如何？（    ）

A. 非常了解      B. 了解      C. 基本了解      D. 不了解

8. 课下您会关注中国特色社会主义制度的相关信息吗？（    ）

A. 密切关注      B. 经常关注      C. 偶尔关注      D. 不关注

9. 课下您会与同学讨论有关中国特色社会主义的制度问题吗？（    ）

A. 经常讨论      B. 讨论较多      C. 偶尔讨论      D. 不讨论

10.（多选）您通常从哪些渠道了解关于中国特色社会主义制度的信息？（    ）

A. 广播电视、报纸杂志等传统媒体

B. 微信、微博、抖音等网络新媒体

C. 学校系统学习              D. 其他渠道

11. 您对中国特色社会主义制度感兴趣吗？（    ）

A. 很有兴趣，积极学习          B. 比较感兴趣，坚持学习

B. 不感兴趣，但仍旧在学习      D. 不感兴趣，没有学习

12. 您坚定中国特色社会主义制度具有制度优势和治理效能吗？（    ）

A. 坚定          B. 比较坚定      C. 不太确定      D. 不清楚

13. 您能列举三个以上关于中国特色社会主义制度优势的案例吗？（    ）

A. 能              B. 不能

14. 您了解"制度自信"含义吗? ( )

A. 非常了解　　　　B. 比较了解　　　C. 不太了解　　　　D. 不了解

15. 您认为制度自信是新时代中国大学生必须具备的素养和责任吗? ( )

A. 是　　　　　　　B. 不是

16. 在日常生活中, 您是否能自觉践行制度自信? ( )

A. 是　　　　　　　B. 否

17. (多选) 您接受制度自信教育的主要途径有哪些? ( )

A. 思想政治课堂　B. 校内外实践活动　C. 网络

D. 报纸杂志　　　E. 广播电视　　　　F. 家庭

18. 您参加学校开展的有关制度自信教育的大型集体活动吗? ( )

A. 经常参加　　　　B. 根据需要参加

C. 很少参加　　　　D. 从不参加

19. 您所学习的思政课中对制度自信教育教学是如何安排的? ( )

A. 系统全面, 贯穿始终　　　　　B. 通过专题等形式开展教学

C. 较少涉及　　　　　　　　　　D. 从不涉及

20. (多选) 在思政课上进行制度自信教育时, 给您上课的老师常采用的教学方法有哪些? ( )

A. 讲授法　　　　　B. 互动教学法　C. 探究教学法　　　D. 案例教学法

E. 情境教学法　　　F. 活动教学法　G. 其他

21. 在思政课教学中开展制度自信教育, 您更愿意以哪种形式开展? ( )

A. 传统的课堂讲授法　　　　　　B. 课堂中分组讨论与合作学习

C. 案例教学　　　　　　　　　　D. 通过校内校外实践活动学习

22. 您所修的思政课开展相关制度自信教育的课外实践活动吗? ( )

A. 经常开展　　　B. 根据需要开展

C. 很少开展　　　　D. 不开展

23. 您怎样看待思政课教学中关于制度自信教育的课外实践活动？（　　）

A. 经常有，实践活动有明确的主题和合理的安排，很有意义

B. 有少数课外实践活动，但都形式大于内容

C. 几乎没有课外实践活动

D. 从来没有课外实践活动

24. 您觉得大学思政课教材中涉及制度自信教育的内容多吗？（　　）

A. 很多　　　　B. 比较多　　　　C. 比较少　　　　D. 几乎没有

25. 您觉得相比较其他课程，大学思政课更有必要进行制度自信教育吗？（　　）

A. 很有必要　　　B. 必要　　　C. 有一定必要　　　D. 没必要

26. 您所学习的其他课程进行制度自信教育的情况如何？（　　）

A. 很多　　　　B. 较多　　　　C. 较少　　　　D. 几乎没有

27. 思政课教师讲解制度自信相关内容时，您的课堂表现如何？（　　）

A. 感兴趣并认真听讲　　　　　B. 比较感兴趣并认真听讲

C. 有时注意力不集中　　　　　D. 完全不感兴趣

28. （多选）思政课教师通常以什么指标来评价您的制度自信教育学习效果？（　　）

A. 考试成绩情况　B. 课堂表现　C. 日常行为表现

D. 平时作业情况　E. 实践活动表现

29. 您认为思政课中开展制度自信教育的目的是什么？（　　）

A. 培养时代新人　　　　　B. 应付考试

C. 增强对社会主义的认同感　　　D. 不清楚

30. 您觉得高校思政课教学中制度自信教育对你今后个人发展有积极作用吗？（　　）

A. 有　　　B. 有一定作用　　　C. 没有　　　D. 不清楚

31. 您对大学生制度自信教育有哪些建议？

_____

_____

## 附录3　制度自信教育融入高校思政课教学中的现状访谈提纲
## （面向教师）

尊敬的老师：

您好！

首先，非常感谢您参与本项访谈，本项访谈是为了了解目前高校思政课中开展制度自信教育的现状，访谈采用不记名方式，皆为主观题，答案无对错之分，仅作为研究之用。请您如实填写基本信息，真诚作答问题。感谢您的支持！

受访者基本情况：

性　　别：_____　年　　龄：_____　政治面貌：_____

文化程度：_____　职　　称：_____

1. 您认为高校思政课教学中开展制度自信教育是否有必要？为什么？

2. 您觉得大学生的制度自信应该达到哪些要求？

3. 您认为制度自信教育应实现什么样的教学目标？应包括哪些内容？

4. 您在高校思政课教学中采用哪些教学方法和手段来提升学生制度自信？

5. 您会组织学生参与一些制度自信实践活动（如参观红色教育基地等）吗？

6. 您认为当前有关制度自信教育的相关素材丰富吗？您通过哪些渠道搜集？

7. 您在高校思政课中实施的制度自信教育取得了哪些教学成就？

8. 您认为当前制度自信教育融入高校思政课教学中有哪些问题？针对这些问题，您有哪些建议？

## 附录4 制度自信教育融入高校思政课教学中的现状访谈提纲
### （面向大学生）

亲爱的同学：

　　您好！

　　首先，非常感谢您参与本项访谈，本项访谈是为了了解目前高校思政课中开展制度自信教育的现状。访谈采用不记名方式，皆为主观题，答案无对错之分，仅作为研究之用。请您如实填写基本信息，真诚作答问题。感谢您的支持！

　　受访者基本情况：

性　　别：_____　政治面貌：_____

所在年级：_____　所学专业：_____

1. 您对中国特色社会主义制度充满自信吗？

2. 您是从哪些途径获取中国特色社会主义制度教育的相关素材？

3. 您所在高校思政课教学中有制度自信教育吗？是否满意？

4. 您所在的高校开展制度自信教学一般采用哪些教学方法和手段？

5. 您比较喜欢思政课教学中制度自信教育以哪种形式开展？

6. 您所在高校思政课教学中经常开展制度自信实践教学吗？效果如何？

7. 您觉得现在高校思政课中实施的制度自信教学效果如何？

8. 您认为当前制度自信教育融入高校思政课教学中有哪些问题？针对这些问题，您有哪些建议？

# 后　记

　　本书是我主持的 2020 年度教育部高校思想政治理论课教师研究专项"制度自信教育融入高校思政课教学研究"（20JDSZK056）的结题成果，成果得以出版意味着项目顺利结项，也意味着对自己这段实践研究的一个交代，我稍感欣慰。

　　本人博士阶段学习的专业是中外政治制度。读博期间，我对中国特色社会主义制度自信较为关注。博士毕业后，我主要在高校给本科生讲授毛泽东思想与中国特色社会主义理论体系概论、习近平新时代中国特色社会主义思想概论、政治学原理等课程，在授课过程中，对大学生开展中国特色社会主义制度自信教育的重要性有了较清晰的认识，并对开展制度自信教育进行了探索。2020 年，教育部首次开展高校思想政治理论课教师研究专项申报活动，我有幸获得立项，这也使我对制度自信教育融入高校思政课教学中有了更大的动力。自立项以来，课题组开展研究，先后去多所高校开展制度自信教育的调研，梳理当前高校思政课开展制度自信教育的现状，思考进一步优化制度自信教育融入高校思政课教学中的具体路径，最终形成了本书 20 万字的研究成果，发表阶段性成果 2 篇，编制 6 万字《制度自信教育融入高校思政课教学总纲》和 4.3 万字《制度自信教育融入高校思政课教学案例选编》等。

　　感谢山东建筑大学马克思主义学院的领导和同事们为课题研究提供便

利条件。

感谢接受调研的山东大学、青岛大学等9所高校同仁的支持，调研期间正处于新冠疫情期间，正是由于他们的大力支持，相关的调研活动才得以顺利开展。我更要感谢接受问卷调查和访谈的思政课教师和大学生，正是他们的支持和配合，我才能获得本书所需的大量的第一手资料。

感谢我的爱人朱艳菊主动承担了大部分的家务，使我有时间和精力来完成书稿，她还参与了本书部分章节的文字修改和统稿工作。

感谢郑福雪、文艺颖、徐龙霞三位硕士生为本书的校对工作付出大量的心血。

本书还存在诸多不足，恳请各位专家和同仁批评指正！

汪 旭

2025 年 1 月